詳解
国際取引法
I

井原　宏

Full Commentary on International Business Law
Vol. I

大学教育出版

はしがき

　国際取引法は、対象とする関係分野が幅広く、かつ先端分野であるためか、体系書はほとんど刊行されていない。筆者は、1999年に商事法務研究会から「現代国際取引法」と題する体系書を刊行したが、20年以上も前のことである。その後、2022年に東信堂から「国際取引法上巻」および「国際取引法下巻」を刊行したが、最新の情報に基づいた、かつ一貫した研究方法に基づく国際取引法の体系書を刊行したいと考えていた。「詳解国際取引法」は、これまでの国際取引法に関する研究の集大成として位置づけられるものである。本書は3つの分冊から成っている。

　本書『詳解国際取引法Ⅰ』は、国際取引に関わる法律問題について多角的な視点から体系的に分析し、整理したものであり、「第1部　国際取引法の基本原則」、「第2部　技術戦略と知的財産関連法」および「第3部　国際技術ライセンス契約」から構成されている。

　第1部は9つの章から構成されている。第1章は、「国際物品売買契約」である。国際物品売買契約に関する国連条約について解説する。第2章は、「国際物品売買の付属契約」である。定型取引条件であるインコタームズ、国際運送契約、国際貨物海上保険契約および代金決済を取り上げる。第3章は、「国際取引の海外戦略」である。海外進出の形態および海外進出に伴う法律問題について解説する。第4章は、「コーポレートガバナンス・システムの構築」である。アメリカ型コーポレートガバナンス、イギリス型コーポレートガバナンス、日本型コーポレートガバナンス、社外取締役、コーポレートガバナンス形態の強化、企業情報の開示規制、情報開示によるコーポレートガバナンス、マネジメントの説明責任およびグローバル企業のガバナンス・システムを取り上げる。第5章は、「コンプライアンス・システムの構築」である。コンプライアンス・プログラム、内部通報制度およびコンプライアンス・システムの整備・強化について解説する。第6章は、「取締法規による規制」である。競争法の代表としてアメリカ反トラスト法による規制、EU競争法による規制およびわが国独占禁止法による規制、国際カルテルに対する国際的な規制環境および外国公務員贈賄防止法による規制を概説す

る。第 7 章は、「グループ子会社に対する親会社の責任」である。コントロールする親会社の不法行為責任を拡大する法理論、グループ子会社のコントロールと親会社の責任およびグループ子会社の内部統制システムとコンプライアンス・システムについて検討する。第 8 章は、「国際取引における紛争解決」である。紛争解決方法として国際仲裁および国際訴訟を取り上げる。第 9 章は、「国際取引法の研究」である。ビジネスローについて概観し、ビジネスローの方法論としてのリーガルプランニングを考察する。本書は、このリーガルプランニングの考え方に基づいて国際取引法の体系化を図るものである。

　第 2 部は 2 つの章から構成されている。第 1 章は、「技術戦略」である。技術戦略と知的財産戦略との関係および技術戦略の策定を検討する。第 2 章は、「知的財産戦略とライセンス戦略」である。知的財産戦略とライセンス戦略との関係およびライセンス戦略の機能について考察する。

　第 3 部は 4 つの章から構成されている。第 1 章は、「国際技術ライセンスの交渉」である。ライセンサーによる事前調査およびライセンス契約交渉について解説する。第 2 章は、「国際技術ライセンス契約の基本的構造」である。ライセンス契約における定義、ライセンスの許諾、許諾の対価、技術情報の提供と技術指導およびライセンス関係の解消およびライセンサーの破産とライセンシーの保護について検討する。第 3 章は、「ライセンサーの義務のリスクとリーガルプランニング」である。上記リーガルプランニングの考え方に基づいて、改良技術の提供、許諾技術の保証、許諾特許権の強制、技術援助およびライセンシーの最恵待遇について考察する。第 4 章は、「ライセンシーの義務のリスクとリーガルプランニング」である。リーガルプランニングの考え方に基づいて、改良技術のグラントバック、秘密保持義務、独占的ライセンシーの最善努力実施義務、品質保持および当事者の関係について考察する。

　第 4 部は 3 つの章から構成されている。第 1 章は、「アメリカ反トラスト法による規制」である。アメリカ反トラスト法による一般的評価、合理の原則に基づく当局のライセンス協定の評価に関する一般的評価、一般原則の適用および無効なまたは強制不可能な知的財産権について概説する。第 2 章は、「EU 競争法による規制」である。一括適用免除規則による規制および一括適用免除規則の範囲外における 101 条 1 項および 3 項の適用について概説する。第 3 章は、「わが国

独占禁止法による規制」である。私的独占および不当な取引制限の観点からの考え方および不公正な取引方法の観点からの考え方について概説する。

　第5部は2つの章から構成されている。第1章は、「ライセンス戦略のための法的ツール」である。改良技術の交換とサブライセンスおよびクロスライセンスとパテントプールについて、それぞれの機能と役割について考察する。第2章は、「ライセンス戦略のための法的フレームワーク」である。ライセンスネットワークの構築およびライセンスネットワーク・ジョイントベンチャーの形成と運営について解説する。

　なお、引き続いて刊行予定の『詳解国際取引法Ⅱ』は、「第6部　国際事業提携・国際ジョイントベンチャー」、さらに詳解国際取引法Ⅲは、「第7部　国際ジョイントベンチャー」および「第8部　国際買収」から構成されている。

　本書『詳解国際取引法Ⅰ』が、国際取引に関心をもつ、企業の法務部門・企画部門・事業部門等の実務家、大学等の国際取引法の研究者や法学部・経営学部等の学生、国際取引に携わる弁護士等の方々が国際取引法に関わる法律問題を理解する上でお役に立つことを願っている。

　最後に本書の刊行に際して、大学教育出版の佐藤守社長には本書の意義を理解していただき、大変お世話になった。心から感謝申し上げたい。

2024年11月

井原　宏

詳解国際取引法 I

目　次

はしがき ……………………………………………………………………… i

第 1 部　国際取引法の基本原則

第 1 章　国際物品売買契約 ……………………………………………… 3
 1　契約の総則　*3*
  （1）対象範囲　*4*
  （2）当事者間の基本的契約関係　*5*
  （3）契約の解釈　*7*
 2　契約の成立　*7*
  （1）契約の申込　*7*
  （2）申込の承諾　*9*
 3　契約の内容　*14*
  （1）履行の質など　*14*
  （2）価値　*16*
  （3）その他の当事者の義務　*17*
 4　　契約の履行と不履行　*18*
  （1）履行期と履行地　*18*
  （2）契約の不履行一般　*18*
  （3）履行請求権　*22*
 5　契約の解除　*24*
  （1）契約を解除する権利　*24*
  （2）解除の一般的効果と原状回復　*26*
 6　損害賠償　*28*
  （1）損害賠償請求権　*28*
  （2）損害賠償請求の要件と証明　*29*
  （3）被害当事者の損害軽減義務　*30*

第2章　国際物品売買の付属契約 …………………………………… 32

1　定型取引条件としてのインコタームズ　32
  （1）CISGとインコタームズ　32
  （2）インコタームズの類型　34
  （3）FOB取引　36
  （4）CIF取引　37
2　国際運送契約　39
  （1）国際海上物品運送契約　39
  （2）国際航空物品運送契約　43
3　国際貨物海上保険契約　44
  （1）貨物海上保険契約関係　44
  （2）保険約款　45
  （3）保険条件（担保危険と填補範囲）　45
4　国際代金決済　46
  （1）荷為替手形　46
  （2）荷為替信用状による決済　47

第3章　国際取引の海外戦略 ……………………………………… 51

1　海外進出の形態　51
  （1）海外への事業活動展開に伴う進出形態　51
  （2）海外における事業拠点構築に伴う進出形態　59
2　海外進出に伴う法律問題　63
  （1）海外マーケティング活動に伴う法律問題　63
  （2）海外生産活動に伴う法律問題　72
  （3）海外事業拠点の管理運営に伴う法律問題　74

第4章　コーポレートガバナンス・システムの構築 ……………… 80

1　アメリカ型コーポレートガバナンス　80
2　イギリス型コーポレートガバナンス　84
3　日本型コーポレートガバナンス　87

4　社外取締役　*89*
　　5　コーポレートガバナンス形態の強化　*92*
　　　（1）社外取締役の活用　*92*
　　　（2）取締役会会長とCEOの分離　*93*
　　　（3）内部監査・検査部門の機能　*93*
　　6　企業情報の開示規制　*94*
　　7　情報開示によるコーポレートガバナンス　*96*
　　　（1）情報開示のインセンティブと抑制要因　*96*
　　　（2）情報開示の機能　*98*
　　　（3）開示されるべき企業情報　*100*
　　8　マネジメントの説明責任　*107*
　　9　グローバル企業のガバナンス・システム　*109*

第5章　コンプライアンス・システムの構築　*114*
　　1　コンプライアンス・プログラム　*114*
　　　（1）コンプライアンス・プログラムの目的　*114*
　　　（2）コンプライアンス・プログラムの内容　*115*
　　　（3）プログラムの実施　*117*
　　2　内部通報制度　*119*
　　3　コンプライアンス・システムの整備・強化　*122*
　　　（1）経営ポリシーとコンプライアンス　*122*
　　　（2）コンプライアンスの実効性　*122*
　　　（3）内部双方向監視システム　*123*
　　　（4）法務・コンプライアンス部門の機能　*124*

第6章　取締法規による規制　*129*
　　1　アメリカ反トラスト法による規制　*129*
　　　（1）カルテルに対する規制　*129*
　　　（2）垂直的流通取引に対する規制　*130*
　　　（3）域外適用　*132*

（4）リニエンシー制度　*132*
　2　EU 競争法による規制　*133*
　　（1）EU 競争法の基本原則　*133*
　　（2）カルテルに対する規制　*135*
　　（3）垂直的流通取引に対する規制　*135*
　　（4）域外適用　*137*
　　（5）リニエンシー制度　*137*
　3　わが国独占禁止法による規制　*138*
　　（1）カルテル・入札談合　*138*
　　（2）排除措置命令　*139*
　　（3）課徴金制度の見直し　*139*
　　（4）課徴金納付命令　*139*
　　（5）リニエンシー（課徴金減免）制度　*140*
　　（6）不公正な取引方法　*140*
　　（7）域外適用　*142*
　4　国際カルテルに対する国際的な規制環境　*143*
　　（1）国際カルテルの厳罰化と進展する国際司法協力　*143*
　　（2）各国競争法による規制の連動性と効率化　*143*
　5　外国公務員贈賄防止法による規制　*144*
　　（1）アメリカ海外腐敗行為防止法　*144*
　　（2）イギリス贈賄法　*145*
　　（3）わが国不正競争防止法による規制　*146*

第7章　グループ子会社に対する親会社の責任 …………………………… *147*
　1　コントロールする親会社の不法行為責任を拡大する法理論　*147*
　2　グループ子会社のコントロールと親会社の責任　*153*
　3　グループ子会社の内部統制システムとコンプライアンス・システム
　　　　　　　　　　　　　　　　　　　　　　　　　　　　　　　154
　　（1）グループ子会社の内部統制システム　*154*
　　（2）グループ子会社のコンプライアンス・システム　*155*

第 8 章　国際取引における紛争解決 …………………………………… *158*
　1　国際仲裁　*158*
　　（1）仲裁による紛争解決　*158*
　　（2）ミニトライアルによる代替的紛争解決　*165*
　2　国際訴訟　*168*
　　（1）準拠法の選択　*169*
　　（2）国際裁判管轄　*172*
　　（3）外国判決の承認と執行　*175*
　　（4）訴訟対策　*177*

第 9 章　国際取引法の研究 ………………………………………………… *179*
　1　ビジネス・ロー　*179*
　　（1）ビジネス・ローの基本原則　*179*
　　（2）ビジネス・ローの対象領域　*181*
　　（3）ビジネス・ローの研究　*182*
　2　リーガルプランニング　*184*
　　（1）ビジネス・ローの方法論としてのリーガルプランニング　*184*
　　（2）国際取引関係構築のリーガルプランニング　*185*
　　（3）国際取引関係におけるリスクとリーガルプランニング　*188*

第 2 部　技術戦略と知的財産関連法

第 1 章　技術戦略 …………………………………………………………… *193*
　1　技術戦略と知的財産戦略　*193*
　　（1）経営戦略としての技術戦略　*193*
　　（2）技術戦略の策定　*194*
　　（3）グローバル技術戦略　*196*
　　（4）技術戦略における知的財産戦略　*196*
　2　知的財産戦略とライセンス戦略　*199*

（1）知的財産戦略におけるライセンス戦略　*199*
　　（2）国際ライセンスの機能　*203*
　　（3）ライセンス戦略　*206*

第2章　ライセンスと知的財産関連法 …………………………… *209*
　1　国際ライセンスの形態　*209*
　　（1）ライセンスの対象による形態　*209*
　　（2）ライセンスの組み合わせによる形態　*211*
　　（3）ライセンシーの類型による形態　*213*
　2　トレード・シークレット法　*215*
　　（1）アメリカのトレード・シークレット法　*215*
　　（2）わが国における営業秘密保護　*223*
　　（3）わが国の不正競争防止法　*231*
　3　知的財産の貿易関連側面に関する協定　*243*
　　（1）基本原則　*243*
　　（2）権利保護基準　*245*
　　（3）権利行使手続　*252*

法令等索引 ……………………………………………………………… *255*

判例索引 ………………………………………………………………… *257*

事項索引 ………………………………………………………………… *257*

第 1 部

国際取引法の基本原則

第1章
国際物品売買契約

1　契約の総則

　国際物品売買契約に関する国連条約（United Nations Convention on Contracts for the International Sale of Goods、以下「CISG」という）は、1929年から始まった長年の作業の成果として1980年3月から4月にかけて開催されたウィーン外交会議で採択され、1988年1月1日に発効した。

　1968年に設けられたUNCITRAL（United Nations Commission on International Trade Law、国際連合国際商取引法委員会）は、当時の東ヨーロッパの社会主義国やいわゆる第三世界の新独立国を含むため、拘束力のある統一的立法を目指してスタートしたが、CISGは多くの妥協を経て成立に至ったのである。しかしながら、CISGでとられた統一的立法という選択は、起草者の戦略の余地を不可避的に制限した。交渉に参加した国々の法的な伝統における相違、そして時にはより重要なものとしてそれらの国々の社会経済構造における相違により、ある問題は当初から対象範囲から除外され、また他の多くの問題については、対立する見解は、多かれ少なかれ未解決のまま残しておくという妥協策によって処理することしかできなかったのである。CISGには次のような重大な欠落やあいまいで不明確な規定があると指摘される[1]。

　①CISG自身がその適用のないことを明らかにしている事項がある。②対立する見解についてあまり説得的な解決策を定めていない規定の中には、抵触法に基づき適用される国内法に明確な答えを委ねているものがある。③原則の後に同様の幅広い例外を設けるという方法によって、個別のケースにおいてどちらの選択

肢が最終的に適用されるのかという問題を未解決のままにしておく場合がある。④極端にあいまいで不明確な文言を用いることによって実際の合意の欠如を隠蔽している場合がある。

　2008年7月にわが国が本条約に加入することが国会で承認され、日本政府は7月31日付けで国連事務総長に加入書を寄託し、2009年8月1日からわが国について本条約が発効した。

　わが国の企業は、物品の販売に際して、国内市場のみならず、海外市場において活発に活動している。さらに物品の購入に際しても、国内市場のみならず、その供給源を海外市場に大きく依存している。

　CISGには前述したような問題点があり、またその対象範囲についても限界があるが、アメリカを含めた各国の裁判所や各国の国際商事仲裁廷において、国際物品売買をめぐる紛争に関してCISGを紛争解決の基準として採用する例が数多くみられるようになっており、CISGを適用した判例や仲裁判断が多数報告され、蓄積されている。企業による国際的な売買取引に関して、CISGの原則や考え方を理解し、CISGの規定の活用により契約の交渉、履行や紛争などの売主・買主間の契約関係を規律することが必要であると考えられる。

(1) 対象範囲

　CISGは、営業所（place of business）が異なる国にある当事者間の物品売買に適用される（1条）。すなわち、当事者の営業所が異なる国にあるという国際性が要求されており、国際契約が対象である。この国際性の要件は、当事者の国がいずれも条約の締約国（Contracting State）であるか（1条a項）、あるいは一方の当事者の国が締約国ではないが、法廷地の国際私法のルールに従い締約国の法の適用が認められる場合には（1条b項）満たされることになる。CISGは、物品売買の定義を積極的に定めていないが、消費者物品の売買は一般的にCISGの範囲外とされ、また競売や法の強制による売却、流通証券、船舶、電気等も除外されている（2条）。さらに、買主が原材料の重要な部分を供給するような生産委託契約や物品とサービスが混合する契約でサービスの要素が顕著なものについては、CISGは適用されない（3条）。

　CISGは、契約の成立および当事者の義務のみを対象とし、契約の有効性およ

び売却された物品の権原に対する効果の問題は取り扱わない（4条）。

　したがって、錯誤、詐欺、強迫などによる契約の有効性ないし強制可能性（enforceability）の問題は、各国の裁判所が、法廷地の国際私法のルールを経て各国の国内法に従って決することになる。いいかえれば、CISGは合意成立のメカニズムを対象としており、成立した契約の強制に対する抗弁（defense）の問題を取り扱わないのである。売買契約が売却された物品の権原に及ぼす効果については、たとえば、買主が善意の買主として債権者等の第三者が有する権利から遮断されるかどうかの問題や物品の所有権の移転時期の問題はCISGの対象外となる。

　CISGは、当該物品により引き起こされた人の死亡または人身傷害に対する売主の責任については適用されない（5条）。もっとも、買主の財産そのものに対する損害については除外されていないので、CISGに基づく契約上の救済として損害賠償請求の対象となりうる。不法行為としての製造物責任に対する損害賠償請求については、CISGの対象外である。

（2）当事者間の基本的契約関係
（a）契約の自由
　CISGは、契約自由の原則を基本的に承認している。

　契約方式自由の原則がCISGによって採用されている。CISGにおいて、売買契約は、書面により締結または立証されることを要せず、また方式についてその他のいかなる要件にも服さない。売買契約は、証人を含むいかなる方法によっても証明することができる（11条）。契約の変更については、当事者の合意のみで可能である（29条1項）。ところが、CISGは、96条に基づく留保宣言をした締約国にいずれかの当事者が営業所をもつ場合には、11条および29条1項の適用が制限され、有効な契約に必要な要件として書面を要求することを許容している（12条）。96条は、締約国としての条約上の義務の調整を行う国際法上の規定であるが、売買契約の締結または立証が書面によりなされることが制定法上要求される締約国は、契約に書面性を要求する旨の留保を宣言することができる（96条）。

(b) 排除

CISG において、当事者は、CISG の適用を排除し、または 12 条（書面性の例外的要求）に従って、その規定の効果を減じもしくは変更することができる（6条）。当事者は、各国国内法が許容する契約自由の範囲内で合意により、当該契約を CISG の規定に従わせることもできるし、CISG を準拠法として選択した当事者がそれを補足するものとして国内法の契約のルールの一部を合意により当該契約に織り込むこともできる。

(c) 解釈と補充

CISG の解釈に当たっては、その国際的性格ならびにその適用における統一性および国際貿易における信義誠実の遵守を促進する必要性が考慮されるべきである。CISG により規律される事項で、CISG の中に解決方法が明示されていない問題については、CISG の基礎にある一般原則に従い、またかかる原則がない場合には、国際私法のルールにより適用される法に従って解釈されるべきである（7条）。締約国の裁判所は、CISG の解釈についてそれ自身の主観的な見解にのみ依拠することはできない。国際的な解釈の統一を促進するために、CISG に関する締約国の裁判所の判例集が公刊されている。

(d) 信義誠実

CISG においては、CISG の解釈に当たって、国際貿易における信義誠実の遵守を促進する必要性が考慮されるべきとされている（7条1項）にすぎず、その役割は実質的にも限定されているようにみえる。もっとも、信義誠実に基づく解釈は、CISG の一般原則の推論と連結しており、契約当事者に対して信義誠実による行動を要求することは、CISG が基礎とする一般原則の1つであるということはできる。

(e) 慣習と慣行

CISG において、当事者は、合意している慣習（usage）および当事者間で確立させている慣行（practices）に拘束される。当事者は、暗黙のうちに、両当事者が知りまたは知るべきであった慣習で、国際貿易において関連する特定の取引分野で同じ種類の契約の当事者により広く知られ、かつ通常一般に遵守されているものを、当事者間の契約またはその成立に適用したものとみなされる（9条）。

9条による国際慣習の認識はその黙示の適用により漠然としているが、国際取引において適用される慣習はこのように広く知られ、かつ遵守されていることが必要であり[2]、当事者は、いずれの当事者も属していない取引分野内で発展してきた慣習や異なるタイプの契約に関する慣習を含む、いかなる慣習の適用にも合意することができる。

(3) 契約の解釈
(a) 当事者の意思と行為
CISGにおいて、当事者によってなされた言明（statements）その他の行為は、相手方が知りまたは知らないはずはありえなかったその当事者の意思に従って解釈され（8条1項）、そうでない場合には、相手方と同じ部類に属する合理的な者（reasonable persons）が同じ状況の下でなしたであろう理解に従って解釈される（8条2項）。本条は、個別の陳述等のみならず、契約全体の解釈においても適用される。

(b) 考慮すべき事情
CISGによれば、当事者の意図または合理的な者がしたであろう理解を決定するに当たっては、交渉経過、当事者が当事者間で確立させている慣行、慣習および当事者の事後の行為を含め関連する一切の状況が適切に考慮されるべきである（8条3項）。

2　契約の成立

(1) 契約の申込
(a) 申込の要件
CISGにおける申込の基本的条件は、特定性、確定性および拘束される意思の存在である。1人以上の特定の者に向けられた契約締結の申し入れ（proposal）は、それが十分確定的であり、かつ承諾があった場合には拘束されるとの申込者の意思が示されているときは、申込となる。申し入れは、物品を示し、かつ明示もしくは黙示に数量および代金を定め、またはその決定方法を規定している場合には、十分明確なものとする。不特定の者に向けられた申し入れは、申込の単な

る誘引とみなされるべきである。ただし、申し入れをした者が異なった意向を明瞭に示している場合はこの限りでない（14条）。

　もっとも、契約が有効に締結されている場合には、代金条項は申込の要件ではなく、未定の代金条項について、契約締結時における同種物品の一般的代金に暗黙の言及がなされているとの補充規定が定められている（55条）。CISGにおいて、代金未定の条項の有効性に関して、14条と55条の関係は規定上明確ではないが、「当事者の意思」を尊重する8条の原則に従って、当事者が、実際に代金条項がなくても拘束されることを意図しており、かつそのような契約が当事者により選択された準拠法の下で有効であるときには、当事者の意図が優先し、契約が有効に成立すると解すべきである。

　コモンローの原則に従い、CISGにおいて、申込は被申込者（offeree）に到達した時に効力を生ずる（15条1項）。CISGは、申込の到達前に申込を中止すること（withdrawal）と到達後に申込を撤回すること（revocation）を区別しており、申込は、たとえ撤回不能（irrevocable）なものであっても、申込の到達前またはそれと同時に中止の通知が被申込者に到達するときには、中止することができる（15条2項）。

(b) 申込の撤回と拒絶

　申込の効力が生じた後、コモンローの原則に従い、CISGにおいて、契約が締結されるまでは、申込は、被申込者が承諾を発する前に撤回が被申込者に到達する場合には、撤回することができる（16条1項）。しかしながら、次のいずれかに該当する場合には申込を撤回することはできない。①申込が、承諾のための一定期間の設定等により、撤回不能であることを示している場合。②被申込者が、申込を撤回不能であると信頼したことが合理的であり、かつ被申込者がその申込を信頼して行動していた場合（16条2項）。16条は、到達した申込はすくなくとも合理的な期間は拘束力があり、撤回不能であるとする大陸法的な考え方と、申込は出発点から拘束力がないとするコモンローの考え方との妥協を示している。

　申込が撤回不能であることの表示は、まず確定申込（firm offer）のようなその旨の申込者による明示の言明によるのがもっとも明瞭であるが、申込者のその他の言明や行為から推測することも可能である。一定の承諾期間の設定は、それ自身で撤回不能である申込の黙示の表示になることも可能であるが、かならずし

もそうなるわけではない。その答えは個別のケースにおける契約の解釈の問題であるが、一般的に、承諾期間の設定は撤回不能を示すものと考えられる法制度の下で申込者が営業を行っている場合には、申込者は撤回不能の申込を意図していると推定される。反対に、承諾期間の設定は撤回不能であることを示すのに十分でないとする法制度の下で申込者が営業を行っている場合には、申込者は通常そのような意図をもっていないとみなされる。

被申込者の信頼は、申込者の行為または申込自身の性質によって誘引される。被申込者が申込を信頼して行った行為としては、生産の準備、資材や機器の購買または賃借、費用負担などがありうる。もっとも、それらの行為が当該取引において通常のものとみなされる、または申込者によって予見もしくは知られたものでなければならない。

16条は、1980年にCISGを採択した時における締約国の不一致を反映しているといわれる。コモンローの法律家は、申込者の承諾期間の設定が、申込がそれ以後もはや承諾することはできないが、まだ撤回することができるタイムリミットであることを望んだ。大陸法の法律家は、承諾期間の設定をその期間内は申込を撤回しないとの申込者による約束とみなした。CISGの文言は両者の妥協であったといわれる。申込は撤回することができるとするが、その規定は、単なる承諾期間の設定が申込を撤回不能とするかどうかの論争について決着をつけていない。

申込は、拒絶の通知が申込者に到達した時（17条）、または申込に定める承諾期間が満了した時に効力を失う。明示の拒絶がない場合には、被申込者の言明や行為は、被申込者が申込を承諾する意思をもっていないという申込者の確信を正当化するようなものでなければならない。可能な代替策があるかどうかを単に尋ねるような被申込者の返事は、そのような確信を正当化するには通常不十分である。

（2）申込の承諾
（a）承諾の様式

CISGによれば、承諾は、被申込者の同意を示す陳述その他の行為よりなる。CISGは、被申込者に返事を求める一般的義務を課してはおらず、沈黙または反

応のないことはそれだけでは承諾とみなされることはない（18条1項）。したがって、被申込者は沈黙以上の行為をすることを要求されており、申込者は、沈黙を被申込者の同意を示すものとして取り扱うと事前に述べるだけでは、被申込者を拘束することはできない。

承諾は、同意の意思表示が申込者に到達した時に効力を生ずるが（18条2項前段）、CISGは、承諾の効力発生時期について到達主義（receipt theory）をとり、通信伝達上のリスクを被申込者に負わせている。

単なる行為による承諾は、その通知が申込者に到達したときにのみ効力を生ずるのが原則である。しかしながら、その例外として、CISGによれば、申込に基づき、または当事者間で確立された慣行もしくは慣習の結果として、被申込者が申込者への通知をすることなく、物品の発送に関する行為や代金の支払い等の行為を行うことにより同意を示すことができる場合には、その行為が行われた時に承諾としての効力が生ずる。ただし、その行為が2項に規定した期間内に行われた場合に限る（18条3項）。

承諾は、中止の通知が承諾の効力が生ずる以前に申込者に到達する場合には、中止することができる（22条）。

(b) 承諾期間と遅延した承諾

CISGによれば、同意の意思表示は、申込者の定めた期間内に申込者に到達しないとき、また期間の定めがない場合においては、申込者が用いた通信手段の迅速性を含め取引の状況を十分に勘案した合理的な期間内に到達しないとき、承諾は効力を生じない。口頭による申込は、特段の事情がある場合を除き直ちに承諾されなければならない（18条2項後段）。

なお、申込の承諾期間の計算方法に関して、発信主義を原則とするが、瞬時的通信方法の場合は到達主義をとる（20条）。

CISGによれば、遅延した承諾といえども、申込者が、不当に遅滞することなく、被申込者にこれを有効なものとして扱うことを伝えるか、またはその旨の通知を与えた場合には、承諾として有効である。遅延した承諾を含む手紙その他の書面が、通信が通常であれば適切な時期に申込者に到達したであろう状況の下で発信されたことを示しているときには、申込者が不当に遅滞することなく、申込はすでに失効したものとして扱う旨を被申込者に口頭で通告するか、またはその

旨の通知を発しない限り、遅延した承諾も承諾として有効である（21条）。所定の承諾期間または合理的な期間後に申込者に到達した承諾は効力を有せず、申込者により無視されるのが原則であるが、本条は、その例外を定める。

(c) 変更を含む承諾

　CISGにおいて、承諾と称してなされているが、付加（additions）、制限（limitations）その他の変更（modifications）を含んでいる申込に対する回答は、申込の拒絶であり、反対申込（counter-offer）となる（19条1項）。しかしながら、承諾と称してなされた申込に対する回答が、付加的条件や異なった条件を含んでいても、申込の内容を実質的に（materially）変更するものでない場合には、申込者が不当に遅滞することなくその齟齬に口頭で異議を述べ、またはその旨の通知を発しない限り承諾となる。申込者が異議を述べない場合には、契約の内容は申込の内容に承諾中に含まれた修正を加えたものとする（19条2項）。

　承諾は申込のミラー・イメージ（mirror image、鏡像）でなければならないとする原則は、申込と承諾の間の重要でない齟齬さえも、いずれかの当事者が後になって契約の存在を疑問視することを可能とする。本条2項は、市場環境が不利に変化したという理由だけで、当事者がそのような結果を求めることを避けるために、1項の原則の例外を規定する。

　何が実質的な変更となるかは、抽象的に決定することはできないが、各ケースの状況いかんによっている。支払いの価格や仕方、非金銭的義務の履行の場所と時期、一方当事者の他方に対する責任の程度または紛争解決は、申込の実質的変更となるのが通常であるが、かならずしもそうなるわけではない。この点において考慮すべき重要な要素は、付加的条項や異なる条項が当該取引分野において共通に用いられているかどうか、そして申込者にとって不意打ち（surprise）とならないかどうかである。

　実質的な条項とは何かについて、CISGのようなリストを掲げることも考えられる。すなわち、「付加的または異なる条項であって、特に代金、支払い、物品の品質または数量、引渡しの場所および時期、一方当事者の相手方に対する責任の限度、または紛争の解決に関するものは、申込の条項を実質的に変更するものとみなされる（19条3項）」。このように規定すると、ほとんどすべての変更はこれらの条項に関わり、実質的ではない変更を想像することは困難である。し

がって、このようなリストは、例示としてのみ存在しうると考えるべきであって、むしろこのような条項は不要と考えられる。たとえば、紛争の解決に関する条項はしばしば実質的ではあるが、当該国際取引の当事者間において、慣習的ではないものの、仲裁に紛争を付託することが通常であるならば、被申込者の回答における仲裁条項の付加は、契約の条項を実質的に変更するものではないと考えられる。

(d) 変更条項

29条2項によれば、書面による契約中に、合意による変更または解消は特定の方式（particular form）によるべき旨の条項が含まれるときには、その他の方法で合意により変更または解消することはできない。しかしながら、当事者は、相手方当事者がその行動に対し信頼を置いた限度において、そのような条項を援用することを妨げられる。本条は、そのような条項が口頭による変更や解消を効力のないものとし、口頭による変更または解消が書面による変更条項の黙示の廃棄とみなしうるという考えを拒否している。

(e) 書式の戦い

実際の国際物品売買契約の締結は、かならずしも公式の場での相対の交渉の結果1つの分厚い契約書に当事者が署名するに至るというわけではない。実際の交渉の過程は、たとえば、買主が交渉の初めに送ってきた購入オーダーに応えて、売主がこれと形式が異なる売主の標準インボイスを送りつけたり、当事者はまずe-mail等で交信して重要な契約条項を固め、その後でそれぞれの標準書式を交換したり、また物品や価格のような重要な契約条項については基本的な合意ができているが、それぞれの当事者の裏面約款である標準条項が食い違っている、といった状況である。

現代においては物品・サービスの標準化された生産・提供は、事前に印刷された販売および購入の注文書の使用による標準化された契約締結の仕方を生み出した。当該書式には、物品・サービスの記述、品質、価格および引渡時期のための空白のスペースがあり、その他の条項はすべてあらかじめ印刷されている。各当事者は、それぞれにとって有利となる条項の書式を用いようとする。このように2つの書式は互いに抵触する規定を有するにも関わらず、両当事者は、それぞれ自らの書式を用いて契約を締結していると称する事態がしばしば生じる。自らの

書式に言及することにより、いずれの当事者も相手方の書式を承諾することを望まないが、しかし、両当事者とも契約の成立を望んでいるのである。当事者は、契約が後にその当事者にとって不利であることが分かったときにはじめて、契約の存在を否定しようとする。かかる書式は、ユニドロワ国際商事契約原則においては「定型条項」と称される。このような書式に関する規定は、契約を維持しつつ、書式の戦いに対して適切な解決策を提供すべく考案されたものである。書式の戦いにおける契約の運命と内容については、次のような4つのアプローチが考えられる[3]。第1は、当事者間に合意はなく、契約は存在しないとするアプローチ。承諾が申込のミラー・イメージであるときにのみ契約が成立するという概念は広く行き渡っている。ほとんどの法制度は、変更を含む承諾が、反対申込とともに申込の拒絶を構成するというルールを有している。これを書式の戦いに厳格に適用するときには、契約が存在しないことを意味するのが通常である。このような解決策は、正確性を求めるルールに関わらず、契約を締結したいとする両当事者の意思を無視することになる。

　第2は、最初に定型条項を申し入れた当事者の条項に基づいて契約が成立するとするアプローチ（first shot rule）[4]。このルールはいくつかの利点を有する。まず、ビジネス的な観点から契約が存在すること自体に意味がある。また、いずれの当事者がそれ自身の条項を主張した最後の者であるかを選別することよりも定型条項への最初の言及を特定することの方がより容易である。

　第3は、最後に定型条項を主張した当事者の条項に基づいて契約が成立するとするアプローチ（last shot rule）。このルールは、最後の申込が最終的に当事者の行為によってすべて承諾されたと解されるので、ミラー・イメージのルールに一致しているようにみえる。また、契約が存在しないという第1のルールよりもビジネス的な意味でより健全である。しかし、いずれの当事者がそれ自身の条項を主張した最後の者であるかはかならずしも明瞭でなく、また契約の締結をそれだけ遅らせることを奨励することになる。定型条項を最後に送る者を有利に取り扱うことになるがゆえに、恣意的な解決策となる。つまり、それは最後に定型条項を送る者、通常は売主に有利に与えられた保護策であり、締結された契約に適合する物品を売主が提供していないが、買主がその物品を受領したときには、買主は売主の定型条項を暗黙に承諾したことになるという買主の弱い立場をもたら

す。また、このルールを適用する当事者の主たる目的が、市場条件の変化の結果を回避することにつながる。

第4は、当事者間に契約は存在するが、交渉の間に言及された定型条項は、特に交渉の対象となる、あるいは争いがない限りにおいてのみ契約の一部となるとするアプローチ。抵触する定型条項は効力を生じず、定型条項を含む契約の成立に関するルールは契約に一般的に適用されるルールによって置き換えられる（knock out rule）[5]。このルールは国際的なレベルで支持を得ているといわれる。もっとも、CISGは例外であり、その19条（申込の条件付承諾）は問題を解決するよりもそのまま引き写している。このルールはミラー・イメージのルールに反対するが、もっとも当事者の意思を法的な現実に変えるものである。すなわち、当事者が合意しなかった特定の条項ではなく、実際に合意した条項については契約が存在する。一方、このアプローチの不利な点は、定型条項がしばしば拒絶されたときには、正確なところ当事者が何を合意したかを見いだすのが困難であり、かつ時間がかかることである。

3 契約の内容

(1) 履行の質など

CISGは、売主の物品の契約適合性に関する義務について次のように定めている。売主は、契約で定めた数量、品質および記述に適合し、かつ契約で定める方法に従って容器に収められまたは包装された物品を引き渡す義務を負っている（35条1項）。数量については、実際の国際売買契約では、過不足条項を定めるのが通常であり、また、一定範囲の過不足を許容する慣習ないし慣行が広く存在している。

品質および記述に関する黙示の義務（35条2項）については次のように定められる。①物品は、通常使用される目的に適合していなければならない。国際売買における買主は、たとえ契約が明示していなくても、物品がある一定の基本的な品質を有することを期待する権利があり、したがって、すくなくとも通常の使用目的に適するとの期待をもつ権利があるといえる。②物品は、契約締結時に売主に明示または黙示に知らされていた特定の目的に適合していなければならな

い。ただし、買主が売主の技量または判断に依存しなかった場合または依存することが不合理であった場合を除く。上記2つの義務は重なり合うことが多く、このただし書きの合理的信頼の有無という要件は、売主の義務違反が成立する限り、かならずしも絶対的な要件というわけではない。③物品は、見本またはひな型として示した物品の品質を有していなければならない。この場合、見本・ひな型は、契約で明示的に定めた記述と同じ機能を果たすことになる。④物品は、保存または保護に適切な方法で容器に収められまたは包装されていることが要求される。もっとも、契約締結時に買主が物品の不適合を知り、または知らないはずはありえなかった場合には、売主はその不適合について35条2項に基づく責任を負わない（35条3項）。本条は、買主に調査の義務までも負わせるものではなく、「知らないはずはありえなかった」とは、眼前にある事実に基づく判断であり、事実上実際の知見に非常に近いものといえる。

　売主は、リスクが買主に移転した時に存在した不適合について責任を負う。たとえその不適合がその後になってはじめて判明した場合でも、売主が責任を負うのはリスク移転時以前に存在した不適合についてだけである。もっとも、その不適合が売主の義務違反に起因する場合には、売主はリスク移転後の不適合について責任を負わなければならない（36条）。本条における不適合は、権原および書類における欠陥も対象とする。

　買主は、状況に応じ実際上可能な限り短い期間の内に、物品を検査しまたは検査させなければならない。契約が物品の運送を予定する場合、また運送中の物品の仕向地を変更し、または物品を転送した場合においては、検査は、物品が仕向地に到着した後まで延期できる（38条）。本条は、買主の検査の時期のみを定めており、検査の程度には言及していない。しかし、要求される検査は、状況に応じて合理的なものであり、すべての可能な欠陥を発見することまで要求するものではないと解される。

　CISGにおいて、買主の救済に対する権利は、適合しない物品を善意で引き渡した売主に対して、すくなくとも時宜を得た適切な契約違反の通知をすることを条件として与えられている。すなわち、買主が、物品の不適合を発見しまたは発見すべきであった時から合理的な期間内に、売主に対し不適合の性質を明確にした通知を与えない場合には、買主は物品の不適合に基づいて援用しうる権利をす

べて失うことになる（39条1項）。これらの権利とは、損害賠償請求権（45条1項）、履行請求権（46条1項）、代替品の引渡請求権（46条2項）、欠陥品の修理請求権（46条3項）、履行のための付加期間の付与の権利（47条）、契約解除権（49条1項）、代金減額請求権（50条）等である。しかも、いかなる場合においても、物品が買主に現実に送付された日から2年以内に通知がなされないときには、買主は上記の権利を失うのであり、2年間の期間制限が定められている（39条2項）。発展途上国における買主は、複雑な機器の検査を外部の専門家に頼まざるをえないなど検査に時間がかかる、あるいは長い間欠陥を発見できないことがある。一方で売主の利益の保護を図る必要がある。39条の規定（とりわけ39条2項）は、これら2つの要請の妥協の産物といわれるが、いずれにしても買主にとって厳しい制裁となっている。

このような厳しい結果を緩和するために、40条および44条が設けられている。売主が物品の不適合を知っており、それを買主に明らかにしなかった場合には、売主は38条および39条の規定を援用することはできない（40条）。この場合、買主は物品を検査しなかった、あるいは不適合の通知を売主に与えなかったとしても、その権利を留保できることになる。39条1項の規定に関わらず、買主は、定められた通知を行わなかったことについて合理的な説明を与えることができる場合には、50条に基づき代金を減額し、またはうべかりし利益の喪失を除く損害の賠償を請求することができる（44条）。しかし、このようにして許容された買主の権利は限定されたものであり、39条2項による期間制限は影響を受けることはないのである。

(2) 価　格

CISGによれば、契約が有効に締結されているが、明示もしくは黙示により代金を定めていないか、またはその決定方法を規定していないときは、当事者は、別段の事情がない限り、契約締結時にその取引と対比しうる状況の下で売却されていた同種の物品につき一般的に請求されていた代金に暗黙の言及をしているものとみなされる（55条）。

このようにCISG55条は、代金が未定の場合には、「同種の物品につき一般的に請求されていた代金」を暗黙の指標とする。本条に基づく合理的な価格の決定

は、当事者間で争いが生じた場合には、最終的には裁判所または仲裁廷によって判断されることになる。

(3) その他の当事者の義務

CISG は、物品売買に特有の売主・買主の義務を以下のように定めている。

① 売主の物品引渡しの義務等

売主は、物品を引き渡し、それに関する書類を交付し、かつ物品上の権原を移転しなければならない（30条）。物品の引渡しに付随する義務として、売主は、物品が特定されていない場合における特定の通知、運送契約の締結および保険契約に関する情報の提供をしなければならない（32条）。売主は、契約の定めるところに従い物品に関する書類の送付義務を負っており、契約で定められた交付の時期までは交付した書類の不適合を治癒することができる（34条）。

② 買主の物品受領の義務

買主は、売主による引渡しを可能にするため買主に合理的に期待されるすべての行為を行い、物品を引き取らなければならない（66条）。

③ 第三者の権利・請求に対する売主の担保責任

CISG は物品の売買に特有の知的財産権にからむ問題について次のような規定を定めている。売主は、第三者の権利または請求から自由な物品を引き渡さなければならない（41条）。したがって、売主は第三者からの権利主張、請求または訴訟に対応する責任があり、本条の主たる目的は、第三者による潜在的な訴訟から買主を保護するためである。特に42条は、知的財産権に基づく第三者の権利・請求から自由な物品の引渡義務について定めているが、41条に比し、第三者からのリスクを売主と買主の間で配分しようとする。国際物品売買では、知的財産権の侵害問題は、売主の直接の販売地域の外で生じることが多いからである。

すなわち、第三者の権利・請求が知的財産権に基づくかどうかを判断する法が、物品が転売もしくは使用される国の法、または買主が営業所をもつ国の法に限定されている。さらに、買主が契約締結時においてその権利・請求を知りまたは知らないはずはありえなかった場合、またはその権利・請求が買主の提供した

技術図面、デザイン、処方その他の規格に従った結果生じた場合には、そのような義務は生じない（42条）。前述の物品不適合の場合におけると同様に、第三者の権利・請求について買主の通知義務があること、その通知を与えない場合に買主の権利が喪失すること（43条1項）、および売主が第三者の権利・請求を知っていた場合には売主は43条1項を援用できないこと（43条2項）、さらに通知懈怠の合理的説明がある場合における買主の救済（44条）が定められている。

4 契約の履行と不履行

（1）履行期と履行地
（a）履行期
CISGにおいて、売主は、契約に定める期日、期間内のいずれかの日または契約締結後の合理的期間内に、物品を引き渡さなければならない（33条）。代金の支払時期については、契約に特定の時期が定められていない場合、買主の代金支払いと書類引渡しは同時履行の関係に置かれる（58条1項）。

（b）履行地
CISGにおける物品の引渡場所については、31条[6]の規定が設けられているが、実際の国際売買契約でCISGのルールが適用されることはすくない。引渡場所の正確な区分とこれに応じた当事者の義務がインコタームズによりルール化されている。代金支払いの場所は、国際売買において外国為替管理や支払義務に関わる紛争の管轄権の問題にとって重要であるが、契約に特定の場所が定められていない場合には、売主の営業所または物品もしくは書類が引き渡される場所である（57条1項）。

（2）契約の不履行一般
45条によれば、売主が契約またはこのCISGに定められた義務のいずれかを履行しない場合には、買主は、46条から52条までに規定された権利を行使すること、および74条から77条までの規定に従い損害賠償を請求することができる。売主の義務が履行されなかったという客観的な事実の存在で足りるのである。そして買主が損害賠償を請求する権利は、それ以外の救済を求める権利の行

使によって失われることはない。ただし、買主が契約違反に対する救済を求める場合に、裁判所または仲裁廷は売主に猶予期間を与えてはならない。このような売主の契約違反に対する買主の救済方法に対応して、買主の契約違反に対する売主の救済方法が同様に規定されている（61条）[7]。

(a) 履行の確保
(i) 不履行の治癒

CISGは、物品の引渡期日前と引渡期日後に分けて不履行の治癒を定めている。売主が、引渡期日前に物品を引き渡した場合には、その期日まで、買主に不合理な不便または不合理な出費をもたらさない限り、欠けている部分を引き渡しもしくは数量の不足を補い、または引き渡された不適合の物品を取り換えもしくは引き渡された物品における不適合を治癒することができる。ただし、このCISGに定められた損害賠償を請求する権利を失うことはない（37条）。このような売主の治癒権を認めることによって、重大な契約違反に対する買主の契約解除権を制限している。買主は、契約上の引渡期日が過ぎるまでは、契約を解除することができないからである。

49条（契約の解除）に服することを条件として、売主は、引渡時期日後であっても、不合理な遅滞を招くことなく、かつ買主に不合理な不便または買主の前払費用につき売主から償還を受けるについて買主に不安を生ずることなくなしうる場合には、自己の費用によりその債務のあらゆる不履行を治癒することができる。ただし、このCISGに定められた損害賠償を請求する権利を失わない。売主が買主に対して履行を受け入れるか否かにつき知らせるよう要請し、買主が合理的な期間内にその要請に従わないときには、売主は、要請の中で示した期間内に履行することができる。この期間中、買主は、売主による履行と両立しない救済を求めることができない。一定の期間内に履行する旨の売主の通知は、前項に基づき買主にその決定を知らせるようにとの要請を含むものと推定する。ただし、2項または3項の下での売主の要請または通知は、買主が受け取らない限りその効果を生じない（48条）。

引渡期日後の治癒は、引渡前の治癒よりも適用の要件が厳しくなっている。売主が治癒の意思を有する限り、できるだけ不履行の治癒を許容することが国際取引契約の維持の観点からは望ましく、引渡期日の前後により要件を厳しくする必

然性はかならずしもないと考えられる。一方で、この売主の権利は、すくなくともその治癒の意思が表明されている限りは、重大な契約違反によるものとして買主が急に契約解除の宣言を出したとしても、そのことにより直ちに失われることはないと解されるべきである。

(ii) 履行のための付加期間（additional period）

物品の引渡しが遅れている場合、その遅れがどの程度になれば重大な契約違反となるかどうかは定かではない。そこで、CISG によれば、売主による義務の履行のために、合理的な長さの付加期間を定めることができる（47条1項）とし、売主がこの付加期間内に物品を引き渡さない、または引渡しをしない旨宣言した場合には、その契約違反が重大かどうかに関わりなく、買主は契約を解除することができることになる（49条1項）。したがって、引渡しの遅滞の場合における付加期間の経過は、それに続く買主による解除を正当化する根拠となっている。この付加期間は売主のいかなる義務にも適用できるようにみえるが、実際には49条1項と関連して物品の引渡しの不履行の場合にのみ適用されるにすぎない。買主は、その期間内に履行しない旨の通知を売主から受け取った場合でない限り、その期間中契約違反についてのいかなる救済をも求めることはできない。ただし、買主は履行の遅滞について損害賠償を請求する権利を失うことはない（47条2項）。

売主もまた、買主による義務の履行のために、合理的な長さの付加期間を定めることができる（63条1項）。そして買主が、その付加期間内に代金を支払わずもしくは物品を受領せず、またはその期間内に履行をしない旨宣言する場合には、その契約違反が重大かどうかに関わりなく、売主は契約を解除することができる（64条1項）。売主は、その期間内に履行しない旨の通知を受け取った場合でない限り、その期間中契約違反についてのいかなる救済をも求めることができない。ただし、売主は履行の遅滞について損害賠償を請求する権利を失うことはない（63条2項）。

(b) 不可抗力（force majeure）

79条によれば、当事者は、自己のいずれかの義務の不履行が自己の支配を超えた障害（impediment）によるものであり、かつその障害を契約締結時に考慮に入れておくことも、その障害もしくはその結果を回避または克服することも合

理的に期待しうるものではなかったことを証明したときは、その不履行に対して責任を負わない（1項）。本条は、売主の契約違反における45条1項および買主の契約違反における61条1項が、そのベースとして無過失を出発点とする考え方に対する例外規定として位置づけられる。不履行に対する責任は、契約によりいかようにも定めることができるのが原則である。すなわち、契約は、例外のない絶対責任を定めることも、過失にのみ基づく責任基準（過失主義）を定めることも可能である。また、不可抗力条項が、契約に織り込まれることによって79条のルールに代わることもしばしばである。

　79条1条によれば、不履行の免責を求める売主は、次の3つの要件を満たしていることを立証する責任を負っている。第1に、売主は、その支配を超えた障害の存在を明らかにしなければならない。しかし、支配を超えたという条件を満たすことは実際には相当に厳しい。合理的な商人というものは、自己のビジネス上および金銭的な条件を支配しているとみなされているからである。第2に、売主は、契約締結時にその障害を考慮に入れておくことが合理的に期待しうるものではなかったことを明らかにしなければならない。これもまた非常に難しい証明である。ほとんどすべての潜在的な障害は、ある程度予見しうるものといえる。今日のビジネスの環境においては、戦争、革命やテロのようなもっとも厳しい障害であってもますます予見しうるものとなっているからである。第3に、売主は、その障害もしくはその結果を回避または克服することが合理的に期待しうるものではなかったことを明らかにしなければならない。この要件も売主に対し包括的な義務を課するものである。結局のところ、売主の観点からは自らの利益をよりよく保護するためには、もっと緩い条件の不可抗力条項を工夫して契約に織り込む以外にないと考えられる。

　売主が契約の全部または一部を履行するために第三者を使った場合に、売主がそのような第三者の不履行によって生じた自らの不履行についての責任を免れるためには、売主は、売主自身が履行に対してその支配を超えた障害を予見し回避することができなかったこと、およびその障害は当該第三者にとっても予見・回避することができず、その支配を超えていたことを証明しなければならない（79条2項）。つまり、本条は、第三者の不履行をあたかも売主の不履行であるかのようにみなすことによって売主の免責の例外を制限するものである。

本条の免責は、障害が存在する期間のみ効力を有するにすぎない（79条3項）。したがって、一時的な障害がなくなれば、売主は再び履行しなければならない。また、本条は、この条約に基づく損害賠償請求以外の権利を行使することを妨げない（79条5項）。本条の免責の効果は、義務の不履行により生ずる損害賠償責任のみが免除されるのであり、その他の救済は影響がない。したがって、たとえば、大幅な引渡しの遅延が生じた場合、買主は、重大な契約違反として契約を解除する権利を失わない。もっとも、免責の対象としては、契約に定める引渡期日に物品を引き渡す義務のみならず、適合物の引渡義務も含まれるのであり、適合する物品を引き渡すべき売主の義務に影響を及ぼすような障害の発生も予想される。不履行に陥った売主は、障害および自己の履行能力への影響について、障害を知りまたは知るべきであった時から合理的な期間内に、買主に通知を与えなければならない（79条4項）。

以上の売主による不履行の免責に関する本条の定めは、買主の不履行についても同様に適用される。もっとも、買主の主たる義務である代金支払いに関して、支払不能はそれがたとえ障害による不履行に該当すると分類されたとしても、買主はそれを合理的に考慮し、予見しうるものであるとみなされている。つまり、一般的に契約当事者は自らの財務的な不能のリスクを引き受けているといえる。

なお、当事者は、相手方の不履行が自己の作為または不作為の結果として生じている限り、その不履行を主張することはできない（80条）。

（3）履行請求権

（a）相手方に対する履行請求権

46条によれば、買主は、売主に対してその義務の履行を要求することができる。ただし、買主がこの要求と両立しない救済を求めている場合はこの限りではない（1項）。一方、売主は、買主に対して代金の支払い、引渡しの受領、その他の買主の義務の履行を要求することができる。ただし、売主がその要求と両立しない救済を求めている場合はこの限りではない（62条）。もっとも、売主は、買主が物品の引渡しの受領を遅滞した場合、または代金の支払いと物品の引渡しが同時に履行されるべきときで、買主が代金の支払いを怠った場合において、売主が物品を占有しまたはその他の方法によりその処分を支配できるときは、その

物品につきその状況下で合理的な保存措置をとらなければならない。売主は、買主からその合理的費用の償還を受けるまでその物品を留置することができる（85条）。また、85条に基づき物品を保存しなければならない売主は、なんらかの適当な方法で物品を売却することができる。ただし、買主に対して、売却の意図につき合理的な通知が与えられることを条件とする（88条1項）。

　CISGは、大陸法的な考え方に基づいており、その適用範囲は英米法におけるよりも広い。コモンローでは、契約不履行に対する救済は損害賠償が原則であり、損害賠償では十分な救済が得られない場合にのみ、エクイティ（equity）上の特定履行（specific performance）が裁判所により認められる。CISGは英米法の考え方との妥協を図っている。すなわち、当事者がこのようなCISGの規定に従って相手方当事者の義務の履行を要求することができる場合であっても、裁判所は、このCISGの適用のない類似の売買契約についてそれ自身の法の下で同様の判決をする場合でなければ、特定履行を命ずる判決を与える必要はないとされる（28条）。前述したような両制度による争いについて、CISGでは、買主または売主が相手方に対してその義務の履行を要求することができると規定しており、大陸法の法律家が勝っているようにみえる。しかし、28条によれば、当事者が相手方の義務の履行を要求することができる場合であっても、裁判所は、そのような特定の救済が法廷地法に従って認められるかどうかを検討しなければならず、それが認められなければ特定履行を命ずる判決を与える必要はない。これはコモンローの法律家の勝利のようにもみえる。CISGは、大陸法的考え方を出発点としながらもコモンローとの妥協を図ったのであるが、このような格好の悪い妥協の結果は、当事者が選択する法廷地いかんによっており、CISGが意図した法の調和にとっては満足のいかないものとなっている。

　CISGにおいて、前述したように売主の義務である物品の引渡しは、売主の契約違反が履行全部の不履行に至る場合に要求される。この場合、市況が変化した後も履行を強制すると、買主に不当な利得の機会を許すことになるので、買主に損害軽減義務（77条）が適用されるべきと考えられる。この損害軽減義務は、買主による履行請求に対する事実上の制約となる。

　46条2項によれば、物品が契約に適合していない場合には、買主は代替品の引渡しを要求することができる。ただし、その不適合が重大な契約違反を構成

し、かつその要求が、39条の下での通知[8]の際またはその後合理的な期間内になされたときに限る。このような代替品の引渡しは、売主に厳しい金銭的負担を課すことになるので、重大な契約違反に対してのみ適用されるべきであり、買主は、代替品の引渡しを請求するか、契約を解除するかの選択をしなければならない。一方、買主は、すでに受け取った物品を返還しなければならないが、買主が物品を受け取った当時と実質的に同じ状態でその物品を返還できないときには、買主は売主に代替品を要求する権利を失うことになる（81条1項）。

46条（特定履行）の基本的アプローチに相応して、本条は、一定の条件の下における特定履行の原則を採用している。しかし、CISGが28条（特定履行と法廷地法）において規定するのとは異なり、本条に基づく特定履行は裁量的な救済方法ではなく、本条に規定する2項または3項のいずれかの適用がない限り、裁判所は履行を命じることになる。

(b) 不完全な履行に対する請求権

CISGによれば、物品が契約に適合していない場合において、すべての状況からみて不合理でないときは、買主は売主に対してその不適合を修理により治癒することを要求できる。修理の要求は、39条（不適合の通知）の下での通知の際またはその後合理的な期間内になされなければならない（46条3項）。適合する物品を引き渡す義務のどのような違反であっても、買主はかかる治癒を要求できるが、その治癒がすべての状況からみて不合理であるときには、売主は治癒に応ずる必要はない。

5　契約の解除

(1) 契約を解除する権利

(a) 重大な不履行

49条1項によれば、買主は、契約もしくはこのCISGに基づく売主の義務のいずれかの不履行が重大な契約違反となる場合、または引渡しの不履行の場合であって、47条1項に基づき買主が定めた付加期間内に、売主が物品を引き渡さない場合もしくは売主がその期間内に引渡しをしない旨を宣言した場合には、契約の解除を宣言することができる。CISGでは「重大な契約違反」の定義規定が

置かれている。すなわち、当事者の一方による契約違反は、その契約の下で相手方が期待するのが当然であったものを実質的に奪うような不都合な結果をもたらす場合には、重大なものとする。ただし、違反をした当事者がそのような結果を予見せず、かつ同じ状況の下で同じ部類に属する合理的な者も予見しなかった場合はこの限りでないとされる（25条）。このように不都合な結果の程度によって、契約違反の重大性いかんが決まってくるが、結局のところ、契約の経済的価値、損害の程度、買主の営業活動に対する支障の程度などの総合的な判断によることになる。

(b) 解除の通知

CISGでは、売主が物品をすでに引き渡しているときは、解除権行使の時間的制限が定められている。買主は、遅延した引渡しについてはその引渡し後合理的期間内に、不適合な物品についてはその違反を知りまたは知るべきであった時から合理的期間内に、その他の場合には47条1項または48条2項に基づく付加期間等の経過後合理的期間内に、解除の宣言をしなければならない（49条2項）。買主が代金をすでに支払っているときには、解除権行使の時間的制限が定められている。売主は、買主による遅延した履行については売主がその履行のなされたことを知る前に、その他の違反については売主がその違反を知りもしくは知るべきであった時からまたは63条1項に基づく付加期間等の経過後合理的期間内に、解除の宣言をしなければならない（64条2項）。

(c) 履行期前の不履行と適切な履行の相当な保証

(i) 履行期前の不履行 (anticipatory non-performance)

CISGにおいて、当事者の一方が重大な契約違反を犯すことが契約の履行期日前に明瞭である場合には、相手方当事者は契約の解除を宣言することができる（72条1項）。その結果、両当事者はそれぞれ履行義務から解放されるが、相手方は損害賠償を請求する権利を留保することになる。しかしながら、時間が許す場合には、契約の解除を宣言しようとする当事者は、相手方がその履行につき適切な保証を提供しうる機会を与えるため、合理的な通知を与えなければならない（2項）。ただし、前項の要件は、相手方がその義務を履行しない旨を宣言している場合には適用しない（3項）。CISGは、このように不履行当事者に適切な保証提供の機会を与えることにより、その利益保護を図っている。

(ii) 相当な保証（adequate assurance）

前述したように 72 条 2 項は、当事者の不履行が重大な契約違反に至るほどの場合における保証提供の問題であるが、さらに、71 条は、全面的に履行しないことが明らかになるほどまでに至らなくても、そのおそれが著しい場合にも、被害当事者である相手方の履行の停止とともに、不履行となる当事者に保証提供の機会を与えている。

契約締結後に、次に掲げるいずれかの事由により、相手方がその義務の重要な部分を履行しないことが判明した場合には、当事者は自己の義務の履行を停止することができる。すなわち、相手方の履行能力またはその信用状態の著しい劣悪、または契約履行の準備もしくはその履行における相手方の行動（1 項）。しかも、このような事由が明らかになる前に、売主が、物品をすでに発送している場合には、たとえ物品を取得しうる証券が買主の手元にあるときでも、売主は物品が買主に交付されるのを妨げることができる。本項は、売主と買主相互間での物品をめぐる権利のみに関係する（2 項）。物品の発送後か否かにかかわらず、履行を停止した当事者は、相手方に対して履行を停止した旨を直ちに通知し、かつ相手方がその履行につき相当な保証を提供したときは、履行を継続しなければならない（3 項）。

（2）解除の一般的効果と原状回復

（a）解除の一般的効果

CISG において、契約の解除は、両当事者を契約上の義務から解放する。解除は、契約中の紛争解決のための条項や契約の解除があった場合の当事者の権利義務を規定するその他の契約条項には影響を及ぼさない（81 条 1 項）。

（b）原状回復

契約の全体もしくはその一部をすでに履行している当事者は、相手方に対して、自己がその契約の下ですでに供給または支払ったものの返還を請求することができる。当事者双方が返還しなければならない場合には、それらの履行は同時に行われなければならない（81 条 2 項）。買主が物品を受け取った当時と実質的に同等の状態でその物品を返還できない場合には、買主は、契約の解除をする権利や売主に代替品の引渡しを要求する権利を失う（82 条 1 項）。ただし、前項

は、次の場合には適用しない。物品を返還できないことや物品を受け取った当時と実質的に同等の状態でそれを返還できないことが買主の作為または不作為によるものでない場合、物品もしくはその一部が、38条（物品の検査）に規定する検査の結果として毀滅または劣化した場合、または買主が不適合を発見しもしくは発見すべきであった時より前に、物品もしくはその一部が通常の営業過程で買主により売却されまたは通常の用法で消費もしくは改変された場合（82条2項）。もっとも、前条に従い契約の解除を宣言する権利や売主に代替品の引渡しを要求する権利を失った買主といえども、契約およびこのCISGに基づくすべての他の救済を求める権利は保持する（83条）。

(c) 代金減額

50条によれば、物品が契約に適合していない場合には、代金がすでに支払われていると否とに関わらず、現実に引き渡された物品の引渡しの際の価値が契約に適合する物品ならば、その時に有していた価値に対する割合に応じて、買主は代金を減額することができる。ただし、売主が37条（不適合の治癒）または48条（不履行の治癒）に従ってその義務の不履行を治癒した場合やそれらの規定に従った売主による履行の受入れを買主が拒絶した場合には、買主は代金を減額することができない。本条の買主の権利は、損害賠償請求権ではなく、買主に生じた経済的損失の有無に関わらず行使することができる。この代金減額は、損害賠償に代わる手段であり、売主の全部的な契約違反の場合における受け取った代金全額の返却と同様に、金銭による原状回復的救済方法としての性格を有する。もっとも、代金減額権の行使によっても買主に損害が残っている場合には、買主は別に損害賠償の問題として請求することができると考えられる（45条2項）。ところで、本条が実際に適用される範囲はそれほど広くはない。買主が物品を受領し、欠陥品を保持している場合または対象物品の一部を受領している場合に適用があり、たとえば、物品の価格が上昇している場合には、買主は、50条に基づく代金減額ではなく、むしろ直接74条（損害賠償の範囲）に基づく損害賠償を請求することを選ぶのが通常である。

6 損害賠償

(1) 損害賠償請求権
(a) 損害賠償を請求する権利

　損害賠償責任についてのCISGの責任ルールは、ある意味では大陸法概念とコモンロー概念の妥協といえる。CISGの基礎概念として、コモンローの無過失（no-fault）責任の考え方が採用されている。CISGにおいては、45条1項（救済方法一般）は、単に売主の契約違反に対するさまざまな救済方法を列挙しているのではなく、買主の損害賠償請求権の源を示している。買主は、売主のいかなる契約違反に対しても損害賠償を請求することができるのであって、74条から77条（損害賠償）そのものは、責任の程度、つまり損害賠償額の算定に関する規定にすぎず、45条1項は、CISGの損害賠償責任の基礎が契約違反そのものであるという無過失責任の原則を表明していると考えられる。もっとも、このように買主の損害賠償請求権は売主の過失ある違反の証明を必要としてはいないといっても、CISGの責任が絶対的な厳格責任であることを意味しているのではない。79条（不可抗力）に基づく例外的な場合には、契約当事者は、不履行が予見不可能でかつ避けることが不可能な状況においてはその履行義務が免除されることがある。61条1項（救済方法一般）も同様に売主の損害賠償請求権の源を示している。買主のいかなる義務の不履行も売主に契約違反に対する損害賠償を請求する権利を与えるのである。

(b) 損害賠償の一般原則

　74条によれば、一方の当事者の契約違反に対する損害賠償は、うべかりし利益の喪失も含め、その違反の結果相手方が被った損失に等しい額とする。この損害賠償は、違反をした当事者が契約締結時に知りまたは知るべきであった事実および事項に照らし、契約違反から生じうる結果として契約締結時に予見しまたは予見すべきであった損失を超えることはできない。本条は、契約違反により引き起こされたすべての損失に対して保護する一般原則である。一方の当事者に契約違反があったこと、相手方が損失を被ったこと、そしてその違反と損失の間に事実的な因果関係があることが必要であり、損害賠償の範囲が当事者の予見可能性

によって画されることになる。

　買主は、具体的にどのような損失を請求できるのであろうか。まず、契約解除を選ばなかった買主が被った直接的な損失に対して損害賠償が認められる。引き渡された物品の価値と適合する物品が有したであろう価値との差額が、または代わりにその欠陥を治癒するのに必要なコストが買主に補償される。付随的損害はこの対象に含まれる。さらに、喪失利益および財産に対する物理的な損害を含む間接的な結果的損害も買主の被った損失として考慮される。売主についても同様に、契約を解除しなかった売主が被った喪失利益を含む直接的な損失に対して損害賠償が認められる。

(2) 損害賠償請求の要件と証明
(a) 損害の予見可能性

　CISG において、損害の予見可能性については、Hadley v. Baxendale[9] におけると同様の基本的な考え方がとられており、損害賠償の範囲ないし損害賠償額の認定に制限が加えられる。つまり、当事者は、合意の時点において、合意によって引き受けるリスクと潜在的な責任を計算することができたはずであるとみなされる。74条1項における損失は、契約違反の結果起こりうるものとして違反当事者により予見しうるものであったことが要求される。また、喪失利益に対する賠償についても、当事者の損害軽減義務の範囲や管轄裁判所が適用する立証基準によってその額が削減される、あるいは賠償自体が否定されることもしばしばである。

(b) 損害の証明
(i) 代替取引 (replacement transaction) における損害の証明

　CISG によれば、契約が解除された場合の特則として、75条および76条が定められている。契約が解除された場合において、合理的な方法で、かつ解除後合理的な期間内に、買主が代替品を購入し、または売主が物品を再売却したときは、損害賠償を請求する当事者は、契約代金と代替取引における代金との差額およびさらにそれ以上の損害があるときは74条に基づく損害賠償を請求することができる (75条)。本条の利点は、買主による再購入の場合、損害を被った買主による再購入自体が損害を確証しており、物品の時価ないし市価を立証する必要

がないことである。上記の要件を満たさない場合には、次の76条が適用される。もっとも、理論的には買主に代替品購入の義務はないが、契約を解除して合理的な代替品購入の手当をしない買主については、何もしないで被害を軽減しなかった損失に対する賠償は否定されることになる（77条）。

一方、売主による再販売の場合、この代替取引によって得られた再販売代金が契約代金と同等以上に高いものであるときには、損失は生じなかったことになる。また、売主自身の供給が売主に対する需要を超えているときは、そもそも再販売による代替取引というものが起こりえなかったことになり、このような場合における損失は買主の違反による直接的な損失として74条の対象となる。

(ii) 時価（current price）による損害の証明

CISGによれば、契約が解除された場合において物品に時価があるときで、損害賠償を請求する当事者が75条に基づく購入または再売却を行っていないときは、その当事者は契約で定められた代金と解除時における時価との差額およびさらにそれ以上の損害があるときは74条に基づく損害賠償を請求することができる。ただし、損害賠償を請求する当事者が物品を引き取った後に契約を解除したときは、解除時における時価に代えて物品を引き取った時における時価を適用する（76条1項）。時価とは、物品の引渡しがなされるべきであった場所における支配的な価格とする。ただし、その場所に時価がない場合には、合理的な代替として資する他の場所における価格を時価とし、物品の運送費用の差を適切に加味する（75条2項）。

(3) 被害当事者の損害軽減義務

CISGにおいて、損失を避ける合理的な方法をとらなかった当事者は、軽減することができたであろう損失による損害を回復することができない。すなわち、契約違反を主張しようとする当事者は、うべかりし利益の喪失も含め、違反から生ずる損失を軽減するため、その状況下で合理的な措置をとらなければならない。当事者がかかる措置をとることを怠った場合には、違反をしている相手方は、損害賠償から、軽減されるべきであった損失額の減額を請求することができる（77条）。本条の損害軽減義務は、契約違反が予期されるような場合にも適用されるべきである。買主に、売主の履行が不履行となることを知る理由がある場

合には、買主はその状況下で損失を避けるのに必要な積極的な手段を講じることが期待されている。

[注]
1) Michael Joachim Bonell, An International Restatement of Contract Law, The Unidroit Principles of International Commercial Contracts 3d ed. (Transnational 2005), at 303-304.
2) 慣習に関する仲裁裁定例 00.10.2000 Arbitral Award No.10022 International Court of Arbitration 参照。
3) Gerhard Dannemann, The "Battle of Forms" and the Conflict of Laws, Francis D. Rose ed., LEX MERCATORIA: Essays on International Commercial Law in Honour of Francis Reynolds (LLP, 2000), at 200-206.
4) オランダ法や旧 UCC2-207 条において見受けられる。
5) フランス法、スイス法、ドイツ法、UCC2-207 条 3 項において見受けられる。
6) 売主が次の (a) から (c) までに規定する場所以外の特定の場所において物品を引き渡す義務を負わない場合には、売主の引渡義務は、次のことから成る。
   (a) 売買契約が物品の運送を伴う場合には、買主に送付するために物品を最初の運送人に送付すること。
   (b) (a) に規定する場合以外の場合において、契約が特定物、特定の在庫から取り出される不特定物または製造もしくは生産が行われる不特定物に関するものであり、かつ、物品が特定の場所に存在し、または特定の場所で製造もしくは生産が行われることを当事者双方が契約の締結時に知っていたときは、その場所において物品を買主の処分に委ねること。
   (c) その他の場合には、売主が契約の締結時に営業所を有していた場所において物品を買主の処分に委ねること。
7) 買主が契約またはこの CISG に定められた義務のいずれかを履行しない場合には、売主は、①62 条から 65 条までに規定された権利を行使すること、②74 条から 77 条までの規定に従い損害賠償を請求することができる。売主が損害賠償を請求する権利は、それ以外の救済を求める権利を行使することによって失われることはない。売主が契約違反に対する救済を求める場合に、裁判所または仲裁廷は買主に猶予期間を与えてはならない (CISG61 条)。
8) 買主が、契約または物品の不適合を発見しまたは発見すべきであった時から合理的期間内に、売主に対し不適合の性質を明確にした通知を与えない場合には、買主は物品の不適合について援用しうる権利を失う (CISG39 条 1 項)。
9) 156 Eng. Rep. 145 (1854).

第2章
国際物品売買の付随契約

1　定型取引条件としてのインコタームズ

（1）CISG とインコタームズ

　CISG によれば、危険（risk）が買主に移転した後の物品の滅失または毀損は、買主の代金支払債務を免除しない。だたし、その滅失または毀損が売主の作為または不作為によるときは、買主の義務は免除される（66条）。逆にその滅失・毀損が買主に起因するときには、その義務が免除されないのはいうまでもない。危険の移転は、物品上の荷印、運送書類、買主に対する通知等によって物品が目的物として明確に特定されて始めて生じるのが前提である（67条2項）。

　売買契約が物品の運送を予定しているが、売主が物品を特定の場所で引き渡すことを要しない場合は、危険は物品が第一の運送人に交付された時に移転する。もっとも、売主が物品を特定の場所で運送人に引き渡すことを要する場合には、危険はそれまで移転しない（67条1項）。輸送中の物品に関する危険は、契約締結の時から買主に移転する。しかしながら、状況によっては、危険は、運送契約を表象する書類を発行した運送人に物品が交付された時から買主によって引き受けられたものとみなされる（68条）。

　67条および68条の範囲外の場合、第1に、買主が売主の営業所に物品を取りにくる契約では、危険は、買主が物品を引き取った時から、または買主が遅滞なくそうしないときは、物品が買主の処分に委ねられ、かつ買主が受領しないことによって契約違反となった時から移転する（69条1項）。第2に、買主が売主の営業所以外の場所で物品を引き取ることを要する契約、すなわち、売主が自ら物

品を輸送する契約、買主が営業倉庫にある物品を取りにくる契約および到着地渡契約（destination contract）では、危険は、引き取りの履行期が到来し、かつ物品がその場所で買主の処分に委ねられていることを買主が知った時から移転する（69条2項）。

ところで、CISGは、物品の処分を支配する書類は危険の移転になんら影響しないことを明らかにしている（67条1項）。船積契約（shipment contract）において、売主が自らを荷受人とする船荷証券（bill of lading）を所持することによって物品の支配権を留保したとしても、売主が物品を第一の運送人に交付した時に危険は移転する。つまり、危険は物品を物理的に支配する当事者に存するべきであり、荷為替手形による取引は危険移転の手段ではなく支払いの手段として認識されている。

重大な契約違反を行った場合には、CISGでは67条、68条および69条により危険が移転していたとしても、その契約違反に対して買主に与えられる救済が損なわれることはない（70条）。したがって、買主は、49条1項に基づく契約解除権または46条2項に基づく代替品を要求する権利を選択することができる。CISGは、契約当事者自身が物品の危険移転や引渡しについて定めないケースに対して補充するルールを規定するにすぎない。実際の国際売買契約においては、インコタームズによる取引条件を契約に織り込むことによって危険負担の問題に対処するのが通常の慣行であり、上記のCISGルールはインコタームズによって置き換えられることになる[1]。

1800年代には貿易取引における価格条件や引渡条件としてFOBやCIFが使われていたといわれるが、第一次世界大戦以降さらに貿易取引が盛んになるに従い、これらの取引条件の意味や解釈が国や地域により異なっていることが判明してきた[2]。主要な取引条件について売主と買主の義務を規定した統一規則をつくるべく、国際商業会議所（International Chamber of Commerce, ICC）は、1936年に、取引条件の解釈のための国際規則（International Rules for the Interpretation of Trade Terms、略称インコタームズ、INCOTERMS：International Commercial Terms）を定めた。インコタームズは、その後その時代の貿易取引のニーズに対応して、逐次改訂されており（1953年、1967年、1976年、1980年、1990年、2000年、2010年、2020年）、2020年版が最新の

ものである[3]。

　インコタームズは、定型取引条件と称されているが、売買契約における対象物品の引渡しに関わる売主と買主の権利義務についての特約である。契約においては、どの版のインコタームズ（たとえば、INCOTERMS 2000）のどの取引条件（たとえば、FOB）によるのかを明確にすることが必要である。

（2）インコタームズの類型

　インコタームズ 2020 は、11 の取引条件を対象として、売主の義務と買主の義務および危険負担の観点から、売主の義務の範囲が大きくなるに従って、4 つの類型に分けている。もっとも、国際取引における実際の利用は、伝統的に用いられてきた FOB、CFR（C&F）および CIF に集中している[4]。

(a) E グループ

　EXW（Ex Works、工場渡し）は売主の義務が最小のものであり、売主が、輸出通関を行わず、また受取りのための車両に積み込まずに、売主の施設またはその他の指定された場所（工場や倉庫など）で物品を買主の処分に委ねた時、引渡しの義務を果たしたことになる。買主は、売主の施設からの物品の引取りにかかわる一切の費用と危険を負担する。

(b) F グループ

　FCA（Free Carrier、運送人渡し）では、売主が、輸出通関を行い、指定された場所で、買主によって指名された運送人に物品を引き渡すことになる。売主は、物品が引き渡される時まで一切の費用と危険を負担し、買主は、その時以後一切の費用と危険を負担する。FCA はコンテナ輸送に対応するために考案された。

　FAS（Free Alongside Ship、船側渡し）では、売主が、輸出通関を行い、物品を指定船積港において本船の船側に置いた時、引渡しの義務を果たしたことになる。買主は、その時点以後物品についての一切の費用と危険を負担する。

　FOB（Free On Board、本船渡し）においては、売主により輸出通関が行われ、物品が指定船積港において本船の手すりを通過した時、売主が引渡しの義務を果たしたことになる。買主は、その時点以後物品についての一切の費用と危険を負担する。

(c) C グループ

CFR（Cost and Freight、運賃込み）では、売主により輸出通関が行われ、物品が船積港において本船の手すりを通過した時、売主が引渡しの義務を果たしたことになる。売主は、物品の船積みまでの費用と物品を指定仕向港へ輸送するために必要な運賃を支払わなければならないが、その時点以後危険および追加の費用は売主から買主へ移転する。

CIF（Cost, Insurance and Freight、運賃保険料込み）においては、売主により輸出通関が行われ、物品が船積港において本船の手すりを通過した時、売主が引渡しの義務を果たしたことになる。売主は、物品の船積みまでの費用と物品を指定仕向港へ輸送するために必要な運賃を支払い、運送中における買主の危険に対して海上保険を手配しなければならないが、その時点以後危険および追加の費用は売主から買主へ移転する。

CPT（Carriage Paid To、輸送費込み）では、売主が、輸出通関を行い、自己の指定した運送人に物品を引き渡し、物品を指定仕向地まで輸送するために必要な運送費用を支払う。物品が引き渡された後は、買主が一切の危険と追加の費用を負担する。CPTはコンテナ輸送に対応するために考案された。

CIP（Carriage and Insurance Paid To、輸送費保険料込み）では、売主が、輸出通関を行い、自己の指定した運送人に物品を引き渡し、物品を指定仕向地まで輸送するために必要な運送費用を支払い、運送中における買主の危険に対して海上保険を手配しなければならないが、物品が引き渡された後は、買主が一切の危険と追加の費用を負担する。CIPもコンテナ輸送に対応するために考案された。

(d) D グループ

DAP（Delivered at Place、仕向地持込渡し）では、指定仕向地において、荷卸しの準備ができている、到着した輸送手段の上で物品が買主の処分に委ねられた時、売主の危険負担・費用負担が買主に移転する。荷卸し以降の危険負担・費用負担は買主が負う。

DPU（Delivered at Place Unloaded、荷卸込持込渡し）では、指定仕向地で物品が輸送手段から荷卸しされた後、買主の処分に委ねられた時、売主が引渡義務（危険移転）を果たしたことになる。輸出通関手続は売主が行うが、売主が荷卸しの危険および費用を負担しないことを当事者が意図している場合には、

DAPを使用するほうが適当な場合がある。

DDP（Delivered Duty Paid、関税込持込渡し）は売主の義務が最大のものであり、売主が、指定仕向地において、輸入通関を行い、到着した輸送手段から荷卸しせずに、物品を買主に引き渡すことになる。売主は、仕向国への輸入のための関税を含めて、そこまでの物品の輸送に伴う一切の費用と危険を負担する。

(3) FOB取引
(a) 危険負担

売主は、物品が指定船積港において本船の手すりを通過する時まで、物品の滅失または損傷の一切の危険を負担しなければならない。買主は、物品が指定船積港において本船の手すりを通過した時から、および買主が本船の手配について通知を与えない、買主が指定した本船が予定どおり到着しない、買主が物品を引き取ることができない、または通知された期限より早く積荷を打ち切った場合には、引渡しのために合意された期日または合意された期間の満了日から、物品の滅失または損傷の一切の危険を負担しなければならない。

(b) 売主の義務

FOB取引における売主の主要な義務は次のとおりである。①売主は、売買契約に合致した物品および商業送り状を提供しなければならない。②売主は、自己の危険と費用で、輸出許可その他の公式の認可を取得し、物品の輸出に必要な一切の通関手続を遂行しなければならない。③売主は、期日または合意された期間内に、指定船積港において、買主によって指定された本船上で、物品を引き渡さなければならない。④売主は、物品が指定船積港において本船の手すりを通過する時まで、物品に関する一切の費用および輸出に必要な通関手続の費用ならびに輸出に際して支払われる一切の関税、税金その他の諸掛を支払わなければならない。⑤売主は、物品が引き渡された旨の十分な通知を買主に与えなければならない。⑥売主は、自己の費用で、引渡しの通常の証拠を買主に提供しなければならない。これが運送書類でない場合には、売主は、買主の依頼により、その危険および費用において、運送契約に関する運送書類を取得するに当たり買主にあらゆる助力を与えなければならない。したがって、この場合FOB取引においても運送書類を含む荷為替手形による代金決済が可能になるので、FOB取引が利用し

やすいものとなっている。⑦売主は、物品を引き渡すために必要な検査業務の費用を支払わなければならない。売主は、物品の輸送に必要な包装を自己の費用で提供しなければならない。包装には適当に荷印を付するものとする。売主は、依頼があれば、保険を取得するために必要な情報を買主に提供しなければならない。

(c) 買主の義務

FOB 取引における買主の主要な義務は次のとおりである。①買主は、売買契約の規定に従って、代金を支払わなければならない。②買主は、自己の危険と費用で、輸入の許可その他の公式の認可を取得し、物品の輸入のための通関手続を遂行しなければならない。③買主は、自己の費用で、指定船積港からの物品の運送契約を締結しなければならない。④買主は、引き渡された物品を受け取らなければならない。⑤買主は、物品が船積港において本船の手すりを通過した時から物品に関する一切の費用、および買主が指定した本船が予定どおり到着しない、買主が物品を引き取ることができない、もしくは通知された期限より早く積荷を打ち切ったためにまたは買主が適切な通知を与えなかったために生じた追加費用、ならびに物品の輸入に際して支払われる一切の関税、税金その他の諸掛および通関手続を遂行する費用を支払わなければならない。⑥買主は、本船名、積込地点および必要な引渡しの時期について十分な通知を売主に与えなければならない。⑦買主は、引渡しの証拠を受理しなければならない。

(4) CIF 取引

(a) 危険負担

売主は、物品が船積港で本船の手すりを通過する時まで、物品の損失または損傷の一切の危険を負担しなければならない。買主は、物品が船積港で本船の手すりを通過した時から、物品の滅失または損傷の一切の危険を負担しなければならない。買主は、通知を与えなかった場合には、船積みのために合意された期日または定められた期間の満了日から、物品の損失または損傷の一切の危険を負担しなければならない。

(b) 売主の義務

CIF 取引における売主の主要な義務は次のとおりである。①売主の売買契約に合致した物品の提供義務は FOB 取引と同様である。②売主の輸出許可取得・

通関手続の義務もFOB取引と同様である。③FOB取引とは大きく異なり、売主は、契約記載の物品の輸送に通常使用されるタイプの海洋航行船により通常の航路を経由する指定仕向港までの物品の運送契約を自己の費用により通常の条件で締結しなければならない。また売主は、買主または物品に被保険利益をもつその他の者が保険者に直接保険金を請求する権利をもつような、契約で合意された貨物保険を自己の費用で取得し、保険証券その他の保険担保の証拠を買主に提供しなければならない。CIF取引においてはこれらの運送書類を含む荷為替手形により代金決済が行われるのが通常である。④売主は、期日または合意された期間内に、船積港において本船上で物品を引き渡さなければならない。⑤売主の物品引渡義務もFOB取引と同様である。⑥売主は、物品が引き渡される時まで、物品に関する一切の費用、物品を本船に積み込む費用も含めて、運賃その他の一切の費用、保険の費用、運送契約で売主の勘定とされている荷卸し費用、輸出に必要な通関手続の費用、および輸出に際して支払われる一切の関税、税金その他の費用を支払わなければならない。⑦売主の買主への通知義務もFOB取引と同様である。⑧売主は、自己の費用で、遅滞なく、合意された仕向港までの通常の運送書類を買主に提供しなければならない。⑨売主の検査・包装・荷印の義務もFOB取引とほぼ同様である。⑩売主は、依頼があれば、追加保険を取得するために必要な情報を買主に提供しなければならない。

(c) 買主の義務

CIF取引における買主の主要な義務は次のとおりである。①買主の代金支払義務はFOB取引と同様である。②買主の輸入許可取得・通関手続の義務もFOB取引と同様である。③買主は、船積港における本船上で物品が引き渡された時当該物品を引き取らなければならない、かつ指定仕向港において運送人から物品を受け取らなければならない。④買主は、物品が引き渡された時から物品に関する一切の費用、運送契約で売主の勘定とされていない場合には、仕向港への物品の到着までの輸送中における物品に関する一切の費用と諸掛、艀料、埠頭使用料を含む荷卸し費用、および買主が通知を与えなかった場合には、船積みのために合意された期日または定められた期間満了日から物品について生ずる一切の追加費用、ならびに物品の輸入に際して支払われる一切の関税、税金その他の諸掛および通関手続を遂行する費用を支払わなければならない。⑤買主は、物品の

船積みの時期、および仕向港を決定する権利をもっている場合には、これについて十分な通知を売主に与えなければならない。⑥買主は、契約に合致しているならば、運送書類を受理しなければならない。⑦買主は、依頼があれば、保険を取得するために必要な情報を売主に提供しなければならない。

2 国際運送契約

(1) 国際海上物品運送契約
(a) 海上物品運送契約関係

海上運送契約は、運送の態様により、船舶の全部または一部を貸し切って運送を引き受ける傭船契約、個々の物品の運送を引き受ける箇品運送契約に分けられ、運送の客体により、物品運送契約と旅客運送契約に分けられる。

海上運送契約の当事者は、運送人、すなわち船舶所有者・船舶賃借人・傭船者など運送を引き受ける者、これに対して運送を委託する荷送人・旅客などである。

(b) 国際海上物品運送法
(i) 国際海上物品運送に関する条約

海上運送人の責任については、契約自由の原則により過失約款その他の免責約款が認められていたが、1880年代には、船主側が荷主側に対して、積荷の取扱いに関するあらゆる過失までも含む絶対的過失約款および船員の悪行と不堪航についての免責を含む不当な約款を強要するような弊害を生じるに至った。このような不当な免責約款を含む船荷証券に対して、荷主側や銀行・保険業者は免責約款制限の運動を展開した。船荷証券の条項の整理と免責約款の制限のために、1924年にはブリュッセルにおいて、「船荷証券に関するある規則の統一のための国際条約」(ハーグ・ルール) が成立した。わが国も1957年にこれを批准し、国際海上物品運送法を制定した。

その後、ハーグ・ルールは、解釈上の諸問題を解決するために、1968年に「1924年8月25日にブリュッセルで署名された船荷証券に関するある規則の統一のために国際条約を改正するための議定書」(1977年発効) により改正され、さらに1979年には「1968年2月23日の議定書によって改定された1924年8月25日にブリュッセルで署名された船荷証券に関するある規則の統一のために

国際条約を改正するための議定書」(1984年発効)(ハーグ・ウィスビー・ルール)により改正された。わが国もこれを批准し、1992年に国際海上物品運送法を改正した。

　一方、発展途上国は、ハーグ・ルールがそれでもなお船主側に有利だとして非難してきた。航海上の過失免責を破棄し、海上運送人の責任を強化するため、1978年に「海上物品運送に関する国際連合条約」(ハンブルグ・ルール)が成立した。もっとも、ハンブルグ・ルールの加盟国数は伸びず、1992年にようやく発効するに至った。ハーグ・ルールのままの国もすくなくないのが現状である。

(ii) 海上運送人の義務・責任

　国際海上物品運送法における海上運送人の義務と責任は以下のとおりである。

① 運送品に関する注意義務

　海上運送人は、運送品の受取り、船積み、積付け、運送、保管、荷揚げおよび引渡しにおける過失(商業上の過失)により生じた運送品の滅失、損傷または延着について損害賠償の責任を負う(3条1項)。しかし、船長、海員、水先人その他運送人の使用する者の航行もしくは船舶の取扱いに関する行為における過失(航海上の過失)または船舶における火災(故意または過失に基づくものを除く)により生じた損害については責任を負わない(3条2項)。本項は航海上の過失および船舶火災についての法定免責を定めている。

　また、海上運送人は、海上その他可航水域に特有な危険、天災、戦争・暴動・内乱、海賊行為その他これに準ずる行為などの11の事実のいずれかがあったことおよび運送品に関する損害がその事実より通常生ずべきものであることを証明したときは、3条の責を免れる。ただし、3条の注意が尽くされたならばその損害を避けることができたに関わらず、その注意が尽くされなかったことの証明があったときは、免責されない(4条2項)。本項は挙証責任の分配により免責を容易にしたものである[5]。

② 航海に堪える能力に関する注意義務

　海上運送人は、船舶を航海に堪える状態におくこと、船員を乗り込ませ、船舶を艤装し、および需品を補給することなどにおける過失により生じた運送品の滅失、損傷または延着について損害賠償の責任を負う(5条)。

③ 海上運送人の有限責任

　運送品に関する海上運送人の責任は、滅失、損傷もしくは延着に係る運送品の1包または1単位につき、1計算単位の666.67倍の金額、または滅失、損傷もしくは延着に係る運送品の総重量について1キログラムについて1計算単位の2倍を乗じて得た金額のうちいずれか多い金額が限度とされている（9条1項）。

④ 免責約款の禁止

　3条1項の商業上の過失や5条の堪航能力担保義務違反により運送品に生じた損害賠償責任を荷送人、荷受人または船荷証券所持人に不利益に変更する一切の特約は無効とされる（10条1項）。

(c) 船荷証券

　船荷証券とは、海上物品運送契約による運送品の受領または船積みを認証し、かつその引渡請求権を表章する有価証券である。国際売買においては運送品が船積みされてから国境を越えて荷受人である買主の手元に到着するまでに長時間を要することから、運送品に対する所有権を船荷証券に化体させることにより、船荷証券の発行は、買主にとっては運送品の運送中でも船荷証券自体の譲渡を可能にし、荷送人である売主にとっては船積み後の速やかな代金回収を可能にする。

(i) 船荷証券の性質

船荷証券は次のような証券としての性質をもっている。

① 要式証券

　船荷証券に記載すべき事項が法定されている（国際海上物品運送法15条、商法758条1項）という意味で要式証券であるが、その要式性は厳格なものではない。

② 文言証券

　海上運送人と船荷証券所持人との間の法律関係は船荷証券の記載文言によって決せられる。運送人は、船荷証券の記載が事実と異なることをもって善意の船荷証券所持人に対抗することはできない（国際海上物品運送法15条、商法760条）。本条の目的は船荷証券の流通性を確保するためである。

③ 法律上当然の指図証券

　船荷証券は、たとえ記名式で発行された場合であっても、裏書を禁止する

④ 引渡証券

　船荷証券により運送品を受け取るべき者に船荷証券を引き渡したときは、船荷証券の引渡しが、運送品の上に行使する権利の取得につき、運送品の引渡しと同一の効力を有する（国際海上物品運送法15条、商法763条）。

⑤ 処分証券

　船荷証券が発行されているときは、運送品の処分は船荷証券をもってしなければならない（国際海上物品運送法15条、商法761条）。

⑥ 受戻証券

　船荷証券上の運送品引渡請求権を行使するには、海上運送人に対し船荷証券を提示することを要し、船荷証券と引換えでなければ運送品の引渡しを請求できない（国際海上物品運送法15条、商法764条）。

(ⅱ) 船荷証券の効力

　船荷証券の債権的効力とは、海上運送人と船荷証券所持人との間の債権的な効力のことであるが、国際海上物品運送法15条および商法760条により規定される。海上運送人は、善意の船荷証券所持人に対しては、自己の過失の有無を問わず事実の証明による主張をすることはできない。品違いなどの場合においても海上運送人は善意の船荷証券所持人に対しては船荷証券記載どおりの運送品引渡債務を免れることはできず、引渡しをなしえない限り債務不履行による損害賠償責任を負うことになる。もっとも、海上運送人は、船荷証券所持人の悪意を証明することによって、記載と異なる事実の証明による主張が可能である[6]。

　船荷証券の物権的効力とは、船荷証券の引渡しが運送品自体の引渡しと同一の効力を有することであり、上記引渡証券および処分証券としての性質に表れている。このような船荷証券の物権的効力の法律構成については、わが国においては、（船荷証券所持人による運送品に対する支配は、海上運送人の直接占有を前提とした間接占有とする）相対説と（運送品に対する海上運送人の直接占有とは関係なく、船荷証券そのものに認められる効力とする）絶対説に見解が分かれている[7]。

(2) 国際航空物品運送契約
(a) 国際航空運送に関する条約
　航空運送については、航空運送人の責任に関して、1929年に「国際航空運送についてのある規則の統一に関する条約」(ワルソー条約、1933年発効)が国際航空私法会議において成立した。その後何度も改正されたが、いずれの改正条約を批准するかによって国によりその内容が異なる不完全な統一法であった。複数のワルソー条約の統一化を図るために、1999年に「国際航空運送についてのある規則の統一に関する条約」(モントリオール条約、2003年発効)が国際民間航空機関において成立した。

(b) 航空運送人の責任
　モントリオール条約における航空運送人の責任は以下のとおりである。
(i) 貨物の損害に対する責任
　貨物の滅失・損傷について、航空運送人は、貨物の損害の原因となった事故が航空運送中に生じたときはその損害の責任を負う(18条1項)。しかし、貨物の損害が、貨物固有の欠陥・性質、航空運送人等以外の者によって行われた貨物の荷造りの欠陥、戦争行為・武力紛争などから生じたことを証明した場合には、その責任を免れる(18条2項)。
　貨物の延着から生じた損害については、航空運送人はその責任を負うが、自己、その使用人もしくは代理人が損害を防止するために必要なすべての措置をとったこと、またはそのような措置をとることが不可能であったことを証明した場合には責任を負わない(19条)。

(c) 責任軽減・免除約款
　航空運送人の責任を免除し、条約で定める責任限度額よりも低い限度を定める約款は無効とされる。ただし、貨物の性質もしくは固有の欠陥から生じた滅失または損害に関する約款は無効とはされない(26条)。

(d) 責任限度額
　航空運送人の責任限度額は、重量1キログラム当たり17SDR(国際通貨基金特別引出権)である。

3　国際貨物海上保険契約

(1) 貨物海上保険契約関係

　貨物海上保険とは、海上運送における事故（保険事故）から生ずる貨物の損害（被保険利益）を填補するための保険である。保険契約を締結し、合意した保険料の支払義務を負う者が保険契約者であり、保険契約に基づいて保険事故が生じたときに損害の填補のために保険金給付の義務を負う者が損害保険会社などの保険者である。保険金の給付を受ける者が被保険者である。保険契約者と被保険者が同一人であるとは限らない。

　国際売買において売主と買主のいずれが保険契約を締結する義務を負うかは当該国際売買契約いかんによっている。インコタームズが用いられた場合、FOB取引では、いずれの当事者にも付保の義務はなく、売主は、依頼があれば、保険を取得するに必要な情報を買主に提供する義務を負うにとどまる。実際問題として、買主が保険契約を締結することになる。

　CIF取引では、売主は、買主または物品に被保険利益をもつその他の者が保険者に直接保険金を請求する権利をもつような、契約で合意された貨物保険を自己の費用で取得し、保険証券を買主に提供する義務を負っている。この保険は、別段の明示的合意がなければ、協会貨物約款または同種の約款の最小担保によるものとされる。買主の要求があった場合、売主は、取得できれば、戦争、ストライキ、騒擾および暴動の危険に対する保険を買主の費用で提供しなければならない。一方買主は、依頼があれば、保険を取得するために必要な情報を売主に提供しなければならない。また売主は、依頼があれば、追加保険を取得するために必要な情報を買主に提供しなければならない。最低保険金額は、契約に定められた価格プラス10％（すなわち110％）である。

　保険事故の発生に伴って、保険者が保険金を被保険者に給付した場合、保険者は、付保された目的物の残存物について所有権を取得し、あるいは運送人等に対する損害賠償請求権を取得する（保険代位）。

（2）保険約款

近代におけるイギリスの海運業と保険業の隆盛、それに伴う海上保険法制（1906年にはイギリス海上保険法の制定）の発展、さらにロンドンにおける再保険市場の集中などを背景として、保険証券の統一のために、1779年にロイズ証券（Lloyd's SG Policy）が作成され、海上保険業界において国際的に広く用いられてきた。

これに特別約款として、ロンドン保険業者協会（Institute of London Underwrites）の作成した各種の約款（協会貨物約款、Institute Cargo Clauses）が添付されて利用された。これらの約款の代表は、1912年に作成された分損不担保条件、1921年に作成された分損担保条件、1951年に作成された全危険担保条件である。さらに1963年には一般免責約款その他の約款が作成された。たとえば、日本において使用された約款は、表面がロイズ証券、裏面が協会貨物約款という形であった。

1970年代後半、国連貿易開発会議において、協会貨物約款は荷主に不利で保険者に有利であるなどの批判があり、国連主導による保険証券作成の動きがあった。これに対して、1982年にロンドン保険業者協会によりあらたな協会貨物約款が作成された。現状は旧協会貨物約款と新協会貨物約款が併存して使われている。

（3）保険条件（担保危険と填補範囲）

保険者は、その種類や範囲を問わずいかなる損害についても填補責任を負うというわけではなく、約款によりその填補範囲を制限するような特約を設けている。

損害の種類として、損害の程度により全損（total loss、被保険利益の全部滅失）と分損（partial loss、被保険利益の一部滅失）に、負担の形態により単独海損（particular average、損害の負担者が単独で負担すべき損害）と共同海損（general average、船主と荷主が共同で負担すべき損害）に分けられる。基本的な特約は以下のとおりである。

① 分損不担保条件（Free from Particular Average, FPA）

全損および分損のうちの共同海損は填補されるが、分損は原則として填補されない。ただし、沈没、火災、衝突等の特定の事故によるものは填補される。

② 分損担保条件（With Average, WA）

全損および分損は原則として填補される。

③ オール・リスク担保条件（All Risks）

すべての損害が填補されるが、遅延や貨物特有の瑕疵・性質による損害は除かれる。また、戦争・ストライキ等による損害は、特約で割増保険料を支払うことにより填補される。

1963年旧協会貨物約款は、分損不担保、分損担保およびオール・リスク担保の3種類の定型的特別約款を定める。1982年新協会貨物約款は、オール・リスク担保に相当する（A）条件、分損担保に相当する（B）条件および分損不担保に相当する（C）条件を設けている。

4　国際代金決済

（1）荷為替手形

売主は、引き渡した物品の売買代金回収のために、為替手形を振り出し、これにより代金を取り立てる場合がある。この為替手形に船積書類（shipping documents、一般的に商業送り状、船荷証券および保険証券からなる）が添付される（取立荷為替）。しかしこの状態では、売主は為替手形の振り出しと同時に売買代金を回収できない。為替手形を銀行に割り引いてもらうために、為替手形に船積書類を担保として添付する必要がある（割引荷為替）。

荷為替手形による決済方法には、船積書類の引渡しを手形金の支払い（つまり、荷為替手形の支払い）と引換えに行う支払渡し（Documents against Payment, D/P）と、船積書類の引渡しを所定日の到来時における手形金の支払いの約束（つまり、荷為替手形の引受け）と引換えに行う引受渡し（Documents against Acceptance, D/A）の2つがある。しかし、このような荷為替手形では、売主がそれを振り出す時点では、買主が手形を引き受けるかどうか確実ではない。買主の信用を補強するために、荷為替手形に銀行が発行する信用状（letter of credit, L/C）を添付するのが通常である。

(2) 荷為替信用状による決済
(a) 荷為替信用状

　信用状とは、信用状に記載された条件（信用状条件）どおりの船積書類の呈示があれば、売主（受益者）が振り出した荷為替手形を引き受け、支払うことを約束する文書であり、買主の取引銀行により発行される。荷為替手形に添付されたこのような信用状を荷為替信用状（documentary letter of credit）という。

　売主が荷為替手形に信用状を添付して（売主の取引銀行である）買取銀行に持ち込んだ場合、その荷為替手形は（買主の取引銀行である）信用状発行銀行により支払いが確実に行われるとして、当該買取銀行がこれを買い取り、売主は売買代金を容易に回収できることになる。

(b) 信用状取引
(i) 信用状統一規則

　信用状取引は、第一次世界大戦後アメリカを中心として貿易取引が盛んになるに従って増加してきたが、長年の取引実務の慣行から生まれた信用状による決済について、とりわけ信用状の記載について、各国の法律、慣習や言語の相違からその解釈や理解に混乱を生じてきた。1933 年に国際商業会議所（International Chamber of Commerce, ICC）は、信用状に関する慣行を統一化するため、「荷為替信用状に関する統一規則および慣例（Uniform Customs and Practice for Documentary Credits, UCP、以下「信用状統一規則」という）を定めた。その後何度か改定され、最新の 2007 年版（2007 Revision, UCP 600）は 2007 年 7 月から施行された。信用状統一規則は世界のほとんどの銀行により採用されている。

(ii) 信用状取引の独立の原則

　信用状はその性質上、売買契約またはその他の契約に基づいていても、当該契約とは別個の取引であり、銀行は、当該契約にどのような参照事項が含まれていても、当該契約とはなんらの関係もなく、それにより拘束されるものではない。支払いを行うこと、手形を引き受け、支払うこと、手形の買い取りを行うこと、または信用状に基づくその他のすべての義務を履行することについての銀行の確約は、依頼人と発行銀行または依頼人と受益者との関係から生ずる依頼人の権利または抗弁により影響を受けない（信用状統一規則 3 条 a）。

信用状は、売買契約の当事者により依頼されたものではあるが、当該当事者ではない銀行が発行するものであり、信用状に基づく法律関係は、それを発行する原因となる売買契約や信用状発行の委託契約などの法律関係から独立した法律関係であって、その影響を受けないものとされる。このような独立性は、信用状取引の円滑さのためには不可欠なものである。

信用状発行銀行は、信用状の債務について、所定の信用条件に合致しているかぎり、信用状発行の委託契約における依頼人（買主）に対する抗弁をもって受益者（売主）に対抗することはできず、信用状決済を定めた売買契約における依頼人の受益者に対する抗弁をもって対抗することもできない。発行銀行がその債務の支払いを拒むことができるのは、提示された書類と信用条件との不一致および詐欺や錯誤など信用状自体に瑕疵のある場合のみである。また、発行銀行が信用状の債務を履行した場合には、受益者による売買契約上の債務不履行があったとしても、発行銀行は依頼人に対して償還（reimbursement）を請求することができる[8]。

(iii) 信用状条件の厳格一致の原則

信用状取引においては、すべての当事者は書類を取り扱い、それらの書類が関係する物品、役務その他の行為を取り扱うものではない（信用状統一規則4条）。

信用状取引は信用状の記載に依拠する取引であり、信用条件に合致する書類の提示により支払いがなされる。提示される書類およびその記載は、信用状条件と厳格に一致することが要求される。銀行は、信用状に定められたすべての書類が、文面上、信用状条件を充たしているかどうか確かめるために、相応の注意をもって（with reasonable care）点検しなければならない（信用状統一規則13条a）。

(c) 荷為替信用状取引関係

荷為替信用状による売買取引（例としてCIF取引）およびその売買代金決済の関係は以下のとおりである。

① 売買契約の締結

売主と買主は、売買契約を締結し、荷為替信用状により売買代金を支払うことを約束する。

② 信用状の発行依頼
　買主は、その取引銀行に売主（受益者）のために、売買契約の内容に基づき信用状を発行することを依頼する。
③ 信用状の発行と通知
　買主の取引銀行は、信用状を発行し、それを売主に通知することを買主の所在地の銀行（通知銀行）に依頼する。通知銀行は、信用状の発行を売主に通知・交付する。
④ 海上物品運送契約の締結
　売主は、売買契約に基づき船会社と海上物品運送契約を締結し、船腹の手配をする。
⑤ 貨物海上保険契約の締結
　売主は、売買契約に基づき保険会社と貨物海上保険契約を締結し、海上保険を手配する。
⑥ 船積みの手配と輸出申告
　売主は、その通関業者により船積みを手配し、輸出の申告をする。
⑦ 船荷証券の発行
　船積み完了後、船会社は船荷証券を発行し、売主は船荷証券をその通関業者により受け取る。
⑧ 荷為替手形の振出し
　売主は、為替手形を振り出し、信用状および信用状に一致した船積書類とともにその取引銀行に持ち込む。
⑨ 荷為替手形の買取り
　売主の取引銀行は、船積書類が信用状に記載された条件に一致しているかどうかをチェック後、荷為替手形を買い取り、売買代金を売主に支払う。
⑩ 荷為替手形の引受け・支払いの請求
　売主の買取銀行は、信用状発行銀行に荷為替手形の引受け・支払いを請求する。
⑪ 荷為替手形の引受け・支払い
　信用状発行銀行は、荷為替手形の引受け・支払いにより売主の買取銀行に売買代金を支払う。

⑫ 売買代金の償還請求

　信用状発行銀行は、買主に売買代金の償還を請求する。

⑬ 売買代金の支払い

　買主は、その取引銀行である信用状発行銀行に売買代金を支払う。

⑭ 船積書類の引渡し

　信用状発行銀行は、買主に船積書類を引き渡す。

⑮ 輸入申告と貨物の引取り

　買主は、船会社に船荷証券を提示、通関業者により輸入を申告し、貨物を引き取る。

[注]

1) CISGとインコタームズを比較すると、売買契約が物品の運送を予定している場合は、FOB、CER、CIFの場合における差異およびEXWを除いて、危険移転時期は事実上一致しているといわれる。EXWにおいて、インコタームズでは、売主の施設で物品を買主の処分に委ねた時に危険は移転するが、CISGでは、買主が物品を引き取った時に危険が移転する（CISG69条1項）。

　　曽野和明・山手正史『国際売買法』（青林書院、1992）202、208-210頁。新堀聡『国際統一売買法―ウィーン売買条約と貿易契約』（同文館出版、1991）114-117頁。

2) 絹巻康史『国際取引法―契約のルールを求めて―』（同文館出版、2004）156-157頁。

3) International Chamber of Commerce『Incoterms 2000』（国際商業会議所日本委員会、1999）。

4) 絹巻 前掲注（2）164-165頁。

5) 重田晴生ほか『海商法』（青林書院、1994）167頁。

6) 同上 203頁。

7) 同上 205-206頁。

8) 高桑昭『国際商取引法 第2版』（有斐閣、2006）199頁。

第3章
国際取引の海外戦略

1　海外進出の形態

（1）海外への事業活動展開に伴う進出形態
（a）製品輸出か技術移転か

　現代の技術革新の時代においては、製品サイクルは短縮化されており、その都度関連するすべての製品・技術についてあたらしいものを開発することはできない。企業は、研究・技術開発により取得した知的財産の活用を図ることが必要である。

　知的財産・技術の動向の調査により得られた自社の知的財産・技術の強み・弱みや製品市場のニーズを考慮しながら、どの知的財産をもとに製品化し、どの知的財産をライセンスの対象とするのか、さらに地域ごとにいずれを事業戦略とするのかを決定しなければならない。

　前者は、特許権の場合、特許権が本来的に有する独占的排他権を行使することにより、他社が市場に参入することを排除することができ、マーケットシェアを独占し、マーケットによる経済的利益を追求する戦略である。後者は、ライセンスにより、特許権を他社に開放して、ロイヤルティを取得する戦略であるが、競争相手にも積極的にライセンスを許諾することにより、当該技術分野においてリーダーシップをとることを目指すものである。いずれの企業もどちらかに極端に偏したポリシーをとることは一般的にはありえず、マーケットや技術分野の状況に応じて柔軟にポリシーを策定することが必要である。

　とりわけ製品販売からライセンスへの移行のタイミングまたはライセンス活動

の展開が重要となる場合がある。製品の販売によりマーケットが大きくなり始めると、他社がマーケット参入の意欲をもち始める。この場合、他社は、ライセンスの取得と自社による代替技術の開発を並行して検討するのが通常である。ライセンスの目的は、ライセンスを許諾することにより自社技術の基盤上に他社の製品を乗せることにあり、これによって他社の代替技術開発の動機を妨げることができる。ライセンス活動への転換が遅れ、他社の代替技術が完成する場合には、熾烈な価格競争が生じることになる。このようにライセンス活動は、市場の状況や他社の技術開発の動向を考慮して決定する戦略的な判断である。

(b) 技術移転のための活動

かつて知的財産は、収入を生み出す実際の潜在能力を有しない二次的な重要性の資産にすぎないと考えられた時代があった。しかし、今や知的財産およびそのライセンスは、巨大な収入源となってきており、企業経営の成功の可能性を測定する重要な基準となっている。

企業が自らの研究開発の成果を実施するには、特許権などの知的財産権を取得して、まず、第一に自ら事業化することであり、さらに前述したように他企業へ技術移転することが考えられる。事業化して製品を生産・販売するか、ライセンスによって対価を得るか、あるいは製品の販売とライセンスの両者を並列させるかはそれぞれの企業の経営戦略によることとなる。

技術移転は、知的財産権の特性から、対象とする許諾技術の範囲を製造、使用、販売に区分し、実施期間や実施地域などを制限することが可能である。この特性を活用して、製品販売により事業収益を上げる市場における優位性を損なわないように、許諾技術の範囲を限定した技術移転によって、製品販売による事業収益と技術移転によるライセンス収益の双方による利益の最大化も可能である。また、製品のマーケティングの観点からは、当該製品の世界市場をすべて自己のマーケティング力のみでカバーすることは通常困難であり、ライセンスを活用する必要が生じてくる。他社へ活発にライセンスすることによって、当該技術市場においてリーダーシップを確立する道が開け、さらに製品の販売活動に好影響を及ぼすことができる。

ライセンスとは、技術等の知的財産権の所有者であるライセンサー (licensor) が、その知的財産権の利用を欲するライセンシー (licensee) に対

し、対価と引き換えにその実施を許諾するものであるが、ライセンサーからみれば技術移転であり、ライセンシーからみれば技術導入となる。国際ライセンスとは、国を越えたライセンサー・ライセンシー間の技術移転・技術導入であり、技術革新のグローバルな展開に従いライセンスも必然的に国際性を帯びてくることになり、純粋の国内企業間のライセンスに比してより複雑かつ精緻な契約関係となるが、それだけに企業の事業戦略としてその有用性が高く評価されている。

　ライセンサーにとっての国際技術移転は、以下のような事業戦略に関わっている。

① 研究開発費の回収と再投資

　投資した研究開発費は、商業化に成功した製品の販売によって回収するという間接的な方法よりも技術移転という直接的な方法によって回収することが可能である。技術移転の成功は、いわばその技術の商品としての価値を技術市場において証明したことになる。ロイヤルティという実施料の収入は、技術料としてあらたな研究開発に充当できる原資となる。

② 海外市場進出への足がかり

　製品販売により海外市場へ進出しようとしても、国によっては高い関税障壁や非関税障壁があり、いまだ販売・流通経路を開拓していないなどマーケティング力を欠いている場合には、ライセンスによって橋頭堡を築くことが考えられる。外資規制の多い発展途上国においても技術導入には基本的に熱心であり、円滑な技術移転を図ることができる。

③ 海外製品市場の拡大

　海外市場において製品の販売ネットワークの確立に時間がかかり、その製品の浸透が容易でない場合、当該製品に関わる技術のライセンスによって製品市場の拡大を図ることができる。ライセンシーが許諾製品を生産・販売するが、ライセンシーの数が増えればそれだけライセンサーにとっても製品市場の拡大につながる。

④ 海外合弁事業のための基盤

　伝統的な海外合弁事業は、外資が現地のパートナーと合弁会社を設立し、合弁会社にライセンスを許諾するという方式である。合弁事業形態は、外資規制により外資が直接完全子会社を設立することができない場合にしばしば

とられるものであり、また、ライセンサーが単にライセンスを許諾するだけでは海外市場における事業戦略として不十分な場合に選択される有用な事業形態である。

⑤ 海外子会社への技術移転

　メーカーであるライセンサーは、グローバルな事業展開の一環として海外に生産拠点をもつことを望む。もっとも生産コストの安い生産拠点の確保は、国際競争力の観点から要請される。ライセンサーは事業戦略として、海外に現地法人を設立し、技術を移転して、その国の市場はもちろんのこと、グローバル市場に向けて製品の供給基地を構築する。

⑥ グローバルな技術戦略の手段

　ライセンサーは、技術移転のためのライセンスをベースとして、改良技術の交換を通じた共同開発関係、改良技術のグラントバック（grant-back）とサブライセンス（sublicense）によるライセンスネットワーク（license network）関係およびクロスライセンス関係のような拡大したライセンス関係を構築することが可能である。このような技術戦略としてのライセンスは、グローバルな技術戦略の有効な手段として機能することが期待されている。

⑦ 国際標準化のための手段

　多くの製品や技術にとって、標準化は商業的な成功のために重要であり、国際技術移転は国際標準形成のための枢要な手段である。ライセンサーは、標準を形成する技術移転からさまざまな方法で利益を得ることができる。製品または技術の標準化に成功すれば、市場は大いに拡大することになり、技術開発企業は、たとえ競争相手が存在する場合でも事業経営において利益を上げ、そしてロイヤルティによる利益を得ることもできる。

⑧ グローバルな知的財産権の活用

　ライセンスは、対象とする特許権などの知的財産権を能力もしくは数量、製品もしくは用途または地域などに細分して許諾することができる。ライセンサーが、各国または地域における市場のニーズあるいは自己のマーケティング・ポリシーに応じてこのような知的財産の特性を活用するならば、知的財産権に基づく技術の価値を最大限に引き出すことになる。ライセンス活動がグローバルな展開になればなるほど、その特性が生きると考えられる。

(c) 製品輸出・販売のための活動

　メーカーである企業が海外市場に製品輸出を始める段階において市場開拓のために通常採用する手段は、代理店としてのエイジェント（agent）または販売店としてのディストリビューター（distributor）の起用である。将来、メーカーが現地法人を設立して直接営業活動を展開する時期もいずれ想定されるが、すくなくとも当初は第三者である現地の商人の営業網を利用せざるをえない。さらにメーカーの現地法人による営業活動開始後においても、これらのエイジェントやディストリビューターを活用する必要がある。

　問題は、当該メーカーがどのようなマーケティングのポリシーに基づいてエイジェントやディストリビューターの起用を考えるかであり、以下のような選択肢がありうる。

　①将来メーカー自身が現地へ進出する計画はなく、あくまでも現地のエイジェントやディストリビューターによる営業網にすべて依存する。②メーカーの現地販売法人の設立が営業戦略として予定されており、現地法人が営業活動を開始した後も、並行的に現地のエイジェントやディストリビューターを総合的な営業網の一環として活用する。③販売会社としての現地法人の基盤を強固にするため、すべてのエイジェントやディストリビューターを現地法人の支配下に置いて統一したマーケティング活動を展開する。現地法人のマーケティング機能が拡大するに従い、とりわけ既存のディストリビューターが果たしてきた機能に置き換わっていくことになる。④現地販売法人とディストリビューターの双方のマーケティング力を統合してその相乗効果を狙う観点から、ディストリビューターをパートナーとしてジョイントベンチャー（合弁会社）を設立する。合弁会社と既存のディストリビューターとの棲み分けをどのようにするかが将来の課題となる。⑤当該メーカーとしては、現地販売会社を発展させることが第一の戦略であり、いずれ現地販売会社にディストリビューターを買収させ、既存のエイジェントは買収後の現地販売会社の傘下に組み入れる戦略の下にマーケティング活動を展開する。

　これらのマーケティングのポリシーのいずれをとるかは進出する国ないし地域によって、また対象とする製品によって決まってくるが、メーカー自身の事業戦略に沿ったものでなければならない。とかく製品輸出を立ち上げた段階において

のみエイジェントやディストリビューターの役割を評価しがちであるが、長期的な観点からこれらの活用の仕方を検討すべきである。グローバル化を目指す企業は、前述③から⑤の道を選択することになるが、いずれを選ぶかによって長期的にはエイジェントやディストリビューターに対する関係が異なってくる。つまり短期的には利害が一致していても長期的には相反する利害関係になりうることに留意する必要がある。

　エイジェントとは、本人（principal）から販売等の商取引に関する代理権を与えられている者であり、売買契約は本人とユーザーとの間で成立する。ディストリビューターは、このような代理人ではなく、本人から通常の売買契約により自己の計算とリスクにおいて製品を買い取ってユーザーに販売する者である。エイジェントとディストリビューターをどのように用いるかは、本人である企業のマーケティング戦略いかんによっている。

　メーカーがディストリビューターを起用した場合、次のような利点が挙げられる。①メーカーはその販売チャネルを簡略にすることができる。②ディストリビューターは、現地在庫をもつために、エンドユーザーへの販売よりも早い時期にメーカーから製品を購入する。これによって当該メーカーは自らの製品在庫の期間を短縮し、在庫量も減らすことが可能であり、コストダウンを図ることができる。③ディストリビューターは現地において修繕や組み立ての設備を有することがあり、この場合メーカーは流通コストをさらに軽減できる。④ディストリビューターとして起用された現地企業は、エイジェントと比較して独自の利益を確保できる。すなわち、エイジェントのコミッションはエンドユーザーの購入価格のある一定のパーセンテージにすぎないが、ディストリビューターの購入価格とエンドユーザーの購入価格の差額がディストリビューターの収入となり、エイジェントのコミションよりもはるかに大きいのが通常である。さらにディストリビューターは、エンドユーザーへの販売価格を自ら決定するなど、それ自身の販売戦略をたてることができる。

　しかしながら、このようなディストリビューターにとっての利点は、メーカーにとってはその裏返しの不利な点になると考えられる。①メーカーはもはやエンドユーザーに直接販売しないので、その製品価格に対するコントロールを失う。②エンドユーザーとの関係を発展させる機会も失うことになり、メーカーは製品

の販売についてもっぱらディストリビューターに依存せざるをえない。③さらにメーカーは、エンドユーザーを通じた市場との直接の接触を失うことにより、市場におけるローカルな動向に敏感に反応することが困難となる。④メーカーは、エンドユーザーのためのアフターサービスなどを含む販売活動について、市場におけるディストリビューターの評判を直接感じとることができない。したがって、メーカーとしては、これらの不利な点をできるだけ軽減しつつ、そのマーケティング戦略に沿ってどのような枠組みでディストリビューターとの関係を構築するかという問題に取り組む必要が生じてくる。

(d) 現地生産・販売のための活動

企業の海外進出は、海外販売、海外生産、さらに海外研究開発へと発展していくが、前述した海外販売が一定規模に達すれば、海外での生産が具体的な事業戦略となる。海外での生産活動に着手するためには、海外で100％出資の現地法人を設立し、親会社から必要な技術を移転する場合、海外で現地企業または第三国の企業と合弁会社を設立し、技術を移転する場合、あるいは現地企業を買収する場合という3つの選択肢がありうる。前二者は実際の生産活動までに長期間を要するが、後者は現地生産を一気に可能とする戦略である。後者の場合に、現地企業の全体を買収するのではなく、その一部の事業を買収することも考えられる。

現地生産が親会社のための工場という位置づけにとどまり、その製品のすべてを親会社または共同事業者が引き取るという場合もあるが、現地法人がその製品を現地市場に販売し、さらには海外へ販売活動を拡げるという過程を経るのが通常である。

100％出資の子会社または合弁会社の場合、設立当初は販売チャンネルをいまだもっていないのが通常であり、なんらかの形で親会社や共同出資会社のマーケティング力に頼らざるをえない。現地子会社・合弁会社が当初から販売部門を設け自ら市場を開拓していく例も多いが、これには長期間を要するので、親会社・共同出資会社が子会社・合弁会社育成の一環としてその販売活動を援助する必要性が高い。援助の形としては、子会社・合弁会社が親会社・共同出資会社に販売し、親会社・共同出資会社が自らの販売チャンネルで販売活動を行う場合、あるいは子会社・合弁会社が親会社・出資会社から販売代理権を得てその販売促進援助のもとに実質的に親会社・共同出資会社の販売チャンネルを利用する場合があ

る。

(e) 研究開発のための活動

　前述したように上流の事業分野における海外進出として、海外の現地市場に適合する製品開発、国内技術者・研究者の不足と人件費高騰による海外技術者・研究者の獲得、海外における技術情報の収集、海外生産・販売拠点からの要請などによって、海外に研究開発拠点を設ける必要が生じている。

　さらにこの分野における海外の企業との提携は、契約による研究開発の委託や共同研究開発、ライセンスによる技術移転と共同開発、ジョイントベンチャーによる共同研究開発などの多彩な形態で展開される。

(f) 原材料調達のための活動

　原材料をどこからどのように調達するかは、親会社の本国における生産にとって重要な問題であるのみならず、現地生産に必要な原材料調達の問題であり、いずれの場合も製品の価格競争力に関わってくる。

　原材料、部品や中間製品をグローバル市場のあらゆるところから安価にかつ安定的に調達しうるかどうかは、企業が海外の市場において競争に勝ち抜くために不可欠の事業活動となってきた。この目的のためには、親会社からのみならず、海外の子会社や関連会社を通じて、それぞれのローカル市場、さらにはグローバル市場から調達する必要があり、この意味において海外に調達拠点を設けることが考えられる。

(g) 事業提携・資本提携のための活動

　情報技術などの先端技術分野を中心とする技術革新の環境下において、今日の企業は、自らの経営資源の限界を他の企業との提携によって補完しつつ、選択と集中によって競争力を強化しなければ生き残ることができない。しかも、企業間の競争はあらゆる分野でグローバルな規模で行われており、企業の事業活動は特定の事業分野では提携しつつも、他方で絶えざる競争に晒されている。激しい技術革新とグローバル化の時代の競争に勝ち残るために、革新的な技術開発や国際標準化を目指して企業は、ある時には競争者や多数の企業と提携する。その事業提携関係はますます複雑化し、その数はとどまるところを知らないようにみえる。このような事業提携は、共同研究開発、少数資本参加、ライセンスと技術開発、生産委託、ジョイントベンチャーなど、ビジネスの実際においては実に多様

な形態によって展開されている。

　事業提携におけるプランニングとして、一般的にいえば、当面の事業目的に対応する単一の事業提携関係のみではなく、将来の事業環境の変化に対応する事業提携関係の変化や発展に備えたフレームワークをあらかじめ設計して、当初の事業提携契約に織り込んでおくことが考えられる。

　たとえば、①共同研究・技術開発や OEM（Original Equipment Manufacturing）生産などの技術・生産提携契約関係と資本関係を結びつける、②単純なライセンス関係ではなくライセンスによるジョイントベンチャー関係の構築を図る、③ジョイントベンチャー関係の解消から事業買収に至る、というプロセスを設ける、④事業提携関係からグローバルな企業グループの形成へ発展させる方策を講じる。

(2) 海外における事業拠点構築に伴う進出形態
(a) 現地事務所と支店

　企業が海外に進出しようとするスタートの段階では、海外市場における情報を収集し、取引先との連絡窓口を設けるために現地事務所を設置するのが通常である。現地事務所は、次の本格的な事業活動の可能性を探る、あるいはその準備をするという暫定的な機能をもつにすぎない小規模なものであるが、ある程度の営業活動の展開を目的として、あるいはその目処がついたところで支店を設置する場合がある。もっとも、進出国によっては外資や業種に対する法的規制により現地事務所の形態にとどまらざるをえない場合もある。

　支店を設置した場合、独立の法人ではなく、親会社と法人格は同一であるとされ、支店の行為は親会社の行為とみなされるのが通常である。また進出国の租税法上、支店の利益のみならず、現地で行われた取引により生じたすべての利益が課税対象となる場合がありうる。

(b) 現地法人の設立か企業買収か

　本格的な海外進出として現地に事業拠点を設けるためには、100％の子会社を設立して、草の根から事業活動を始める場合と、現地市場に一気に参入することを目的として現地企業の全体またはその一部の事業を買収する場合がある。前者は、一定規模の事業活動に達するまでに長期間を要するが、企業が本格的な海外

進出のために必要な事業拠点として位置づけられる。一方後者は、短期間で現地企業の経営資源を取り込み、現地市場の需要に迅速に対応しようとする戦略である。いずれをとるか、あるいは両者を並行させるかは、親会社の当該海外市場に対する事業戦略を含む、グローバルな事業戦略によっているが、買収戦略の重要性が一段と増してきている。

　近年における情報通信の発展という技術的および社会的・経済的環境の激変を背景として、企業活動のグローバリゼーションはとどまるところがない。すでに幾多の国境をかるがると越え、企業の事業経営は、世界を1つの市場としてとらえ、このグローバルな市場を対象に多様な活動を展開している。かつて企業がこのようなグローバルな事業活動のビジネスチャンスを一般的に享受できた時代はなかった。一部の多国籍企業のみが活躍することが可能であったにすぎない。今日では、あらゆる企業に、規模の大小、業種や国籍のいかんを問わず、グローバルな事業展開の機会が与えられている。

　このようなグローバル市場における企業活動の特徴的な現れが国際買収である。国際買収は、国境を越えて海外の企業またはその事業を買収するのであるから、企業の事業戦略そのものであり、企業は多くの経営戦略の選択肢の1つとして、いやそのもっとも有力な事業戦略として国際買収を計画し実行する。その本質は、事業経営において非常に効率的に「時間を買う」ことであるといえる。研究開発力、技術、人材、製造設備あるいはマーケティング網など、どの経営資源が買収の狙いであるとしても、企業が自前でそれらに時間、すなわちエネルギーと資金を投入して育成することなく、一挙に手に入れることが可能である。

　買収の形態には、合併か株式・資産買収か、交渉による買収か現金公開買付か、全部買収か一部買収かなどさまざまであり、またそれぞれの組み合わせも多様である。買主である買収企業の事業戦略と売主である被買収（買収対象）企業との関係により、当該買収における買収形態が決まってくる。アメリカ租税法のもとでは、買収企業が買収対象企業（target company）の株式または資産を買収するに際し、売主である対象企業とその株主に租税負担のかからないような取引形態を利用することが一般的に可能である。もっとも、このためには買収企業が売主である対象企業またはその株主に対して株式を発行することが要求される[1]。

買収対象企業の経営陣が当該買収に対して友好的であるかどうかにより、買収形態は友好的買収と敵対的買収に分けることができる。売主と買主間における交渉による買収は、基本的に友好的買収であり、売主の経営陣の協力を得ることができる。

　株式買収（合併を含む）と資産買収のビジネス上の重要な差異は、租税負担の問題は別にして、結局のところ、対象企業の資産・責任に関わる法的属性が前者の場合には継続するが、後者の場合は原則として継続しないということである。対象企業の株式が買収されたとき、買収以前に対象企業がもっていた契約上の権利や既存の責任は一般的にそのまま買収企業に承継される。もっとも、契約上の権利については、対象企業における所有と支配の変化により相手方当事者の解除権が発動されることがある。資産買収においては、買収企業は対象企業の責任承継を避けることが可能である。合併の場合は、三角または逆三角合併を利用することによって、買収企業は対象企業の責任を買収企業の子会社にとどめておくことができる。対象企業の契約上の権利については、継続することも可能であるが、所有と支配の変化による解除権の発動に従うこともある。

　買収企業が海外において買収した企業ないし事業を子会社として運営する場合、この子会社の経営は独立した経営とするのが基本である。買収企業は、異なる企業文化や経営ポリシーの下に活動していた事業と従業員を承継したのであり、その独立性を尊重する必要がある。一方で買収企業である親会社は、当該子会社を完全にまたは実質的に支配しており、その支配により買収の成果を上げなければならない。

　子会社の経営陣に対する親会社の経営ポリシーは大きく2つに分かれる。1つは、子会社の社長を始め経営陣には原則として現地人を登用し、親会社からの派遣は最小限にとどめる（間接統治）。もう1つは、親会社から子会社の社長以下の経営陣に相当数の人材を送り込み直接にコントロールする体制を築く（直接統治）。親会社は、買収後当面の間、親子間の事業の調整、子会社の事業の見直しなど厳しい合理化を断行する必要がある場合には、前者に比べて後者の方がそれを実行しやすい。しかし、現地法人の経営は、現地人による経営陣が経営責任をもって独立した経営を行うことが現地法人の事業経営を成功に導き、親会社の利益につながる。したがって、長期的な観点からは、前者によるまたは後者から前

者への移行による間接統治が子会社経営の基本であると考えられる。

(c) 資本参加か合弁会社設立か

　進出企業にとって、前述の現地法人の設立か買収かという戦略ではなく、事業拠点を築く手段として、現地企業に出資する、あるいは現地法人と合弁会社を設立することが考えられる。現地法人への出資比率が50％超となる場合には、現地法人を買収する場合に近い形態となる。50％未満の出資の場合には、出資企業の事業戦略に応じて事業提携の関係を構築することを目的としており、出資先との提携関係において開発、生産やマーケティングといった個別の事業活動を柔軟に展開することが可能である。少数資本参加者としての利益・権利を確保しつつ、出資先企業の経営資源をどのように活用して提携関係の成果を上げるかが戦略的課題となる。

　進出企業が現地企業とのジョイントベンチャーとして合弁会社を設立する目的は、前述したような多彩な事業戦略の基づいており、50％超の出資比率による支配権・経営権を確保して確たる事業拠点を築くことができる。もっとも、支配株主として経営権に対応した責任を負うことになるが、共同事業である以上、パートナーである少数株主との利害調整やその利益保護を図ることが求められる。

(d) 地域統括会社・国際統括会社

　海外に多くの子会社や関連会社等の事業拠点が構築されてくると、一定の地域に地域統括会社を設ける必要性が生じる場合がありうる。親会社からすべての海外事業拠点を直接に統括して、それぞれの海外市場の需要に的確に対応することは次第に困難になってくる。親会社は、当該地域に関する事業活動に関して地域統括会社に権限を委譲し、経営責任をもたせることが考えられる。当該海外市場についての情報収集、特有のニーズの評価、柔軟な事業戦略の立案と迅速な意思決定は、とりわけ新興経済諸国の成長に合わせていくためには不可欠となっている。このような段階では、特定の事業に関する統括機能を本国の親会社にとどめておく必要性はなくなる場合があり、グローバルな事業戦略に対応して特定の事業については国際統括会社を海外に立地させる、つまり事業統括機能を親会社の本社から分離して、海外へ移転させる場合がありうる。

　さらには、海外での事業活動の展開が本来の意味でグローバルになってくる、あるいはそのような目的を目指して、親会社の本社自体を海外へ移転させること

も考えられる。

2　海外進出に伴う法律問題

（1）海外マーケティング活動に伴う法律問題
（a）品質保証

　企業は、その製品を海外市場のあらゆる場所、顧客に提供するが、製品の品質については、特定の現地市場の需要に応じた品質・規格あるいはグローバルに統一した品質・規格を保証する責任を基本的に負っている。海外に進出してマーケティング活動を展開する企業が、まず取り組むべき課題である。

　アメリカにおける品質に関する法制を例に取り上げると、製品の売主の保証は、明示の保証（express warranty）と黙示の保証（implied warranty）に分けられる。アメリカ統一商事法典（Uniform Commercial Code）によれば、取引の基礎の部分となっている事実または約束の確認、物品の記述またはサンプルもしくはモデルは、当該物品がそれらに一致するという明示の保証をつくり出す（2-313条）。

　2-316条によって排除または変更されないならば、物品に商品性がある（merchantable）という保証は、売主が商人であるとき販売契約に暗黙に含まれている（2-314条1項）。この保証をめぐる争いは、被告売主の過失を証明する必要を除けば過失（negligence）の訴訟に近いものである。すなわち、原告買主は、①商人が物品を販売したこと、②物品の販売時商品性がなかったこと、③原告またはその財産に傷害・損害が生じたこと、④その傷害・損害が物品の欠陥によって引き起こされたこと、および⑤売主に対してその傷害・損害を通知したことを証明しなければならない。黙示の保証は明示の保証よりもより否認し易く、明示の保証違反の証明は商品性の違反の証明よりもより易しいので、原告買主にとって、商品性の訴訟は明示の保証の訴訟よりも難しいことになる。

　商品性（merchantability）とは、当該物品が使用される通常の目的に適していることであり（2-314条2項c）、当該物品が市場にある他のブランドものの品質と合致するときには商品性ありと判断される。「通常の目的」の判断基準としては、①取引の慣習、②商人が契約を締結する価格[2]、③当該売主以外の人が製

造する同じクラスの物品によって示された特徴、④政府の基準や規則が挙げられる。

　因果関係（causation）については、原告買主は、商品性の保証違反が事実として原因（cause in fact）であり、かつ損害の近因（proximate cause）であったことを証明しなければならない。

　売主が、契約締結時、物品が要求される特定の目的を知る理由および適切な物品を選択または供給する売主の技能または判断に買主が頼っていることを知る理由を有する場合には、2-316条によって排除または変更されないならば当該物品がそのような目的に適する（特定目的適合性、fitness for particular purpose）という黙示の保証が存する（2-315条）。買主は、特定の目的や売主の技能・判断への依存を売主に実際に思い知らせることまでの必要はなく、売主がそのような目的や依存があることを知る理由をもつような合理的に明らかな環境があればよいとされる[3]。

　売主の保証が契約関係にない第三者のどこまで及ぶかについては、2-318条によれば、各州は3つの選択肢を有する。第1に、売主の保証は、明示であれ黙示であれ、彼らが物品を使用、消費し、もしくはそれにより影響を受けると予期することが合理的であるならば、買主の家族内の者または家庭の客であり、かつ保証違反により身体傷害を被った（injured in person）自然人に及ぶ（Alternative A）。第2に、売主の保証は、明示であれ黙示であれ、物品を使用、消費し、もしくはそれにより影響を受けることが合理的に予期され、かつ保証違反により身体傷害を被った自然人に及ぶ（Alternative B）。第3に、売主の保証は、明示であれ黙示であれ、物品を使用、消費し、もしくはそれにより影響を受けることが合理的に予期され、かつ保証違反により被害を被った者に及ぶ（Alternative C）。

　買主は、受領した物品が保証されたものでないときには、合理的な方法で決定された、売主の違反から物事の通常の過程において生じる損失を保証違反の損害額として回復することができる。保証違反の損害額の算定法は、特別の環境が異なる額の直接的損害を示さないならば、受領の時と場所における、受領した物品の価値と保証されたとおりであったならば有したであろう物品の価値との差である。適切な場合には、付随的（incidental）および結果的（consequential）損

害賠償を回復することができる（2-714条）。

　受領された物品の価値と保証された物品の価値との差額は、実質的に修繕（repair）または取替えの（replacement）のコストである。物品の修繕や取替えができない場合には、保証価値の代替評価として、受領時の公平な市価、これが得られないときは市場における購入価格が用いられる。また、受領された欠陥物品の価値の評価も困難となったときは、その代替評価として、迅速な再販売による価格や専門家による鑑定価格が利用される[4]。

　売主の違反から生じる付随的損害は、検査、受領、輸送、適正に拒絶された物品の保管、代品購入に関連する商業的に合理的な費用およびその他遅延や違反に関する合理的な費用を含む。売主の違反から生じる結果的損害は、売主が契約締結時に知る理由があり、かつ代品購入によって合理的には妨げえなかったような買主の一般的または特定の要求から生じた損失および保証違反から直接生じる人または財産に対する傷害を含む（2-715条）。

　結果的損害賠償として、たとえば、喪失利益、第三者に対して責任を負う買主の法的費用、不成功に終わった修繕費用や人や財産に対する物理的な侵害等が挙げられるが、結果的損害の対象範囲は、次のような歯止めがかけられている。①起こりそうな結果の合理的な予見可能性のテストによって画される[5]。②買主は、彼の損失が契約締結時に合理的に予見可能であったことを証明できたとしても、合理的な確実さ（reasonable certainty）をもってその結果的損害を証明することができなければ負けることになる[6]。売主は、申し立てられた損害があまりにも投機的または不確実であることを証明することによって、結果的損害、特に喪失利益に対する請求を打ち負かすことができる。③代品購入他によって合理的に阻止することができなかった結果的損害のみを回復することができる[7]。すなわち、原告買主には損害軽減（mitigation）の義務を尽くすことが要求される。

　前述した契約関係にない第三者がどのような損害賠償を請求できるかについては、アメリカの裁判所の見解が分かれるところであり、多くの裁判所は、契約関係にない原告が直接の経済的損失を回復することを認めるが、結果的な経済的損失を回復することは認めていない[8]。

(b) 製造物責任

　消費者物品が製造・販売され、流通し、そして消費者により使用される過程に

おいて国境は存在しえない。どの国の消費者もその健康と生活を外国企業の手に委ねざるをえないことがしばしばである。外国企業が市場に持ち込んだ製品により消費者に身体傷害または財産損害が生じた場合、消費者はどのような救済を受けることができるであろうか。このような企業の国際的な製造物責任の問題は、グローバルな国際取引の発展と個人的な消費者の権利保護の高まりにより不可避的に生じてきた。

消費者は、複数の国において製造、販売された欠陥製品により身体傷害、財産損害や経済的損失の被害を被ってきた。しかし、製造物の欠陥の考え方が国により異なる、あるいはある国では消費者の保護に手厚いが、他の国ではそれほどの意識はないことがある。消費者が製造物責任訴訟を提起した場合、その成功の可能性についての予測は、それぞれの国の法制度により違ってくる。一方でこのような国際製造物責任の問題は、とりわけ国境をもたないグローバル企業の増加により生じたということもできる。グローバル企業を先頭とする国際取引の進展に加えて、人と物の海外への移動の容易さは、各国の内外において数多くの製造物責任訴訟を促すこととなった。しかもグローバル企業にとっては、海外市場において現地法人等の事業活動の拠点を築いている場合は、同時にその海外市場における国内的な責任問題として対処する必要が生じていることになる。

製品の供給者、とりわけメーカーの観点からは、グローバル市場においてマーケティングを展開するためにもっとも厳しい製造物責任法制について検討し、これに対応できるような対策を講じておく必要がある。一方消費者の観点からは、最大の消費者保護を受けるためにどの国において製造物責任訴訟を提起すればもっとも有利かを追求することになる。いずれの観点からも世界でもっとも厳しいといわれるアメリカの製造物責任法制を検討する必要がある。

(i) アメリカにおける製造物責任の法的根拠

アメリカにおいて製造物責任の法的根拠は、被害を受けた消費者の保護と救済の必要性に応じて格段に拡大されてきた。すなわち、メーカーの過失による注意義務違反に基づく過失責任は、立証責任が緩和されて過失が推定される。メーカーの保証責任については、欠陥の存在が品質についての明示・黙示の保証義務違反とみなされる。アメリカの製造物責任は、さらに厳格責任へと発展し、製品に欠陥があれば、メーカーは不法行為として損害賠償責任を負うものとされる。

この場合、不相当に危険な状態にある製品から損害が生じたことが必要であるとする判例が多いが、単に欠陥があったことの立証で十分とする判例もみられる。

(ii) 製品の欠陥と因果関係

製品における欠陥は、設計上の欠陥、製造上の欠陥および警告上の欠陥に分けられる。設計上の欠陥については、通常の知識をもった消費者が予想する程度を超える危険性があるときには欠陥がありとする、消費者期待基準（consumer expectation test）、または製品の危険性がその有用性を上回るときには欠陥がありとする、危険と効用の比較基準（risk-utility test）によって判断される。

ところで、欠陥と損害の間に因果関係がなければならないのはいうまでもない。しかし、製造物責任訴訟において、消費者である原告が損害をもたらした製品もしくはそのメーカーを特定することは容易なことではない。そこで消費者を救済する観点から因果関係の立証を容易にするために、さまざまな理論が提案されるに至っている。これらの理論の適用については批判もすくなくないが、それぞれの特定の状況における消費者を救済するために考案されたもので、直ちに一般化することはできないにしても、それらが特定の状況において実際に適用されているという事実を認識しておく必要がある。

選択的責任（alternative liability）論では、原因を与えたメーカーが複数存在するが、その特定ができない場合、自己が原因を与えていないことを立証することができない限り連帯責任を負わされる。

業界責任（enterprise liability）論とでもいうべき見解は、Hall v. E.I. Du Pont Nemours & Co., Inc., 345 F. Supp. 353（E.D.N.Y. 1972）の判決に由来している。欠陥のある雷管の爆発によって傷害を被ったHall他13人の子供達が、6社の雷管メーカーを訴えた。被告Du Pont他6社は、アメリカの雷管業界の大部分を構成していた。原告は傷害を引き起こした雷管メーカーを特定することはできなかったが、ニューヨーク東部地区連邦地方裁判所は、傷害を引き起こした雷管が6社のいずれかのものであり、各被告が原告に対する注意義務に違反しており、これらの違反がほとんど同時に起こり、かつ同様の性質のものであることを原告が証拠の優越によって立証できるときは、因果関係についての立証責任は被告に転換されると述べている。

さらに、マーケットシェア責任（market share liability）論が、Sindell v.

Abbott Laboratories, 163 Cal. Rpr. 132（1980）において初めて唱えられた。Sindell は、流産防止の目的で妊娠中の母親に投与された合成女性ホルモン DES によって女性特有の癌症状を発症したとして、11 社の DES の製薬会社に対し損害賠償等の救済を求めてクラス・アクション（class action）を提起した。原告 Sindell はどの製薬会社が彼女の薬害に責任のある薬を製造したかを特定できなかったことを理由に、カリフォルニア州第一審裁判所は訴えを却下した。カリフォルニア州最高裁判所は、原告の薬害を引き起こした DES の製薬会社を特定することができなくても、被告とされている製薬会社が DES の実質的な割合を製造していたことを証明することによって、同一のフォーミュラから製造される DES の製薬会社に原告の薬害の責任を負わせることができると判示して、第一審の判断をくつがえしたのである。各々の被告製薬会社は、原告の薬害を引き起こした DES を製造しなかったという反証をしない限り、そのマーケットシェアに応じて損害賠償額を負担すべしとされた。科学技術の進歩が消費者に薬害を与え、特定のメーカーをつきとめることができないような代替可能な製品を生み出す、そしてメーカーは、欠陥製品の製造から生ずる薬害のコストを負担することができ、かつその欠陥製品を発見、それに対して保護し、その薬害を警告するのに最もよい地位にある、と最高裁判所は述べている。しかし、このようなマーケットシェア責任論は、かならずしも連邦裁判所および各州裁判所によって好意的に受け入れられるには至っていない。この理論を採用した州も独自にそれを変更している。

(iii) 製造物責任訴訟における抗弁

　加害者であるメーカーは、提起された製造物責任訴訟に対して次のような抗弁を有するが、その損害賠償責任を否定する完全な抗弁となるか、あるいはその減額をどの程度可能にするかは、各州によって、また具体的なケースによって異なってくる。

　① 技術水準（state of art）

　　技術水準とは、製造時点で合理的に利用可能な最高の科学技術の水準を意味し、その時点で当時の技術水準に達していれば抗弁となる。厳格責任についてこの抗弁を認めるべきかについては当初見解が分かれていたが、その適用が認められるに至っている。

② 被害者の過失（negligence）

　被害者である原告側にすこしでも寄与過失（contributory negligence）があれば、その損害賠償を認めないのが伝統的コモンローであったが、現在では加害者と被害者における双方の過失の割合を考慮する比較過失（comparative negligence）がほとんどの州で認められている。

③ 危険の引受け（assumption of risk）

　被害者が危険を認識しながら敢えてその危険に近づいている、あるいはその危険を引き受けているとして、加害者側が損害賠償額減額の根拠とする。前述比較過失と同様の考え方に基づいている。

④ ユーザーの誤用（misuse）

　メーカーの予見不可能な製品の誤用がユーザーによってなされた場合、メーカーに損害賠償責任はないのが原則である。しかし、メーカーが相当な注意を払えば予見することができたような誤用は、完全な抗弁とはなりえないとされている。

⑤ 改造

　メーカーから製品が発送された後、製品に加えられた実質的な改造が損害発生の原因となり、かつそのような改造がメーカーにとって合理的に予見することができない場合には、メーカーには損害賠償の責任はない。

⑥ 出訴期限（statute of limitation）

　出訴期限は、各州によって、また原告の訴訟原因によって異なる。訴訟原因が過失責任に基づく場合には、原告の被害の日から2年ないし3年、保証違反を訴訟原因とする場合には、製品の販売または引渡しの時から4年ないし6年という州が多い。訴訟原因が厳格責任に基づく場合、特別の出訴期限を制定している州もある。もっとも、原告が被害を被ったことに気がつかなかった、もしくは被害を被ったことを疑わなかったのも当然であった、または製品の欠陥に気がつかなかったような場合には、出訴期限の起算を原告が被害ないし被告の行為と被害との間の因果関係に気がついた時または合理的な注意を払えば気がついたであろう時まで延期することを認めている州が多い。

(iv) アメリカにおける製造物責任訴訟の有利性

アメリカという国は、不安全な製品を製造・販売した不法行為者に対して製品の消費者に最大の保護が与えられる国であるといわれる。傷害ないし損害を受けた原告がアメリカの裁判所に訴訟を提起することを選ぶ傾向があるのは次のような要因によると考えられる。

第1に、ディスカバリー（discovery）手続による証拠開示。消費者である原告はこの手続によってメーカーである被告の証拠を収集することができる。第2に、陪審制度による審理。陪審員は、大規模企業であるメーカーに比べ個人にすぎない消費者に対して一般的に同情的である。第3に、原告弁護士の成功報酬制。消費者に訴訟を提起し維持するために必要な当面の資金がなくても、製造物責任分野における専門の弁護士を雇うことが可能である。第4に、多くの責任理論の集積。製造物責任に関する判例や政策において厳格責任等のメーカーに厳しい法原則が確立されている。第5に、高額の損害賠償判決。懲罰的損害賠償や巨額の慰謝料等による高額の損害賠償の判決が下されている。第6に、クラス・アクションの可能性。これらの要因は重なり合って、原告である消費者にきわめて有利に働くと評価される。

アメリカにおける製造物責任法制は行き過ぎであり、メーカー等の企業にあまりにも過重な負担を負わせているとして、これまでにもしばしば不法行為法改正の動きがあったが、これらは非経済的損害について連帯責任の制限、懲罰的損害賠償を課するための要件の加重、または中小企業に関しては損害賠償額の上限などについてであり、基本的な要因の一部にかかわるものにすぎない。このような部分的改正が政治的な圧力等によって行われることはあっても、アメリカは今後とも消費者にとってもっとも有利な製造物責任法制を維持するものと考えられる。

（c）競争制限・不正競争

海外マーケティング活動においては、親会社の営業活動と現地法人等の営業活動が、それぞれ並行して展開されるのが通常である。競争法違反を引き起こすおそれが、親会社自身の営業行為、現地法人等の独立した営業行為、または親会社の指示のもとでの現地法人等の営業行為において生ずる。競争法違反の結果は、企業の事業活動に多大の信用失墜と損失をもたらす。海外においてマーケティング活動を展開する企業は、競争法、とりわけアメリカ反トラスト法およびEU競争法によるカルテル規制、垂直的取引・非垂直的取引に対する規制および域外適

用についてその遵守を図らなければならない。

アメリカ反トラスト法による規制を例に取り上げると、アメリカ反トラスト法制は、シャーマン法、クレイトン法および連邦取引委員会法により構成される。アメリカ反トラスト法の基本原則は以下の通りである。

シャーマン法（Sherman Act）1条は、州間または外国との取引または通商を制限するすべての契約、トラストその他の形態である結合または共謀が違法であると規定する。裁判所は、企業間のすべての協定が実際にはなんらかの形で取引を制限するが、シャーマン法1条は、競争を不合理に制限する契約のみを禁止する主旨であると判断している[9]。いわゆる合理の原則（rule of reason）の下で、取引を制限する協定の反競争的効果が、シャーマン法1条違反を決定するためにその競争促進的効果と比較衡量される。もっとも、競争者間の価格協定（price fixing）のようなタイプの協定はシャーマン法1条の下で当然違法（per se illegal）とされ、競争促進による正当化によって救うことはできない。

シャーマン法2条の下、州間または外国との取引または通商を独占する、または独占を試みる、もしくはそれを独占するために他の者と結合または共謀する者は、重罪（felony）を犯すものとみなされる。

シャーマン法1条、2条違反は、司法省が刑罰を訴追する重罪であって、企業に対して1億ドル（または違反により獲得した利益もしくは与えた損害の2倍のいずれか大きい額）を上限とする罰金、個人に対して100万ドル（または上記と同様の2倍のいずれかの額）を上限とする罰金と10年までの懲役が課される[10]。また、民事訴追として、被告に違反行為の変更の指示、企業のリストラクチャリングや資産またはビジネス・ラインの分割などの競争を回復するための措置、差止命令や同意判決が認められている（シャーマン法4条）。

クレイトン法（Clayton Act）2条（ロビンソン・パットマン法）は価格差別、3条は抱き合わせおよび排他的取引を規制する。

ジョイントベンチャーが株式または資産の買収または譲渡を含む場合、クレイトン法7条および7A条は、買収の効果が実質的に競争を減少または独占を形成するおそれがあるとき、他の者の株式または資産を買収することを禁止しており、このために事前届出と待機期間を規定している。司法省および連邦取引委員会いずれも7条の範囲に入るジョイントベンチャーを妨げる差止命令を出すこと

ができる。

連邦取引委員会法（Federal Trade Commission Act）5条は、通商におけるまたはそれに影響するいかなる不公正な競争の方法および不公正なまたは欺瞞的行為または慣行も不法であると宣言する。5条違反とされた者は、禁止命令（cease and desist order）に服し、その違反に対しては違反の継続する日につき1日当たり1万ドルまでの罰金が課される。

司法省はシャーマン法およびクレイトン法の施行権限、連邦取引委員会はクレイトン法および連邦取引委員会法の施行権限を有する。

クレイトン法4条に基づき、シャーマン法およびクレイトン法違反によって損害を受けた私人は、違反者に対して私訴を提起できる。勝訴した私人は、3倍賠償と弁護士費用を含む訴訟費用を請求できる。私人はまた差止命令を求めて訴えることもできる。クレイトン法15条は、民事措置として差止命令、競争を回復するための措置および同意判決を認めている。各州も私人に含まれ、州民のために州が代位して損害賠償を請求できる（父権訴訟）。

アメリカ反トラスト法の特徴として、①個人に対する懲役刑が抑止力となっている、②反トラスト法違反により被害を受けた私人に損害賠償請求として3倍賠償の救済が認められている、③州による父権訴訟がさらなる抑止力として行われる、さらに、④クラス・アクション、弁護士の成功報酬制、陪審制というアメリカ訴訟制度が有効に使われている。

（2）海外生産活動に伴う法律問題

（a）環境

企業の環境安全対策におけるダブルスタンダードの存在は、とりわけアスベスト、銅、殺虫剤、ビニール塩化物や鉛精錬等の産業では明らかである。すなわち、グローバル企業は、先進国においてよりも選んだ発展途上国における事業活動においてより低い環境安全基準を採用してきた。いいかえれば、グローバル企業は、発展途上国においてその基準を現地で入手できる環境技術に基づくものとするのがしばしばであり、そのような基準は先進国において採用されたものより一般的に劣っていたといわれる[11]。

一方で、グローバル企業は、環境安全に関して現地企業または現地国所有の企

業よりも一般的によりよい記録をもっているのも事実である。しかし、グローバル企業は、法的な義務がなければ規制当局に、特に発展途上国においては、よりよい技術的情報をもっていたとしてもそれを提供することに消極的である。環境情報の要求が多国籍企業の海外における事業活動についてもっと厳しく適用されるならば、グローバル企業のより高い環境活動のレベルを促進することも可能であると考えられる[12]。

(b) 安全

海外での現地生産に伴う安全問題は、海外に進出するメーカーにとっては、前述の環境問題とともにあるいは環境問題に関連してきわめて重要な管理運営上の課題であり、現地従業員に対する安全と地域住民・地域社会に対する安全に分けられるが、両者は相互に関連している。

また、前述環境問題と同様に、親会社が本国で講じている安全対策が現地法人等で同じレベルで講じられているかという問題がある。ダブルスタンダードによる安全対策の使い分けは、企業が海外で事業活動を安定して長期間継続していくためには許されない。むしろ親会社での最先端の安全対策を現地法人の従業員および地域住民・地域社会に対して講じるべきである。

(c) 雇用

企業が海外において現地法人や合弁会社等の事業拠点を円滑に運営していくための基盤はもっとも重要な経営資源としての人材にあり、人材をどのように取り扱うかという問題は進出企業の事業活動の将来を制することになる。

企業による雇用において人種、性、出身国等による差別は基本的に禁止されており、進出企業は現地雇用法制に従わなければならない。現地従業員間の採用・配置・昇進・待遇等において差別は禁止され、現地採用従業員と親会社からの派遣者間の差別も禁止される。

さらに、現地人をどのように活用するか、優秀な人材の確保という面のみならず、現地法人等の幹部・経営陣への登用、親会社の本社における採用、幹部・経営陣への登用という段階にまで及びうる課題である。

人種のるつぼといわれるアメリカ社会を例にとれば、アメリカにおける雇用差別禁止法の中心は、1964年公民権法第7編（Title Ⅶ of the Civil Rights Act of 1964）であり、15人以上の従業員を有し、州際業務に従事している使用者が、

被用者の人種、宗教、性、肌の色または出身国（National Origin）を理由に、採用、昇進、配転、賃金、レイオフ、解雇など一切の雇用条件について差別的取扱いをすることを禁じている（703条a項）。ただし、差別に正当な理由のある場合、経験、能力、教育程度、勤続年数、勤務態度など、業務を効率的かつ安全に遂行するのに不可欠な要件に基づいて雇用条件に差をつけることは禁止されない。

その他の差別禁止法として、1963年同一賃金法（Equal Pay Act of 1963）は、同様な条件の下で遂行され、同等の熟練、努力、責任を要求される仕事については性を理由とする賃金の差別を禁止する。ただし、年功、成績、生産の量または質によって賃金を評価する制度の下で賃金に差別をすることは禁止されない。1976年年齢差別禁止法（Age Discrimination in Employment Act of 1976）は、20人以上の従業員を有する使用者が40歳から70歳までの人を一切の雇用条件において差別的に取り扱うことを禁じている。また、障害差別に関する基本法として1990年障害をもつアメリカ人法（Americans With Disabilities Act of 1990）は、障害を理由とする一切の雇用上の差別を禁止している。

従来アメリカにおいては期間の定めのない雇用契約は、使用者によっていつでも、理由のいかんを問わず、なんらの事前の通知も要さずに一方的に終了させることができるのが原則とされてきたが、最近では連邦法や州法、判例法によってこの原則が大幅に制限されている。

解雇の自由を制限する連邦法には、組合活動を理由に解雇することを禁止する1935年全国労働関係法（National Labor Relations Act of 1935）、最低賃金および時間外勤務手当に関する権利の行使を理由とする解雇を禁ずる1938年公正労働基準法（Fair Labor Standards Act of 1938）、職場の安全・衛生に関する権利の行使を理由とする解雇を禁ずる1970年職業安全衛生法（Occupational Safety and Health Act of 1970）、上記の雇用差別禁止法などがある。

（3）海外事業拠点の管理運営に伴う法律問題

企業の海外進出のレベルが上がってその規模が大きくなり、数多くの事業拠点を有する段階になると、親会社は、海外の子会社をどのようにして適正に管理運営することができるかという経営課題に直面してくる。親会社を含めた企業グ

ループにおける企業統治の問題であり、親会社の現地法人や子会社に対するコントロールと責任という観点から、親会社本体および現地法人や子会社における企業統治の形態、企業情報の開示・説明責任、コンプライアンスという３つの局面を検討することが必要と考えられる。

(a) 企業統治の形態

アメリカ模範会社法 8.01 条 b 項によれば、会社の取締役会と経営陣との関係は次のように表現される。すべての会社の権限は、取締役会によってまたは取締役会の権威の下に遂行され、そして会社のビジネスと業務は、取締役会の指示の下に運営される。

このような文言は、取締役の責任、公開会社の取締役の経営陣を監視・監督する責任を強調するために用いられ、以下のような責任を含むものとされる。

①基本的な運営、財政他の計画、戦略ならびに目的を承認すること。②会社および上級経営陣の成績を評価し、解雇を含む適切な手段をとること。③上級役員報酬を選択し定期的に評価し、決定すること。④上級役員の後任計画を要求し、承認し、実施すること。⑤適用できる法と規則の遵守および会計、財政他のコントロールの維持を含む企業行動の政策を採用すること。⑥適切な財政および運営の情報を意思決定者に提供するプロセスを吟味すること。⑦取締役会の全体の成果を評価すること。

つまり、広くいえば、取締役の主たる責任は、会社のビジネスと業務の運営において会社および株主の最善の利益を促進することである。そしてそのためには、取締役は、まず、長期の経済的な目的に大きな考慮を払うべきであるが、他方で、会社が、法および倫理基準の動向を考慮しつつ、公共の期待を正当に理解して、その業務を遂行するように関心をもつべきとされる。そして会社の経済的目的の追求には、会社の政策や運営の従業員、公衆および環境に対する効果を考慮することが求められる[13]。

さらに、その他取締役の監督責任の対象として次のような行動が挙げられている。

⑧公共福祉、慈善、科学や教育の目的のための慈善計画は、会社の資金を提供するものであり、その理念、目的、予算をもって現実的な運営がなされる必要がある。⑨政治的な活動は、会社の評判に大きな影響を及ぼしうる。⑩従業員の安

全と健康、環境保護および製品の安全に関する政策は、法的な遵守の問題であるのみならず、それを超える関心と価値を反映するものである。⑪機会均等、無差別、年金や福祉、プライバシーなどの従業員に関わる事項への配慮[14]。

特に海外に事業拠点を有する企業にとっては、その事業活動が世界市場で展開されることから、適正なコーポレートガバナンスの形態を選択することにより企業経営の透明性をいかに高めるかはきわめて重要な経営課題である。

(b) 企業情報開示・説明責任

OECDのコーポレートガバナンス原則における「4　開示と透明性」によれば[15]、コーポレートガバナンスの枠組みは、会社の財政的状況、パフォーマンス、所有関係および統治を含む、すべての重要な事項に関して時宜を得た正確な開示がなされるよう確保すべきである。強い情報開示制度は、会社に対する市場に基づく監視の枢要な特徴であり、株主の議決権を行使する能力にとって重要なものである。大きな活発な資本市場を有する国における経験は、情報開示が会社の行動に影響を与え、投資家を保護する強力な道具でありうることを示しているといわれる。つまり、強い情報開示制度は、資本を誘引し、そして資本市場において信頼を維持するように助けることができる。株主および潜在的な投資家は、マネジメントの経営者としての職を評価するのに十分な、規則正しく、信頼しうる情報の入手、そして株式の評価、所有関係および議決権についての決定を知らされることを要求する。不十分で不透明な情報は、市場が機能する能力を阻害し、資本コストの増加と不満足な資源配分に結びつくというわけである。さらに、情報開示は、企業の構造や活動、環境や倫理の基準および会社が事業を行っている地域社会との関係に関する会社の政策やパフォーマンスについての公の理解を促進するのに役立つとされる。

このOECDの原則は、次のような情報を開示すべき重要な情報の例示として挙げている。①会社の財政的および活動の成果。②会社の目的。事業上の目的に加えて、会社は、ビジネス・エシックスに関する政策、環境や公の政策についての約束を開示することが奨励される。③主要な株式所有関係および議決権。④取締役会のメンバーおよび主要な上級役員と彼らの報酬。⑤重要な予見可能なリスク要素。財政的情報のユーザーや市場参加者が必要とする合理的に予見可能な重要なリスクには、産業や地理的地域の特有のリスク、汎用品に対する依存、金利

や通貨リスク等の金融的市場リスク、デリバティブや簿外取引に関するリスクおよび環境責任に関するリスクが含まれる。⑥従業員と他の利害関係者に関する重要な問題。⑦ガバナンスの構造と政策。会社は、適切なコーポレートガバナンス原則を実際にどのように適用するのかについて報告することが奨励される。ガバナンスの構造と政策、とりわけ株主、経営陣および取締役会メンバーとの間の権限の配分についての開示が、会社のガバナンスの評価にとって重要とされる。

企業による情報開示と説明責任は、歴史的には直接に資金投資をする者の要求に応えて発展してきた。近年では、株主、銀行、貸し手や債権者のような資金提供者が企業の行動によって影響を受ける唯一のグループではないことから、従業員、労働組合、消費者、政府機関および公衆を含むより広い観客に対して報告する企業の義務があるという認識が増えている。企業は資金提供者以外のグループに対しても情報を開示する明らかな義務があるという見方の拡大にはいくつかの理由が指摘されている。労働組合と従業員の影響の発展と成長が影響を及ぼしている。組織によってなされた決定によって実質的な影響を受ける者は、一般的にそれらの決定に影響を及ぼす機会を与えられるべきだという見方が受け入れられている。さらに、企業の影響、とりわけ環境汚染や国の経済社会政策への大企業の影響などに対する公衆の懸念が増大してきた。

海外でグローバルに事業活動を展開する企業による説明責任は、国内企業による説明責任とはいささか様相を異にしている。国内企業に比較して、海外進出企業におけるグローバルに分散した事業活動のコントロールは、個々の国に不利にあるいは有利になるような仕方で価格決定、資材調達や経営資源の配置の決定を調整する機会を提供している。このような企業の影響力がより情報開示と説明責任を求めるプレシャーをもたらしていると考えられる。海外進出企業のマネジメントは、より幅広い説明責任を負っていることを自覚する必要がある。

(c) コンプライアンス

コンプライアンスとは、法令や自主行動基準等の遵守およびそのための企業内における体制の整備といわれる[16]。わが国やアメリカ、EUにおいては、1990年代以降におけるさまざまな企業不祥事の発生を契機として、法令遵守、企業倫理憲章、自主行動基準など、企業の自主的規律によって不祥事を未然に防ごうとする動きがなされてきたが、最近ではコンプライアンスまたはコンプライアンス

経営という名の下であらためてその再認識および強化の必要性が謳われている。その背景には、とりわけ、企業のグローバルな事業展開、そして企業間のグローバルな競争の激化の中で生き残るためには、企業価値を高め、競争力を強化する必要が生じている。また、企業が自主的行動基準を通じて社会的責任を果すことを求める国際的な動きが見受けられる。

　ところで、コンプライアンス経営のメリットは次のようにいわれる。

　企業経営の透明性を図り、対外的にも明確な説明ができる。たとえば、法令等に違反する行為を行ったことを理由に取締役が株主代表訴訟によって責任を追及されるのを回避するうえで重要な手段となりうる。また、日本市場においてもコンプライアンス経営を重要な投資基準とする動きが海外投資家を中心にみられる[17]。さらに、コンプライアンスは、単なる法令遵守ではなく、競争力をもった最適な仕組みづくりの戦略的手法である。企業をめぐる多様なリスクに対処できるシステムの有無が企業の資本市場での価値にも影響を与え、企業の格付けにも影響を与える可能性がある[18]。

　これらの議論を整理すると、コンプライアンス経営のメリットは、①法令違反等のトラブルを未然に防止することにより、人材、資金、エネルギー等の経営資源の浪費を回避すること、②コンプライアンス・システムの確立によって企業の競争力を強化する仕組みを設けること、③社会貢献のニーズに応えることによって企業価値を高めることが可能であるということができる。

　一方で、コンプライアンス経営の問題点は、自主行動基準の遵守という自主的規制がもっとも陥りがちなところである、不十分な、あるいは「有効でない」システムにとどまる可能性があるということである。理念のみが空回りして、実効的なコンプライアンスが実施されない場合には、かえって、企業は世の信頼を失うというおそれが生じる。企業は、一度コンプライアンス経営を声明し、その実施に踏み出した以上、後戻りすることはできない。

[注]

1) Simon M. Lorne & Joy M. Bryan, Acquisitions and Mergers: Negotiated Acquisition Transactions Vol.11（Clark Boardman Callaghn, 1995), at 2-6.2.
2) UCC2-314条 Comment 7.

3) UCC2-315 条 Comment 1.
4) James J. White & Robert S. Summers, Uniform Commercial Code 3rd ed. (West Publishing, 1988), at 435, 436.
5) Hadley v. Baxendale, [1854] 9 Exch 341 における予見可能性に基づく損害とは、契約違反から自然に、つまり事物の通常の過程に従って生ずると合理的に考えられるもの、または契約締結時に両当事者が契約違反により起こりそうな結果として合理的に考えられていたものである。
6) 確実さの法理は、損失の証明においてほとんど数学的であるような正確さを要求しているのではない。損失は、当該環境の下で合理的な方法によって決定することができる。UCC2-715 条 Comment 4.
7) Restatement Contract Second 350 条。
8) James J. White & Robert S. Summers, Uniform Commercial Code 4th ed. Vol.1 (West Publishing, 1995), at 594, 596.
9) Standard Oil v. United States, 221 U.S. 1, 58 (1911).
10) 1984 年罰金施行法、2004 年反トラスト刑罰強化および改革法 (Antitrust Criminal Penalty Enhancement and Reform Act of 2004)。
11) Robert J. Fowler, International Environmental Standards for Transnational Corporations, 25 Environmental Law 1 (Lewis & Clark Law School, 1995), at 11,12.
12) Id. at 15.
13) American Bar Association, Corporate Director's Guidebook 1994 Edition, 49 The Business Lawyer 1243, 1249.
14) Id. at 1274, 1275.
15) Ad Hoc Task Corporate Governance, OECD Principles of Corporate Governance, Annotations, at 19-22.
16) 内閣府国民生活局消費者企画課「自主行動基準作成の推進とコンプライアンス経営」NBL No.723 (2001. 10. 15) 49-50 頁。
17) 同上 50 頁。
18) 古川洽次他「三菱商事のコンプライアンス体制」NBL No.730 (2002. 2. 1) 55, 56 頁。

第4章
コーポレートガバナンス・システムの構築

1　アメリカ型コーポレートガバナンス

　アメリカの公開会社では典型的な取締役会の業務の多くは、監査委員会（Audit Committee）、指名委員会（Nomination Committee）、報酬委員会（Remuneration Committee）などの各種の委員会という組織において遂行される。このような組織形態は、アメリカにおいてより効果的なコーポレートガバナンスを求める規制当局、機関投資家等によって認知されている。

　監査委員会は、1939年ニューヨーク証券取引所によって初めて推奨されて以来、公開会社のコーポレートガバナンスに共通の構成要素となっている。その典型的な役割は、会社の財務的な報告プロセスおよび内部統制の監督者として機能することである。

　監査委員会は、3名から5名の独立した取締役から構成されるのが典型である。さらに、監査委員会は、独立取締役（independent director）によってのみ構成されるべきとされる。ニューヨーク証券取引所は、上場会社の監査委員会のメンバーは、マネジメントから独立しており、かつ委員会のメンバーとしての独立した判断の遂行に介入するような関係からは自由であるべきことを要求している。したがって、会社によって雇用される取締役は、独立取締役の資格がなく、会社と重要なビジネス取引を行う取締役、専門的なアドバイザー、弁護士やコンサルタントとして会社のために定常的に働く取締役もまた独立取締役の資格を欠くのが通常であるということになる[1]。

　ニューヨーク証券取引所は、従来は社外取締役2名以上で構成する監査委員会

の設置を要求しているにすぎなかったが、2002年6月6日コーポレートガバナンスの強化策としてあらたな上場基準案を公表し[2]、8月1日理事会はあたらしいコーポレートガバナンス規則案として採択した[3]。これによれば、上場会社の取締役の過半数は独立取締役でなければならず、独立であるためには、当該取締役は会社と「重要な関係（material relationship）」をもっていないことが要求される。重要な関係には、とりわけ商業、産業、銀行、コンサルティング、法務、会計、慈善および家族上の関係が含まれる。さらに、会社またはその外部監査人の元従業員等の関係にある者は5年間のクーリングオフが必要である。上場会社は、指名・コーポレートガバナンス委員会（nominating/corporate governance committee）および報酬委員会をもたなければならず、それぞれの委員会はすべて独立取締役によって構成される。監査委員会のメンバーについては、3人以上の独立取締役による構成、そのメンバーの財務諸表を理解する能力およびすくなくともメンバーの1人は会計ないし財務管理の知見を有する者という従来の要求に加えて、取締役としての報酬はメンバーが会社から受け取る唯一の報酬であることが要求される。監査委員会の権限と責任の強化については、監査委員会は独立の外部監査人を雇用・解雇し、それらとの重要な非監査業務関係を承認することができる。

　その後、数次の改正がなされたが、特に取締役の独立性については、次のような厳しい詳細な要件が課されている[4]。①取締役が会社と直接、間接に重要な関係をもっていないこと、②直近3年間、取締役が上場会社の従業員でなかったこと、あるいはその近親者が上場会社の執行役でなかったこと、③取締役またはその近親者が、直近3年間に年間120,000ドル以上を上場会社から受け取っていないこと、④取締役またはその近親者が上場会社の内部・外部監査法人のパートナーまたは従業員でないことなど、⑤取締役またはその近親者が、上場会社の現在の執行役が同時にその会社の報酬委員会に務めている他の会社の執行役として直近3年間雇用されていないこと、⑥取締役が、直近3年間に100万ドルまたは連結売上高の2％以上の金額の資産・サービスに対して上場会社と支払いの授受を行った会社の現在の従業員ではないこと、あるいはその近親者がそのような会社の現在の執行役ではないこと。

　ところで、エンロンの破綻[5]に端を発しワールドコムの破綻で頂点に達した、

アメリカ企業の不正事件の再発防止とアメリカ資本主義の再生を目的として、企業改革法といわれるサーベンス・オクスレー法（Sarbanes-Oxley Act of 2002）が制定され、2002年7月30日に施行された。本法の主たる内容は、①最高経営責任者（CEO）・最高財務責任者（CFO）の義務、②情報開示の強化、③監査委員会、④外部監査人の独立と監督、⑤罰則の強化[6]、に分けられる。

　監査委員会の構成と権限について、サーベンス・オクスレー法は以下のように定める（301条）。証券取引委員会（SEC）は、ニューヨーク証券取引所他が上場会社に対して上場基準を通じて以下のことを要求し、これらの要求に従わない企業の上場を禁止する権限が与えられる（301条）[7]。①監査委員会は、独立の取締役によってのみ構成される。独立であるためには、当該会社からコンサルティング、アドバイザリーもしくはその他の報酬を受け取っていないこと、または当該会社もしくはその子会社の関係者（affiliated person）でないことが要求される[8]。②監査委員会は、外部監査人の指名、報酬および監督（財務報告に関するマネジメントと外部監査人との間の不一致の解決を含む）に直接の責任を負う、そして外部監査人は監査委員会に対して直接報告する。③監査委員会は、会計・内部的会計統制・監査問題に関する苦情を扱う手続および従業員の内部告発者が会計・監査問題に関して秘密に匿名で疑いを提起する手続を定める。④監査委員会は、その義務を遂行するために必要と決定するとき、独立のカウンセル（弁護士）およびその他のアドバイザーを起用する権限を有する。⑤監査委員会は、外部監査人および監査委員会によって起用されたアドバイザー等に対する適切な報酬を決定する。また、SECは、監査委員会がそのメンバーにすくなくとも1名の財務専門家（financial expert）を含むかどうか、そうでなければその理由を開示するよう要求する規則を定める（407条）。

　このような規定によって、監査委員会は、直接的に外部監査人に対して監視権限を行使することが明確になり、外部監査人も経営陣から独立して業務を遂行することが可能になると考えられる。

　取締役会の責任の重要な側面は、法の遵守と重要なポリシーに関する会社のポリシーおよび手続の監視であり、この責任は監査委員会に委ねられるのがしばしばである。ほとんどの公開会社は、ビジネス倫理、法的遵守およびビジネス行動に関する他の事項の原則を表明する行動基準を採用している。行動基準に共通す

る対象は、反トラスト、外国公務員贈賄やインサイダー取引などの法的遵守、利益相反、会社の機会、秘密情報の不正使用、政治的寄付などである。取締役会は、会社がこのような行動基準をもち、広く従業員に回付され、その遵守を監視しかつ強制する手続を維持するように関心をもつべきである[9]。

監査委員会の義務として、以下のような項目が具体的に挙げられている[10]。

①外部会計監査人の候補者の推薦およびその関係の解消の勧告。②外部会計監査人の報酬、採用条件およびその独立性の吟味。③上級内部監査人の指名および交替の検討。④外部会計監査人と取締役会、および上級内部監査人と取締役会との間の意思疎通チャンネルとしての機能。⑤外部監査の結果の吟味。これには外部会計監査人の意見の適格性、マネジメント・レター、監査に関して外部会計監査人によってなされた勧告に対するマネジメントの対応、ならびに内部監査部門によって監査委員会に提出された報告書およびこれに対するマネジメントの対応が含まれる。⑥年次財務諸表およびそれら財務諸表の作成に関するマネジメントと外部会計監査人との間の重大な係争についての吟味。⑦外部会計監査人および上級内部監査人との協議による、会社の内部的な財務的統制の適切さの検討。⑧財務諸表の作成においてとられた適切な監査および会計原則・慣行における重大な変更およびその他重大な選択問題。⑨公表財務諸表およびマネジメントの注釈の作成に用いられた手続の吟味。⑩会社の財政的なリスクを検討するためのマネジメントとの定期的な会談。

監査委員会は、例として上記に挙げられたものに加えて、いかなる財政的な項目についても取り調べる権限を有するのが通常であるが、その機能としてこのような会社の直接的な財政的局面に限られるということはないと考えられる。さらに、監査委員会は、会社によって付託される一般的な目的および機能の範囲内にあるその他の機能を遂行することができる。むしろ、監査委員会は、前述したように法の遵守と会社の重要なポリシーに関する監視義務、つまり会社の行動基準に関わる事項についての監視義務を取締役会から付託されていると考えられる。

アメリカにおいては、2001年12月、エネルギー商社エンロンの破綻は、違法な会計処理、不透明な情報開示、コーポレートガバナンスの機能不全など大きな衝撃をマーケットに与え、以後一連の企業経営に対する不信の深刻化と改革への迅速な対応の契機となった。

エンロンは、コーポレートガバナンスについて、著名な社外取締役陣に加えて、情報公開、透明性や遵法性など高い評価を受けていたが、その取締役会は経営を監視する機能を果たさなかったと批判されている[11]。結局のところ、アメリカ企業においてはよきコーポレートガバナンスが存在するようにみえても、CEOの力がきわめて強いのが現実であり、コーポレートガバナンスの仕組みや器をつくるだけでは不十分であることが明らかになったとされる。

このようなアメリカ型コーポレートガバナンスの機能不全の現実に対しては、アメリカは、サーベンス・オクスレー法による多様な規制強化、つまり自主的な情報開示から規制当局による命令システムへの移行と定期的な開示から事実上の継続的な開示への制度変更を中心とした規制強化によって対応している。

2 イギリス型コーポレートガバナンス

1991年5月に財務報告協議会（Financial Reporting Council）、ロンドン証券取引所等によって設置されたCadbury委員会の報告書は、財務報告および説明責任に関するコーポレートガバナンスの検討を目的として、非業務執行取締役（non-executive director）と監査委員会について、とりわけ次のような提案を行った[12]。

①非業務執行取締役の重要な役割は、会社の戦略、パフォーマンスおよび資源の問題について独立の判断を下すことであり、彼らの過半数は経営者から独立し、独立の判断に大いに干渉するビジネスやその他の関係から自由であるべきである。彼らは、指名委員会により、取締役会を全体として関与させる公式のプロセスを経て特定の任期について指名される。②非業務執行取締役は、株式オプションに参加すべきではなく、会社から年金を受けるべきではない。③すくなくとも3名の非業務執行取締役からなる監査委員会を設けるべきである。監査委員会は、調査に必要な資源を供与され、情報への十分なアクセス権を有し、外部の専門家の助言を得ることができる。④報酬委員会は、完全にもしくは主として非業務執行取締役から構成される。

1995年1月にイギリス産業同盟（Confederation of British Industry）の後援の下で設置されたGreenbury委員会の報告書は、もっぱら取締役の報酬の開

示とその説明責任に関するものであった。

　1995年11月に財務報告協議会の会長の主導で設置されたHampel委員会は、CadburyおよびGreenbury両委員会が市場におけるコーポレートガバナンスの破綻に対応し、権限濫用の防止策に集中したのに対して、よきコーポレートガバナンスがなし得る積極的な貢献にも焦点を合わせ、投資家を保護し、上場会社の地位を向上させるためにコーポレートガバナンスの高い基準を促進するのが目的であった。その報告書は、とりわけ会長（Chairman）とCEOの役割を基本的に分離することを勧告した[13]。もっとも、多くの会社が2つの役割を結合するのに成功していることも認識していたが、その場合には取締役会がその事実を説明し正当化する責任を負わされた。取締役会は、業務執行取締役と非業務執行取締役のバランスを図るべきとされ、そして株主の投資と会社の資産を管理する健全な内部統制のシステムを維持し、会計監査人との公式で透明な関係を確立することが要求される。このような関係は、非業務執行取締役からなる監査委員会によって促進される。取締役の報酬については、会社および個々のパフォーマンスに連結されるべきとする。

　1998年6月にはHampel委員会は、CadburyおよびGreenbury報告書に自らの勧告を結合して、統合コード（Combined Code）を発表した。統合コードはとりわけ次のような勧告を行った[14]。①取締役は、独立した専門的な助言ができるように、取締役会における問題および手続に関して適切な説明を受け、選任された時やその後の必要な時には適切な訓練を受けるべきである。②取締役会は、彼らの見解が取締役会の意思決定において大きな影響を及ぼすに十分な質と数を有する非業務執行取締役を有すべきである。非業務執行取締役が取締役会の3分の1以上を占めることが要求される。③報酬委員会は、年間の給料の増額を決めるときには、より広い経済的・社会的な環境に敏感であるべきである。もっぱら非業務執行取締役によって構成される報酬委員会を設置する正式な手続を定めることが要求される。④監査委員会は、すくなくとも3名の非業務執行取締役（その過半数は独立取締役）で構成されるべきである。監査委員会は、監査の範囲と結果およびその費用効果性のみならず、監査人の独立性と客観性を審査する。

　統合コードは、2003年、2006年、2010年、2018年2024年に見直しが行われて改正された。

ところで、統合コードの位置づけであるが、統合コードは厳格なルールではなく、主原則（Main Principle）、支持原則（Supporting Principle）およびコード規定（Code Provision）から成っている。ロンドン証券取引所の上場規則は、会社が主原則を適用することを要求し、そしてどのように適用したかについて株主に報告することを要求している。コード規定の遵守に代替する手段は、よきガバナンスが当該手段により達成し得るならば、特定の環境下においては正当化することができる。もっとも、代替手段をとる理由について、その議決の意思に影響を受けることになる株主に対して明確かつ注意深く説明することが条件とされる。会社は、いかに実際の慣行が、特定の条項に関する原則に一致しており、かつよきガバナンスに貢献しているかを具体的に示さなければない。

このような「遵守か、さもなければ説明せよ」というアプローチ」（"comply or explain" approach）は、イギリスのコーポレートガバナンスのトレードマークとして、統合コードの最初からとられてきており、その柔軟性の基盤といえるものである。このアプローチは、会社および株主双方から強く支持されている[15]。財務報告協議会は、2008 年、2009 年の金融危機を経て、統合コードの見直しを行って大幅な改正を織り込んだコードを「UK コーポレートガバナンス・コード（The UK Corporate Governance Code、以下「UK コード」という）」と題して 2018 年 6 月に公表し、2018 年 6 月 29 日以後の会計期間に適用することとした。装いをあらたにしたコードは、従来の統合コードの精神と字義を継承しているが、取締役会と株主間のよき相互作用を通じて、株主がコードの遵守状況を監視する役割を果たすことを目指している。

特に取締役会と各種委員会に関する概要は以下のとおりである。

① 取締役会は、業務執行取締役と非業務執行取締役、とりわけ独立・非業務執行取締役の適切な組み合わせから構成されるべきである。

② 議長を除き、すくなくとも取締役会の半数は、取締役会が独立であると決定した非業務執行取締役でなければならない。

③ 指名委員会は、指名のプロセスを主導し、取締役会および経営幹部の双方にとって秩序ある指名が行われることを確実にし、承継のための幅広いパイプラインの発展を監督するべきである。委員会の過半数のメンバーは、独立・非業務執行取締役でなければならない。取締役会議長は、承継者を取り

扱う際、委員会を主催するべきではない。
④　監査委員会は、すくなくとも3名の独立・非業務執行取締役により構成されるべきである。取締役会議長は委員会のメンバーであるべきではない。委員会は全体として、会社が活動する領域に関して権限を有する。
⑤　報酬委員会は、すくなくとも3名の独立・非業務執行取締役により構成されるべきである。さらに、取締役会議長は、指名に関して独立であり、かつ委員会を主催しないときにのみ委員会のメンバーになることができる。報酬委員会の議長としての指名前に、被指名者はすくなくとも12か月間報酬委員会に務めたことがあるべきである。

3　日本型コーポレートガバナンス

　わが国においては、2002年5月に成立した改正商法（2003年4月施行）は、大企業がアメリカ型の統治形態への移行を選択できる制度を導入した。「委員会等設置会社」と呼ばれる形態では、監査役制度を廃止する代わりに、社外取締役が過半数を占める監査、報酬、指名の各委員会を設置する。さらに、2014年改正会社法により、監査等委員会設置会社が導入された（上記の委員会等設置会社は指名委員会等設置会社と呼ばれる）。この形態は、伝統的な監査役会設置会社と指名委員会等設置会社との中間的な形態である。日本の大企業は、それぞれの経営理念と経営ポリシーに応じて、3つの統治形態の中から自らに適切な形態を選択することができる。
　上場会社に関して、2021年6月11日施行の金融庁・東京証券取引所の改定「コーポレートガバナンス・コード」は、独立社外取締役の有効な活用および任意の仕組みの活用を求めている。本コードにおいて示される規範は、基本原則、原則、補充原則から構成されているが、それらの履行の態様は、たとえば、会社の業種、規模、事業特性、機関設計、会社を取り巻く環境等によってさまざまに異なりうる。
　本コードは、法令とは異なり法的拘束力を有する規範ではなく、その実施に当たっては、いわゆる「コンプライ・オア・エクスプレイン」（原則を実施するか、実施しない場合には、その理由を説明するか）の手法を採用している。すな

わち、本コードの各原則（基本原則・原則・補充原則）の中に、自らの個別事情に照らして実施することが適切でないと考える原則があれば、それを「実施しない理由」を十分説明することにより、一部の原則を実施しないことも想定している。

　独立社外取締役は会社の持続的な成長と中長期的な企業価値の向上に寄与するように役割・責任を果たすべきであり、プライム市場上場会社はそのような資質を十分に備えた独立社外取締役をすくなくとも 3 分の 1（その他の市場の上場会社においては 2 名）以上選任すべきである。また、上記に関わらず、業種・規模・事業特性・機関設計・会社を取り巻く環境等を総合的に勘案して、過半数の独立社外取締役を選任することが必要と考えるプライム市場上場会社（その他の市場の上場会社においてはすくなくとも 3 分の 1 以上の独立社外取締役を船員することが必要と考える上場会社）は、十分な人数の独立社外取締役を選任すべきである（原則 4-8）。

　上場会社が監査役会設置会社または監査等委員会設置会社であって、独立社外取締役が過半数に達していない場合には、経営陣幹部・取締役の指名（後継者計画を含む）・報酬などに係る取締役会の機能の独立性と客観性や説明責任を強化するため、取締役会の下に独立社外取締役を主要な構成員とする独立した指名委員会・報酬委員会を設置することにより、指名・報酬などの特に重要な事項に関する検討に当たり、ジェンダー等の多様性やスキルの観点を含め、これらの委員会の適切な関与・助言を得るべきである。特に、プライム市場上場会社は、各委員会の構成員の過半数を独立社外取締役にすることを基本とし、その委員会の構成の独立性に関する考え方・権限・役割等を開示すべきである（補充原則 4-10①）。

　監査役会設置会社の中には、指名・報酬委員会によるガバナンスの高度化メリットを享受しつつ、同時にそれが行き過ぎるデメリットを排除する目的で、取締役会の諮問機関（アドバイザリーボード）という位置づけで指名・報酬委員会に類する仕組みを用意している例がある。

4　社外取締役

　アメリカにおいて社外取締役（outside directors）の機能ないし有効性に関する理論は、消極的見解と積極的見解に分かれる[16]。
　取締役会は必然的にマネジメントによってコントロールされるがゆえに、取締役会はマネジメントの権限濫用をコントロールする力を有しない、という基本的観点から、社外取締役の有効性に消極的な見解は、次のような理由を挙げる。第1に、ほとんどの公開会社の取締役選任において、株主は、現職の取締役会または指名委員会によって提案された者が誰であろうとも彼らに投票する。社外取締役が委員長を務める指名委員会の設置が増加しているにもかかわらず、CEOは取締役会のメンバーの指名について実質的な影響力をもっている。社内取締役（inside directors）がCEOに対する効果的な評価や監視にオープンにかつ批判的に参加することはありそうにないが、同様に、社外取締役もまた、会社の従業員ではないけれども、取締役会における地位保有をCEOに依存している。社外取締役は、マネジメントのポリシーと決定について活発に挑戦する代わりに、受身で合意する傾向にある。
　第2に、社外取締役の消極的行動は、さらに次のような制約に起因する。①ほとんどのCEOは取締役会の会長を務めているので、CEOは取締役会の議題および取締役会に提供される情報量の双方をコントロールするのがしばしばである。社外取締役は、当該問題についてマネジメントの望む位置を支持するような選択的情報を単に受け取るにすぎない。その結果、社外取締役は、潜在的な経営上の裁量に対するチェックとして機能する代わりに、会社が直面する問題をマネジメントの目を通してみることになる。②たとえ社外取締役がすべての関連情報を受け取っても、複雑な会社の決定を理解する知見をもっていないのがしばしばである。また、たとえそのような知見をもっていても、社外取締役の忙しいスケジュールのため、マネジメントの提案を徹底的に検討するのに十分な時間を割くことは困難である。③取締役会の規準ないし文化は礼儀正しさであって、これが通常の場合に社外取締役がCEOのパフォーマンスや提案を率直に問いただすことを思いとどまらせる。また、社外取締役はマネジメントと社会的な結びつきを

もっている、あるいはマネジメントとの既存のまたは潜在的な関係から便益を得ることができる組織を代表していることがある。したがって、このような姿勢と衝突を避けるような環境の下では、社外取締役は、経営上の意思決定が株主の最善の利益になっていないとしても、それに挑戦することはすくないのである。

　第3に、社外取締役は、たとえその能力を有していても、マネジメントの行動を監視するインセンティブをほとんどもっていない。社外取締役の報酬は、年間固定額であり、株主のための尽力によって影響されない。社外取締役のほとんどは他の会社のCEOであって、その社外取締役としての報酬は本来の地位で得るものに比べて比較的ささやかな金額であり、その所有する当該会社の株式も名目的な金額にすぎない。つまり、社外取締役の金銭的な報酬が会社の業績とほとんど結びついていないことから、社外取締役は、会社をコントロールし、危機回避に積極的な役割を果たすのに必要な時間とエネルギーを注ぐインセンティブがないのである。

　これに対して、社外取締役は株主の最善の利益に従って行為し、マネジメントを監視するインセンティブを有する、という積極的見解は、次のような議論を展開する。

　第1に、社外取締役は、多数の会社の取締役を兼ねているのが典型的であって、マネジメントの行為に対する専門的なレフェリーであり、意思決定のコントロールにおける専門家としての評判を確立するのに多大の投資を行っている。社外取締役は、業績のよい会社の取締役であるこという存在価値について外部の労働市場に合図を送り、他社の取締役の地位を獲得する機会につながるので、効果的な監視者となるインセンティブを有する。

　第2に、社外取締役は、所有する会社の株式の価値を保護するために、経営上の行動を監視し、利益をもたらさない意思決定に積極的に反対する直接のインセンティブをもつということができる。このような株主である社外取締役は、会社の業務を理解し、吟味するための時間を増やし、マネジメントのパフォーマンスを評価するのに必要な情報を求める。したがって、社外取締役が所有する株式が増えるほど、彼らの利益は株主の利益と合致することになる。社外取締役に株式の形で報いる傾向が増えているといわれる。

　第3に、社外取締役は、会社との現在または潜在的なビジネス上のつながりを

もつ組織を代表することがしばしばである[17]。このような社外取締役は、社外取締役を務める会社における自分の会社の投資を保護するためにマネジメントを監視するより大きなインセンティブを有し、彼らのビジネス上の知識は効果的な監視者として機能する能力を増すことができる。社外取締役を務める会社が必要とし、他で確保することが困難な資源を有する組織を代表しているならば、社外取締役はその範囲においてマネジメントに対して力をもつことができる。

　アメリカにおいて、前述したように CEO はその友達を社外取締役に入れるのが通常であり、ほとんどの場合 CEO が取締役会の会長を務めていることから、取締役会の独立性が確保されていないと批判される。その背景に社外取締役となるべき人材が不足しているとの指摘がなされる。

　アメリカにおいてコーポレートガバナンス改革の段階に入った企業にとって、そもそも取締役の資質はどのようなものと考えるべきであろうか。これからの取締役に求められる資質としては、①個人の高潔さ、②得た情報を基に適切に下せる判断力と経験に裏打ちされた円熟味による信頼感、③業界についての知識、④金融、財務についての知識、⑤もっとも重要なものとして企業からの独立性が挙げられ、取締役は株主の代表であるだけでなく、顧客、従業員、地域社会をも代表する考え方に立つべきだとされている。そして取締役の資質をもつ人として、他社の副社長や CFO、女性、非白人、いろいろな団体を率いている人、学者など適任者は多いとも指摘される[18]。前述したようにサーベンス・オクスレー法は 301 条において、そしてニューヨーク証券取引所は上場規則において、独立取締役についての独立性の要件を明確にしているが、指名委員会は、法定の要件のみならず、取締役としての資質を考慮する必要があると考えられる。

　わが国においては、これまで会社の社外取締役は、その数がすくない上に、取引先の関係者、親会社関係者、主要取引銀行の関係者や役員の縁故者が多いのが実情であったといわれている。東京証券取引所は、一般株主と利益相反が生じるおそれのない社外取締役または社外監査役を各社 1 名以上確保しなければならない旨を有価証券上場規程に規定している（436 条の 2、445 条の 4）。さらに、「上場管理等に関するガイドライン」において独立性基準を規定している[19]。

　また、平成 26 年改正会社法においては、社外取締役になれない者の人的な範囲を拡大（会社、子会社だけでなく、親会社や兄弟会社の業務執行者等、会社の

業務執行者等の近親者を追加）する一方で、過去に取締役等であった場合の期間制限が設けられた。すなわち、①会社または子会社の業務執行取締役等ではなく、就任後10年間その会社または子会社の業務執行取締役等ではなかったこと、②就任前10年以内にその会社または子会社の取締役、会計参与または監査役であった者（業務執行取締役等は除く）については、その就任前10年間業務執行取締役等でなかったこと、③現在親会社の取締役、使用人等でないこと、④現在親会社の子会社等（兄弟会社）の業務執行取締役等でないこと、⑤当該会社の取締役等の配偶者または2親等以内の親族でないこと、が要求されている（会社法2条15号）。

さらに、社外取締役を置いていない場合、定時株主総会において「社外取締役を置くことが相当でない理由」を説明しなければならないとされている（会社法327条の2）。

5　コーポレートガバナンス形態の強化

（1）社外取締役の活用

社外取締役に期待する役割は、アメリカ型コーポレートガバナンスにおいてはマネジメントの監視であり、日本型コーポレートガバナンスにおいては経営についての助言ともいわれ、さらにマネジメントの監視と経営についての助言の両者を期待する場合も多い。いずれの場合においても経営の透明性を確保するという観点から社外取締役の活用を検討しなければならない。社外取締役に期待される第一義的役割は、まずマネジメントの監視であって、このためにはマネジメントからの独立性を確保することが要求される。社外取締役の資格要件として、当該企業ないしマネジメントと利害関係のある者は、法制度的にも実際の指名においても排除されることが原則である。

社外取締役は文字通り社外から選任されて取締役会のメンバーとなるのであるから、その期待される機能を果たすための条件は、企業内の重要情報にどの程度アクセス能力をもっているか、実際に情報を得ることができるかどうかであり、社外取締役に必要な情報を適時かつ十分に伝える仕組みと運用が必要となる。

社外取締役制度をコーポレートガバナンスのシステムとして定着させるための

制度的および実際的な措置として、①社外取締役を支えるに必要な支援スタッフを配置し、外部の法律家や会計士を雇用する権限を社外取締役に与えること、②内部監査・検査部門からその調査結果や情報を社外取締役に上げる仕組みを設けることが必要であると考えられる。

(2) 取締役会会長とCEOの分離

アメリカにおいて、CEOに関する根本的な議論として2つの問題が提起されている。1つは、会長とCEOの分離の問題である。アメリカの大企業では経営トップが取締役会会長兼CEOの肩書をもつのが一般的であり、CEOと同じ人物がマネジメントを監視する役割を担う取締役会の会長を務めると、取締役会の独立性が損なわれるとの批判が従来からなされていた。エンロン事件に始まる一連の不祥事を契機として、CEOによる取締役会会長の兼任はやめるべきだとの提言がなされ、会長とCEOを分離する機運が高まっている[20]。

もう1つは、CEOの資質の問題である。企業の経営トップとしてのCEOは、単に企業の短期的利益を追及するのではなく、長期的な観点からコーポレートガバナンスの仕組みを忠実に守り、実行するというマネジメントとしての強い倫理観・使命感を有する者でなければならないと強調されている。株主や投資家は、取締役会が経営者としてのCEOの資質を見極め、監視するように絶えず留意することが必要である。

(3) 内部監査・検査部門の機能

内部監査・検査部門は、企業の組織としてはマネジメントの所管下に置かれるものであるが、社外取締役制度または日本型コーポレートガバナンスにおける監査役制度を補完する組織としても位置づける必要がある。

内部監査・検査部門による調査結果や情報が定常的に社外取締役や監査役に流れることによって、内部監査・検査部門もまたコーポレートガバナンスのシステムの1つとして機能することになる。このような機能を十分に活用するためには、当該部門への適切な人材配置などに十分な配慮が必要である。

6　企業情報の開示規制

前述したサーベンス・オクスレー法は、企業会計不信に対処するために、以下のような方策を講じている。

第1に、最高経営責任者（CEO）および最高財務責任者（CFO）の認証義務
CEOおよびCFOは、1934年証券取引所法に基づく定期報告書において、次のことを認証（certify）しなければならない（302条）[21]。

① 署名するオフィサーは報告書をレビューしたこと。
② 当該オフィサーの知る限りにおいて、記載事項について惑わせないために必要な重要事実の不実記載や未記載が報告書にはないこと。
③ 当該オフィサーの知る限りにおいて、報告書の財務記載条項およびその他の財務情報が、報告書提出の日付けにおいて財務状況および事業活動の成果をすべての重要な面において公正に示していること。
④ 署名するオフィサーは、内部統制を確立・維持することに責任を負い、連結子会社を含む会社に関する重要な情報が内部の者によって当該オフィサーに伝達されるように内部統制を設計し、報告書日付け90日以内にその内部統制の有効性を評価して、有効性に関する結論を報告書に提示したこと。
⑤ 署名するオフィサーは、会計監査人および監査委員会に対して、財務データを処理し報告する能力に悪影響を及ぼすような、内部統制の設計および運営におけるすべての著しい欠如を開示し、内部統制における重大な弱点を会計監査人のために指摘し、内部統制において重要な役割を果たすマネジメントや他の従業員に関わる詐欺行為をその大小に関わらず開示したこと。
⑥ 署名するオフィサーは、その評価以後、内部統制および内部統制に重要な影響を及ぼすような他の要素について著しい変化（重大な欠陥や弱点の治癒行為を含む）があったかどうかを開示したこと。

SECは、適切な内部統制構造および財務報告の手続を確立・維持する責任を負っており、マネジメントによるそれらの有効性の評価を含む「内部統制報告書」を年次報告書に含めることを要求する規則を定めなければならない（404条）。

このような経営トップによる決算の正確性認証の制度は、彼らの責任逃れを封じるとともに、より正確な情報の提供を要求し、適法性に疑義のある会計手法を抑制することになるといわれる[22]。もっとも、「知る限りにおいて」という留保によってその実効性を問題視する見方もあるが、経営トップに対する抑止効果と影響は大きいものと考えられる。

第2に、1934年証券取引所法に基づく定期報告書における情報開示の強化。

① SECが投資家の保護と公共の利益に必要または有益であると決定する、財務状態または事業活動における重要な変化に関する追加の情報を即時に、明白な英語で開示すること（409条）。

② 一般会計原則およびSECの規則に従って登録会計事務所によって確定されたすべての重要な修正の調整を反映し、財務状態とその変化、事業活動の成果、流動性、資本支出、資本資源または収入もしくは費用の重要な構成要素に対して重大な現在もしくは将来の効果を及ぼすような、すべての重要な簿外の取引、取決め、債務（偶発債務を含む）およびその他非連結の事業体もしくは人との関係を開示すること（401条）[23]。

③ 主要財務オフィサーや主要会計オフィサーに適用される、上級財務オフィサーのための倫理基準（code of ethics）を採用したかどうか、採用していなければその理由を開示すること（406条）。

　ここで倫理基準とは、個人的および専門的な関係間の実際または外見的な利益衝突の取扱いを含む、正直さと倫理的な行為、完全、公正、正確、かつタイムリーで理解可能な開示、および政府の規則・規定の遵守を促進するのに合理的に必要な基準を意味する。

第3に、外部監査人の独立性と監督[24]。

① 監査業務を行う登録会計事務所が、監査と同時に、非監査業務を行うことは違法とされる（201条）。非監査業務とは、監査顧客の会計記録または財務諸表に関する記帳他のサービス、財務情報システムの設計と実施、評価・算定サービス、フェアネス・オピニオン（fairness opinion）や現物出資報告、保険数理サービス、内部監査アウトソーシングサービス、マネジメント機能や人的資源、ブローカー、ディーラー、投資アドバイザーや投資銀行サービス、監査に関係しない法的サービスや専門家サービス等である。

② すべての監査業務および非監査業務は、監査委員会の事前の承認を得なければならない、そしてこの監査委員会による非監査業務の承認は、投資家に開示されなければならない（202条）。

③ 監査に主たる責任を負う筆頭監査パートナー、監査をレビューする責任を負う監査パートナーが連続5会計年度以上監査業務を行うことは違法とされる（203条）。

さらに、本法は、公開会社の会計監査を監督するために上場会社会計監督機関（Public Company Accounting Oversight Board）と呼ばれるあたらしい機関を設置する（101条）。この機関の目的は、一貫した専門家基準を維持、監査業務の質を改善し、会計事務所に関して本法の遵守を確保することである[25]。

7　情報開示によるコーポレートガバナンス

（1）情報開示のインセンティブと抑制要因

企業のマネジメントにとって、情報のユーザーによる開示要求に応えることが自らの利益となり、かつ会社の利益になると考えるときには、自主的に情報を開示するインセンティブがある。一方で、マネジメントが、開示の要求は不合理である、または自身の利益もしくは会社の利益に有害であると決めるならば、なんらかの妥協をするか、または非開示の結果を受け入れるかいずれかを選ばなければならない。会社にとって開示の利益は、財務的なパフォーマンスと将来の見通しについての不確実さを減少させる結果になることであり、それによって資本コストおよび会社の価値または株式価格に影響を与える[26]。

マネジメントには自己の会社をできるだけ美しくみせたいという気持が常に潜在しているが、自らの姿をきちんと晒さない企業に対する投資はかえってリスクが高いと判断され、市場における評価は低くなる。むしろ、隠されたリスクが暴露されたときには、市場の評価は一気に下がるという事実は歴史が物語っているが、今日のグローバルな金融・資本市場においてはその傾向は一段と顕著になっている。この意味において企業にとっては、積極的なリスク情報の開示とそれに対処する適切な経営戦略を提示することが必要と考えられる。

また、情報開示が十分かつ適切になされていることは、企業のガバナンスがよ

く機能していることの結果であり、情報開示のレベルを高めることによってガバナンスの機能とレベルが高まると考えられる。情報開示も企業のガバナンス・システムの一環として位置づけることができる。

　情報開示向上による効果は、上記以外に次のように挙げられる[27]。①マネジメントに対する信頼性の向上。自己の能力と戦略に自信をもったマネジメントは、マーケットに向かって将来の計画や現状を臆することなく伝えることができる。②長期的投資家の確保。各企業が提供する情報量に明白な差異がある場合、長期的投資家はより多くの情報を提供する企業に魅力を感じる。③多数のアナリストの獲得。情報開示の向上により、その企業を分析するアナリストが増加する。④企業経営の向上。外的な説明責任が企業内の経営を改善する。

　一方、マネジメントが情報開示に消極的な要因が次のように主張される[28]。情報開示は直接コストを生じる。情報開示の直接コストとは、情報を収集、加工、監査し、伝達するのに使われた資源の価値である。さらに、開示の増大要求に対する主たる反対は、競争上の不利益が生じる、つまり、競争者によって開示会社の利益を害するように情報が使用されるといわれる。確かに、情報がより特定され、将来志向となればなるほど、開示会社にとって潜在的な競争上の不利益が大きくなると一般的にいうことができる。しかし、競争上の不利益という見解は、反対のためのスローガンとしてあまりにも安易に用いられるのがしばしばである。会社の年次報告書における情報の多くは、情報開示者に競争上不利益を与えるにはあまりにも一般的でかつ古すぎるものである。情報開示の大部分は、競争上、実質的な利益または不利益を及ぼすようなものではないということができる[29]。

　ところで、企業が、法によって強制される情報開示に加えて、その社会的活動について自主的に情報を開示することの意義は何であろうか。

　まず、第1に、社会的な存在としての会社の社会的活動に関する情報は、その開示を拒むのに正当な理由がない限り、自由に入手されるべきであるといわれる。このような情報を公にしたことが会社の行動になんらの効果をもたらさなかったとしても、成熟した社会の市民は、会社の力がどのように行使されているかを知る権利を有している。第2に、社会的な情報開示は、会社の業績についての純粋に財務的な指標を補完する価値をもっているといわれる。この点に関し

て、たとえば、国民総生産についての統計数値は、産出の測定としては部分的なアプローチであるがゆえに、社会が経済活動によってどの程度豊かになっているかを示す指標としては誤解を招くものである、という指摘がなされる。つまり、個々の企業のレベルにおいて、企業の行動を財務的な基準と同様に社会的な基準によって判断する機会を株主および公衆に提供することは、企業活動の社会に対する価値をより正確に評価することになる[30]。

（2）情報開示の機能

　情報開示は、会社という組織において、以下のようなコントロールのプロセスの一部として機能することが考えられる。

　①情報を開示しなければならないという規律は、まず、会社に情報を収集させることになり、そしてその改善された情報の流れによって、マネジメントは、第三者に対して回避可能な損害を減少するよう強いられることになる。このような反応は、基本的に任意のものであるが、マネジメントは、結局のところ、専門家としての評判に価値を置いており、その失敗が公に晒されることを嫌うものといえる。②情報開示は、外部コントロールの形態を容易にすることによってマネジメントの反応を促すことができる。たとえば、株主の利益に不利な材料の開示は、結果として機関株主からマネジメントに対する直接の圧力または会社のコントロールのために市場を通じた間接の圧力として働くことになる。③情報開示は、資産の不当流用のような訴追しうる違法行為を抑制し、そして実在的な法的コントロールによって容易には達しえないマネジメントの行動領域に影響を与える力になりうる[31]。したがって、情報開示は、会社のマネジメントに対して直接的、間接的なコントロールの手段ないし機能の一部を果すことが期待される。ところで、情報開示はいかなる者に向けてなされるのか、いいかえれば、開示された情報を受けて、それぞれの立場でそれを評価し、マネジメントに対してなんらかの影響力を及ぼそうとする者とはどのような利害関係者であろうか。

　① 当該会社の株主である。株主は、配当および株価の動向に強い関心を有するのはもちろんであるが、単に短期的な視点ではなく、長期的に当該企業の成長に期待することがしばしばである。株主は、財務・経理情報にのみ関心をもつのではなく、企業の社会的な活動に関する情報にも注意を払っている。

社会的な情報が株価等に反映される可能性があるという現実的な視点もあるが、株主は、長期的、安定的な株主であればあるほど、当該企業の財務的なイメージやプロフィールと同様に、社会的なイメージやプロフィールを向上させようとして、株主として有する権利を行使するものである。
② 機関投資家である。機関投資家は、安定株主として長期的な視野から投資先企業の発展を期待するのが一般的であり、その財務的な状況を監視するとともに、コーポレートガバナンスなどの企業経営の構造やポリシーについても関わることを求める傾向にある。とりわけ企業の社会的活動を含めた倫理的な問題にきわめて敏感である、いわば倫理的というべき投資機関や組織が存在している。これらの倫理的な投資機関は、利益最大化という行動基準を超えた企業行動を要求する。

　もっとも、純粋に倫理的な投資機関はさておき、年金ファンドのような公の色彩をもつ機関投資家は、企業の社会的活動についてますます関心をもつようになっており、この面における経営ポリシーに対して積極的な発言を行う場合が見受けられる。
③ 取引先と消費者である。当該企業の取引先および製品・サービスの消費者は、開示された情報に対応して、あるいは必要な情報開示を要求しつつ、彼らの購買活動を通じて企業のマネジメントの行動または経営ポリシーに対して影響を及ぼすことができる。製品・サービスの買手である取引先は、自らが供給する製品・サービスの質を確保し、さらには自社のブランドや評判を高めるために、買付け先を選択する。その選択の基準は、単にコストの点ばかりではなく、たとえば、環境問題に対する取組みなど買付け先企業の社会的活動に及ぶ場合がある。
④ 社会的な監視グループとでもいうべきものであり、環境やその他のプレッシャー・グループ、消費者団体、学術団体、メディアや公的な規制機関などである。公に開示される情報は、受け手にとってそのままでは多量で困惑させるようなものであるが、これらの社会的グループは、それぞれの視点や価値観からこれらの情報を収集、調整、評価し、対象とする企業行動の問題に関する世論（public opinion）の形成に寄与することができる。

このような社会的監視は、次のようなプロセスによって企業の行動に変化をも

たらせることが可能であるといわれる[32]。①提訴しうる違法行為に注意を向けさせることによって、当該企業行動の変化を実行することを強いることができる、また、そのような社会的な害を公表することによって、企業行動に対する規制強化の要求へと導くこともできる。②生のデータを加工し、解釈することによって、社会的監視グループは、情報の受け手がもつ困難のいくらかを克服することができる。③マネジメントは、当該企業の公に望ましいイメージの存在を企業および彼ら自身の双方にとって貴重な財産とみなしている。そのようなイメージを傷つける企業行動に公の注意を引きつけ、その行動に対するマネジメントの責任を求めることによって、企業行動の変化を強いることができる。

もっとも、このような社会的監視とでもいうべきシステムが存在するとしても、そのシステムとしての効果の弱さも次のように指摘されている。①社会的監視が対象とする企業の範囲に限界があるといわれる。たとえば、銀行、保険会社、外国為替取引市場、投資銀行やグローバル企業等について、このような社会的監視はどの程度有効でありうるかと疑問視される。②さまざまな分野に属する多くの人びとやグループがシグナルを発するがゆえに、それらが相互に矛盾する場合があり、このような監視がマネジメントに提供しうるガイダンスに限界をもたらすことになる。③世論に対するマネジメントの反応について過大評価しがちとなる場合がある。

このような弱点や効果にいくらかの問題があるものの、社会的監視グループは、企業行動に対して重要な影響を及ぼす可能性を有していることは疑う余地がない。このようなグループが、情報技術を活用して、世論を形成しつつ企業に対して直接にまたは間接にその影響力を行使している事実は、情報開示の機能を明確に認識させるものである。情報技術の発展と普及は、社会的監視の役割をますます高める方向に導いていくと考えられる。

(3) 開示されるべき企業情報
(a) 基本的情報の開示

年次報告書（annual report）は、企業の活動の性格と効果についての理解およびその成果と将来の見通しの評価を助けるような情報を提供することができるが、これによって、マネジメントは財務諸表およびその脚注について詳述し補完

することができる。

　年次報告書に開示される一般的内容は、企業概況（Corporate Review）、財務概況（Financial Review）およびセグメント概況（Segmental Review）に分けられる。

　企業概況として、たとえば、次のような情報が開示される。①社長（CEO）の声明。②会社の戦略と結果。③外的・異常な出来事。たとえば、外的な出来事とは、為替相場、金利率、政府の政策、市場条件、外国との競争等であり、異常な出来事とは、工場の爆発、詐欺、訴訟等である。④買収と売却。⑤研究開発。⑥投資計画。⑦人的資源。労働および雇用に関する情報開示は、労働関係、訓練、福利厚生、安全等を含む。⑧社会的責任。地域の福祉、公共の安全や環境等の公共の利益についての社会に対する説明責任が対象とされる。⑨将来の見通し。この種の情報は記述的な解説の形で提供されるのが通常であるが、将来を志向した量的な情報は、競争上の観点からは微妙な性格のものとなる。⑩取締役および上級執行役員。株式所有、株式オプション、契約における利害関係等が含まれる。⑪株式所有。対象は主要株主を含む株主についての情報である。

　財務概況として、たとえば、次のような情報が開示される。①成果の分析。②流動性の分析および資本資源。事業拡大プロジェクトの資金調達、流動性改善計画、既決の資本的支出とその資金調達方法等も含まれる。③資産価値の分析およびインフレーション。

　セグメント概況は、地理的地域別および事業系列別情報である。

(b) 非財務情報の開示

　企業は、あたらしい投資資金の源を求めるときには、開示のレベルを実質的に上げるものであり、各国間における開示のレベルの差は急速に縮まりつつある。このように拡大した開示は、企業のための資本コストを引き下げるに至る。企業の非財務情報の開示は、一般会計原則による財務諸表において要求されるものではないような情報を伝達する効果的な方法であり、財務報告ルールによって抑制されることや、会計士やマネジメントの想像によってのみ制限されることがあってはならないとされる[33]。

　非財務情報の重要性は、企業のガバナンスの観点から強調される。どのような情報を、どの程度およびどのように開示するかは、一般的に受け入れられた会計

原則の要求、受け手の必要性、受け手の影響力およびマネジメントの経営哲学によっているが、たとえば、以下のような類の情報が有益であるといわれる[34]。

(i) セグメント情報

　企業の継続的な利益が世界の一定の地域や事業に大きく依存している場合、その事実を知ることは、債権者、従業員およびその他の利害関係者にとって有益である。世界のすべての地域が等しくリスクのあるビジネス環境やビジネスの機会を提供するものではないし、各事業の状況もまたそのリスクや収益においてさまざまである。したがって、連結財務諸表に加えて、企業は、どこでどのように全利益が引き出されているかについての補完的なより詳細な情報を提供すべきことになる。地域・事業系列別の開示の目的は、財務諸表のユーザーが各国、世界の地域や事業系列に対する当該企業の依存度を特定することを助けることにある。

　ところで、アメリカにおける規制は世界でもっとも広範なものであり、SECが1969年以来事業別セグメント情報の開示を要求してきたが、財務会計審議会（FASB）は、1976年により包括的な規制を導入した[35]。これによれば、事業別および地域別に、収益（外部売上高およびセグメント間売上高または振替高）、営業損益、識別可能資産、その他減価償却費や新規資本の支出等が求められる。セグメント情報開示における潜在的な制約は、情報を収集し、加工して広めるコストであり、そしてセグメント情報を開示することによって競争上不利益を被るコストである。さらに、セグメント情報に関する規制は国際的に行われつつあるが、何が識別可能な（identifiable）かつ報告可能な（reportable）セグメントを構成するかという、セグメントの識別（identification）という問題が残存している。開示されたセグメントが合理的であるかどうかを評価するのはきわめて難しいといわれている。セグメントの識別に関するマネジメントによる裁量の範囲は、ミスリーディングな情報を広める潜在的な可能性を生じる。一方で、詳細なルールを導入すると、開示される情報量を実際に減少させるという結果を生むというおそれも指摘されている[36]。

　IFRS（International Financial Reporting Standards、国際財務報告基準）は、マネジメント・アプローチによるセグメント情報の開示を要求している。マネジメント・アプローチとは、経営上の意思決定を行い、業績を評価するために、マネジメントが企業を事業の構成単位に分別した方法を基礎とするセグメン

ト情報の開示であり、マネジメントと同じ視点での判断材料の開示を義務づける考え方である。開示情報としては、セグメント別の損益・資産および負債、外部売上高、内部振替高、減価償却費、投資額等の開示が求められる。

わが国においても金融庁は、従来の製品別・地域別区分からマネジメント・アプローチによるセグメント情報の開示へ 2010 年 4 月 1 日から変更した[37]。

(ii) 財務的見通しの情報

投資家の最大の関心は、当該会社の将来の収益性とキャッシュフローを評価することであり、会社がこのような財務的情報について自らの内部的な見通しを提供するかどうかを尋ねることは当然のことのようにみえる。しかし、実際に提供する企業はすくない。このような見通しは、不確かな出来事について主観的な評価をすることになるがゆえに、現実的でないということもあるが、その見通しが外れた場合のマネジメントに対する法的な影響がありうるという理由もいわれる。つまり、たとえば、アメリカのような国においては、訴訟の可能性がこのような情報開示の大きな抑制要因になるというのである。もっとも、あえてかかる情報開示を行う企業が存在することが報告されている[38]。

(iii) 株式および株主の情報

株式・株主情報の価値は、主として現在および将来の株主を目指すものであり、過去の動向のデータは将来のパターンを予測するのに、そして他の会社と比較する場合にも有益である。株式は、いくつかの取引市場で取引され、取引量が大きい場合には市場価値がある。広く分散した所有関係は、現在の株主がその株式を処分しようとする場合には容易な売却の機会を提供する。所有関係の集中は会社のコントロールの状況を示している。分散所有は、会社が株主とその代理人であるマネジメントによってコントロールされていることを意味するが、一方で、集中所有は、権限がもっと狭い範囲のグループによって行使されることを意味する。大多数の株式が比較的少数の人やグループによって所有されているときには、マネジメントは束縛され、他の株主の影響力は小さいものとなる。このような情報の提供は任意であり、その慣行は育ちつつあるが、まだ広くは普及していないといわれる[39]。

(c) 付加価値の情報

付加価値の情報開示は、ヨーロッパに起源をもつが、今やヨーロッパ外の会社

によっても時折提供されるようになってきたといわれる。たとえば、メーカーの場合における付加価値情報とは、売上高から生産に使用した原材料およびサービスのコストを差し引いた金額であり、給与等の形で従業員に、税金の形で政府に、金利や配当の形で資本提供者に、さらに再投資の形で会社自身に分配されるものである。付加価値の情報開示は、会社が社会に対する富の提供者であるという見解を表明する。つまり、会社が存在するがゆえに、人びとが雇用され、政府は税金を受け取り、投資家や債権者は資金をビジネスに投じる見返りを得ることができるというわけである。すなわち、このような情報開示は、企業が単に利益を得る以上のことをすべきであり、実際にそうしているという哲学を反映している。それは、雇用を創造し、社会にその他の貢献をすることもビジネスの正当な目的であるという理念と合致するといわれる[40]。

(d) 従業員に関する情報

会社が長期的に成功することを目指すならば、資産のみでなくその人材に投資して人的資源を確保しなければならない。投資家は、会社の財務的な構造や成果に関心をもつのみでなく、その人的資源にも関心をもつ。訓練、転職率、欠勤率、労働組合と労使関係、健康、安全、事故、従業員の数、コストおよび生産性などに関する情報は、投資家が現在および将来の業績を評価するのに役立つのである。社会もまた、雇用機会均等のポリシーや労働条件などの情報について、それらが社会正義に関わることとみられるがゆえに、関心を有する。すくなくともなんらかの従業員に関する情報は、ほとんどの年次報告書に見受けられるが、開示された情報の量やタイプには大きな差異が存在する。そのような差異は、立法的規制によるのではなく、もっぱら従業員と使用者の関係またはより広く会社と社会の関係のいずれかによっている[41]。

従業員についての情報開示は、当該会社の継続する成功が人的資源であるその従業員によっているという会社の見解を反映する。たとえば、地域ごとの従業員数、マイノリティ・グループや女性の人数などを含む従業員情報の開示は、元来ヨーロッパにおいて発展したが、今やアメリカ企業の年次報告書にも行き渡りつつある。

(e) 環境に関する情報

環境保護のための費用支出等の環境に関する情報は、とりわけヨーロッパの大

規模会社の年次報告書に見受けられる。さらに、当該会社によって採用された安全対策やその製品やサービスがいかに社会に役立っているかについての記述も環境情報の中に見いだすことができる。環境情報の開示は、社会への貢献がビジネスの正当な目的であるという見解を同様に反映するものである。これらの情報開示は、財務諸表の伝統的なユーザーを超えた範囲、つまり、当該会社の製品の消費者や企業と共存する一般市民に向けて発せられるものである[42]。

環境情報の開示は、近年増加し、環境圧力グループの数と規模が増えるに従い、ますます増加する傾向にある。企業にとって環境情報を開示する動機は、投資家が企業の環境に対する責任の認識を深めたこと、将来の訴訟の可能性を減少させようとして責任を表明することを望むこと、そして環境監査と報告に関する立法を引き延ばす、または阻止することを望むことにあるといわれる。環境情報に関して一般的に法的規制を行う国はすくない。その規制が存在する場合でも、財務諸表と脚注における開示であり、環境に関連する責任の評価と報告が対象とされる場合がしばしばである。代わりに多くの自主的基準が、その効果的な執行のメカニズムを欠いているけれども、存在している。しかし、企業の環境報告は、その質と量の面において不適切である場合がほとんどであるといわれる[43]。

ところで、上記のような包括的な環境情報の自主的開示は、外部に対する開示が不十分である企業も、環境問題に関する内部的な意思決定およびコントロールの目的のためにかかる情報を必要とすることはいうまでもない。したがって、企業は、環境情報を収集、加工し、分析するシステムを整備しておくことが事業活動の前提であるといえる。

ますます企業の多くは、環境問題の重要性を認識しつつあるが、開示される情報は、定性的かつ不十分であるのが通常である。環境情報の開示として、環境への影響と保護対策の結果に関する定量的な評価がいっそう要求されることは明らかと考えられる。

企業が環境に関して開示する情報量を増すに従い、年次報告書における開示に代えて、別途環境報告書を関係者に向けて提供する企業も多くなっている[44]。

環境報告書の内容は、大きく次のように分けることができる。

①ポリシーの表明。環境報告書の導入部分であり、企業がどのように環境にかかわっているかについて、歴史や背景も含めた企業の概要を概括的に説明し、最

高経営責任者がどのような決意をもって環境保全活動に取り組むかのポリシーを表明する。②環境方針および環境目的・目標。企業の環境方針を明確に定め、目指すべき目的とこれを実現するための具体的な目標を設定する。③環境マネジメントシステム。環境マネジメントのための組織、システムを動かすための基本的なモデルや環境監査プログラムなどを説明する。④環境パフォーマンス。設定された目的および諸目標に対する実績表示という形式で企業活動による環境への影響度として環境パフォーマンスを評価する。環境会計は、広義において環境パフォーマンス評価の手法としてとらえることができる。

(f) 気候変動リスクに関する情報

わが国の 2021 年 6 月 11 日施行の改定コーポレートガバナンス・コードは、気候変動に関するリスクの開示を求めている。

特に、プライム市場上場会社は、気候変動に係るリスクおよび収益機会が自社の事業活動や収益等に与える影響について、必要なデータの収集と分析を行い、国際的に確立された開示の枠組みである TCFD（主要国の金融当局で構成する金融安定理事会が設置した気候関連財務情報開示タスクフォース）またはそれと同等の枠組みに基づく開示の質と量の充実を進めるべきである（補充原則 3-1 ③）。

(g) 管理者層の多様性に関する情報

前述コーポレートガバナンス・コードは、管理者層の多様性に関する情報の開示を求めている。

上場会社は、女性・外国人・中途採用者の管理職への登用等、中核人材の登用等における多様性の確保についての考え方と自主的かつ測定可能な目標を示すとともに、その状況を開示すべきである。また、中長期的な企業価値の向上に向けた人材戦略の重要性に鑑み、多様性の確保に向けた人材育成の方針と社内環境整備方針をその実施状況と併せて開示すべきである（補充原則 2-4 ①）。

(h) 取締役会の実効性確保に関する情報

前述コーポレートガバナンス・コードは、取締役会の実効性確保に関する情報の開示を求めている。

取締役会は、経営戦略に照らして自らが備えるべきスキル等を特定した上で、取締役会の全体としての知識・経験・能力のバランス、多様性および規模に関す

る考え方を定め、各取締役の知識・経験・能力等を一覧化したいわゆるスキル・マトリックスをはじめ、経営環境や事業特性等に応じた適切な形で取締役の有するスキル等の組み合わせを取締役の選任に関する方針・手続と併せて開示すべきである。その際、独立社外取締役には、他社での経営経験を有する者を含めるべきである（補充原則4-11①）。

8　マネジメントの説明責任

　企業による説明責任（accountability）と情報開示は、歴史的には直接に資金投資をする者の要求に応えて発展してきた。近年では、株主、銀行、貸し手や債権者のような資金提供者が企業の行動によって影響を受ける唯一のグループではないことから、企業には、従業員、労働組合、消費者、政府機関および公衆を含むより広い観客に対して報告する義務がある、という認識が増えている。企業は資金提供者以外のグループに対しても情報を開示する明らかな義務があるという見方の拡大にはいくつかの理由が指摘されている。労働組合の発展と成長が影響を及ぼしている。組織によってなされた決定によって実質的な影響を受ける者は、一般的にそれらの決定に影響を及ぼす機会を与えられるべきだという見方が受け入れられている。さらに、企業の影響、とりわけ環境汚染や国の経済社会政策への大企業の影響などに対する公衆の懸念が増大してきた。このような動向が、説明責任の概念および企業の行動を監視しようとする社会のさまざまなグループの要望を拡大してきたといわれる[45]。

　それでは、企業の説明責任の対象範囲はどこまで及ぶのか、あるいは説明責任の性格はどのようなものか。そして、企業の説明責任と情報開示の関係はどのようなものであろうか。これに関して2つの見解がありうる[46]。

　第1の見解はステークホルダー（利害関係者）の概念を用いる。現代の会社、とりわけ大きな公開会社は、会社がその行動によって利益を左右することができるがゆえに、会社の行動に正当な利益を有する利益グループのサークルによって囲まれているとみなされる。利益グループの構成については一致していないが、株主、従業員、マネージャー、顧客、エンドユーザー、供給者、地域社会および公衆が含まれる。このような観点から、この見解は、ステークホルダーに対する

責任を認識する根拠が法的、倫理的、道徳的なもののいずれであれ、会社の行動に対する責任を容認する。

　第2の見解は次のように述べる。説明責任とは、とられた行動を説明することの要求であり、行動に責任を負う者による、いわばフィードバックのメカニズムである。説明責任は、なされたものの報告以上のものを含み、なんらかの参加を意味する。説明責任は、自由裁量のものではなく、権利と義務を含む。説明責任を要求することができることは、正当な権威またはなんらかの制裁に基づくもののいずれかであれ、権限を実行する潜在力を前提としている。これに対して、情報の開示は、他に情報を伝達する知識をもつ者による任意の行為であり、そしてその意図は、理解、容認、関与、参加の状況をつくるように、または衝突する意見の間で一致に達するように方向づけることである。

　したがって、この見解は、企業の説明責任について、会社と特定の他の当事者間における説明責任を生ずる契約という、現実に基づいた実際的な解決策を提案する。会社は、説明責任を要求する権利の対象となる特定の事項について、その権利を実行する他の当事者に対して説明する義務を負うのである。このような説明責任を生ずる契約関係として、株主と取締役、使用者と従業員、債務者と債権者、会社と消費者などの関係が挙げられている。

　前者のステークホルダー・モデルの見解には深刻な限界があるとして、後者の見解から次のような批判がなされる。

　①企業が別々の利益グループのセットによって囲まれているという見解は単純である。実際にはこれらの利益グループ自身が相互に影響を及ぼしており、共通のメンバーをもついくつかのグループがある。相互に作用する利益のネットワークは相当に動的であって、セットは絶えず線引きをやり直すことになる。しかも、どのグループの活発なメンバーも全体のクラスの小さい部分であり、「ものいう少数者」の利益はクラス全体の利益を代表するものではない。②グループは同質のものではない。たとえば、供給者の場合、会社と彼らの間には明確で法的な契約がある。一般公衆の場合、もっとも周辺的で一般的な関係にすぎない。従業員の場合、説明責任のための法的な関係は限定的であるが、会社と彼らの間には相当な一致がある。③現代の企業は、現実にはそれ自身ゆるやかに他と境を接しており、多様なかつ相互に作用する関係のネットワークを包含する。それは動

的で開かれたシステムのセット、つまりさまざまな当事者の提携であるとみなされている。国際的に事業を展開する現代の公開会社は、完全子会社と部分所有の子会社のグループを有し、それ自身他の会社や政府との提携のネットワークの中に存在する。このような環境下では、正確に境を接したステークホルダーのセットに囲まれた会社という概念はハイレベルの抽象概念であって、企業の責任を考えるためには実際上役に立たないとされる。

9　グローバル企業のガバナンス・システム

　近年の企業不祥事ないし企業不信の事件の特徴は、アメリカにおいては経理操作、報酬巨額化などの利益相反、わが国においては法違反の隠ぺいなどの不透明な経営に起因しており、マネジメントの暴走ないし逸脱と怠慢ないし無責任が指摘されている。前者のマネジメントの暴走に目が移りがちであるが、後者のマネジメントの怠慢についてもこれと同様に重要視するべきであり、企業のガバナンスはこれら両者の観点から構築すべきものと考えられる。マネジメントの怠慢から多くの企業不祥事が生じたことは多くの国におけるこれまでの事実が明らかに物語っている。グローバル企業は、グローバルな市場において事業活動を展開し、その市場によって常時かつ厳しい評価がなされるという観点から、そのガバナンスのシステムを検討しなければならない。

　グローバル企業は、グローバル市場において多数の事業拠点を有し、多様な国際取引の展開を通じて活発な事業活動を行っている。どのようにして海外の子会社を含めたグローバル企業グループの事業活動を規律すべきであろうか。これがグローバル企業のガバナンスの問題である。ここでグローバル企業のガバナンスとは、そのシステムの一環として、①特定のコーポレートガバナンス形態の選択、②企業の情報開示と経営者の説明責任、③コンプライアンス・システムの構築という3つの重要な経営システムまでをも含むもっとも広義の意味で用いることとする。これらの各経営システムは相互に連動、補完し作用することによって企業のガバナンス・システムをつくり上げるものと考えられる（図参照）。

　さらに、グローバル企業においては、親会社自身のガバナンスが中心となるが、親会社のみならず、グループ構成企業のガバナンスも対象とする必要がある。

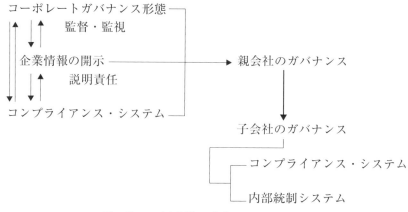

図　グローバル企業のガバナンス・システム

[注]
1) American Bar Association, Corporate Director's Guidebook 1994 Edition, 49 Business Lawyer, at 1264.
2) エンロンの破綻などで傷ついた株式市場の信頼回復を狙い、取締役会の各委員会の独立性や株主の権限の強化するのが目的といわれ、SEC委員長からの上場基準見直しの要請に応えるものである。
3) Corporate Governance Rule Proposals Reflecting Recommendations from the NYSE Corporate Accountability and Listing Standards Committee, As Approved by the NYSE Board of Directors August 1, 2002. この新上場基準案は、2002年8月16日SECに提出され、そのレビューおよび承認を経て最終的な規則となった（2003年11月4日）。
4) NYSE Listed Company Corporate Governance Manual 303A.02 Independence Tests, 2009年11月25日改正。
5) エネルギー大手のエンロンは、2001年11月に発表した同年7-9月期決算で10億ドルの特別損失を計上、不透明な簿外取引の存在が発覚した。さらに11月8日、1997年まで遡り6億ドル弱の利益の減額訂正を行い、決算情報に対する信用が失墜、12月上旬に破綻するに至った。エンロンは特別目的会社を多数設立し、それらの会社へ資産を売却し親会社エンロンの利益を水増しするなどの会計操作を行った。エンロンの特別調査委員会の報告書は、取締役会が経営の監視義務を果たさなかったと批判し、企業統治の空洞化を指摘したといわれる。日本経済新聞2002年2月23日。
6) 1934年証券取引所法に基づく刑事罰は、個人については従来の罰金最高100万ドルから500万ドルへ、禁固刑最高10年から20年へ引き上げられ、企業については従来の最高250万ドルから2,500万ドルへ引き上げられた（1106条）。

7) 本法は条文上、1934年証券取引所法に基づいて登録、報告することを要求される会社すべて、つまり、外国の企業を含めて、ニューヨーク証券取引所、アメリカ証券取引所、ナスダック証券市場に上場するすべての会社に適用されることになった。
   SECは、2003年4月1日、会計監査をする監査役会のような監査委員会に代わる機能をもつ場合やドイツのように従業員が監査役会に入っているような場合には例外を認める規定（2005年7月31日まで施行延期）を含むあたらしい規則を定め、4月25日に発効した。SEC Requires Exchange Listing Standards for Audit Committees, SEC press release April 1, 2003. Final Rule: Standards Relating to Listed Company Audit Committees.
8) SECの規則の定義によれば、特定の人の関係者（affiliate person）とは、直接もしくは1人以上の中間者を通じて間接に、特定の人（specified person）をコントロールする人、特定の人にコントロールされる人、または特定の人との共通のコントロール下にある人である。このような関係者に該当するかどうかは、すべての関連する事実と状況に基づく事実認定の問題とされるが、この定義には安全地帯が設けられており、特定の人の議決権ある株式のクラスの10％以上の直接もしくは間接の所有者でなく、かつその特定の人の執行役員でない人は、特定の人のコントロール下にないものとみなされる。
9) American Bar Association, supra note 1, at 1267.
10) American Bar Association, supra note 1, at 1265. 1266. The American Law Institute, Principle of Corporate Governance, 3A.03条とほとんど同じである。
11) アメリカ議会上院政府活動委員会小委員会の報告によれば、エンロンの監査委員会の社外取締役らは、会計事務所のアンダーセンからエンロンがきわどい会計処理をしているとの警告を破綻の2年以上前から受けていたこと、取締役会は、リスクが非常に高いことを知りながらデリバティブを絡めた特別目的会社を活用した簿外取引の一部を承認していたこと、さらに経営陣の多額の報酬に歯止めをかけなかったことが指摘された。日本経済新聞2002年7月8日。
    エンロンの失敗の教訓は、社外取締役に友達の経営者を入れたこと、会計監査人にコンサルタント業務も委託し3倍の報酬を出したこと、アナリストを取締役会に招いて講演を依頼し高額の報酬を払ったことであるともいわれる。
12) Giles Proctor & Lilian Miles, Corporate Governance (Cavendish, 2002), at 14-15, 25-26.
13) Id. at 18-19.
14) Id. at 21.
    The Combined Code, Principles of Good Governance and Code of Best Practice, Delivered by the Committee on Corporate Governance from the Committee's Final Report and from the Cadbury and Greenbury Reports.
15) Financial Reporting Council, The UK Corporate Governance Code June 2010, at 2, 4.
16) Laura Lin, The Effectiveness of Outside Directors As A Corporate Governance Mechanism: Theories and Evidence, 90 Northwestern Univ. L. Rev. 898 (1996), at

912-920.
17) このような組織としては、会社にローンを提供する投資銀行や商業銀行、サービスを提供する法律事務所、コンサルタント、供給業者や顧客等がありうる。
18) 全米取締役協会（NACD）CEO ロジャー・レイバーの言、日経産業新聞 2002 年 1 月 3 日。
19) III5.（3）の 2。
20) 日本経済新聞 2003 年 1 月 10 日、同 1 月 22 日。
21) 財務諸表を含む定期報告書が 1934 年法上の開示要求を完全に満たしていること、および報告書に含まれる情報が適正に企業の財務状態と事業活動の結果を表わしていることについて、CEO および CFO が証明する書面を報告書に添付することが要求され、そして虚偽の証明を行った者は最高 500 万ドルの罰金と 20 年の禁固刑が科される（1350 条）。
22) 大田洋・佐藤丈文「米企業改革法と NYSE・NASDAQ 新規則案の概要（上）」商事法務 1639 号（2002 年 9 月）21 頁。
23) SEC は、2002 年 10 月 30 日、サーベンス・オクスレー法 401（a）条に基づき、簿外取引、契約債務等の情報開示の強化に関する規則を制定した。SEC Proposes Rules to Implement Sarbenes-Oxley Act Reforms, SEC press release October 30, 2002.

　　Final Rule: Disclosure in Management's Discussion and Analysis about Off-balance Sheet Arrangements and Aggregate Contractual Obligations (Effective Date: Sixty days after publication in the Federal Register).
24) SEC は、2003 年 1 月 22 日、サーベンス・オクスレー法 208（a）条に基づき、外部監査人の独立性の強化と提供業務についての情報開示の追加に関する規則を制定し（Commission Adopts Rules Strengthening Auditor Independence, SEC press release January 22, 2003. Final Rule: Strengthening the Commission's Requirements Regarding Auditor Independence (Effective Date: May 6, 2003)）、さらに、SEC は、2003 年 2 月 6 日、リサーチ・アナリストにその見解の真実性の証明を要求する規則を制定した。SEC Adopts Analyst Certification Rule, SEC press release February 6, 2003. Final Rule: Regulation Analyst Certification (Effective Date: April 14, 2003).
25) SEC 報告企業を監査するすべての会計事務所はあたらしい機関に登録しなければならない。この機関は、監査、質のコントロール、倫理、独立および公開会社の監査報告書の作成に関するその他の事項について基準を定め、SEC の承認の下に規則を採択する権限を有する。本機関はまた、登録した会計事務所を検査し、これらの会計事務所に関する調査および懲戒手続を行う権限を有する。SEC は、この機関の委員として 5 人のメンバー（その内 2 名のみが会計監査人）を指名する。
26) Lee H. Radebaugh & Sydney J. Gray, International Accounting and Multinational Enterprises 3rd ed. (John Wiley & Sons, 1993), at 185.
27) R・エクレス・R・ハーツ・M・キーガン・D・フィリップス（中央青山監査法人 PwC コンサルティング訳）『企業情報の開示』（東洋経済新報社、2000）140-151 頁参照。
28) 同上 153-158 頁参照。

第4章　コーポレートガバナンス・システムの構築　*113*

29) Radebaugh & Gray, supra note 22, at 188.
30) J. E. Parkinson, Corporate Power and Responsibility (Clarendon Press, 1993), at 372, 373.
31) Id. at 373, 374.
32) Id. at 379, 380.
33) Clare B. Roberts, Sidney J. Gray & Carol A. Adams, Corporate Social and Environmental Disclosures, Frederick D.S. Choi ed. International Accounting and Finance Handbook 2nd ed. (John Wiley & Sons, 1997), at 96.
34) Gerhard Mueller, Helen Gernon & Gary K. Meek, Accounting - An International Perspective 4th ed. (Irwin McGraw-Hill, 1997), at 77.
35) FASB, SFAS 14, Financial Reporting for Segments of a Business Enterprise, Financial Accounting Standard Board (1976).
36) Radebaugh & Gray, supra note 22, at 280.
37) 「財務諸表等の用語、様式及び作成方法に関する規則等の一部を改正する内閣府令（案）」等の公表について平成21年1月19日金融庁。
38) Mueller, et al., supra note 30, at 82.
39) Id. at 85.
40) Id. at 85, 87.
41) Roberts, Gray & Adams, supra note 29, at 20・5.
42) Id. at 95.
43) Id. at 20.
44) Id. at 20, 29.
45) Radebaugh & Gray, supra note 26, at 51.
46) RITricker, Corporate responsibility, institutional governance and the role of accounting standards, Michael Bromwich&Anthony G.Hopwood ed., Accounting Standards Setting-An International Perspective (Pitman, 1983), at 32-33, 36-37.

第5章
コンプライアンス・システムの構築

1 コンプライアンス・プログラム

　コンプライアンス・プログラムは、企業のマネジメント・システムの一環であって、トップマネジメントが企業内外に声明するコンプライアンスの経営方針と目的に従い、コンプライアンスのプランニング、パフォーマンスの監視および評価ならびに修正行為を確保するためのフィードバック報告に至るというコントロール・システムにおける行為のサイクルである。すなわち、このプロセスにおける基本的なステップは、次のように要約することができる[1]。
　①企業活動において遵守の対象とされるべき行為の特定。②当該遵守行為を引き受け、確保するために必要な行動の計画。③当該遵守行為が無視されないように関連する行動を調整すること。④計画された行動が引き受けられたか、そしてコンプライアンスが達成されたかどうかを調査もしくは監査すること。⑤修正が必要なときにはパフォーマンスを調整するために計画を見直すこと。⑥修正行為が実施され、維持されているかを判断するための継続調査を実施すること。

（1）コンプライアンス・プログラムの目的
　コンプライアンス・プログラムにおける遵守の対象は、第1に法規範、第2に社内ルール、第3に倫理・社会規範であるといわれる。もっとも、これら3つの規範・ルールは相互に絡み合い、重なり合っており、3つが重なり合っている部分がもっとも優先度が高く、上記の順番が優先順位となるが、倫理・社会規範のどこまでがその範囲に入るかはかならずしも明らかではない。また、法規

範、社内ルールについてもその内容は一律に明確であるとは限らず、当該企業によって異なる場合がある。

　コンプライアンス経営の観点から、法規範の遵守は最低限の義務であり、社内ルールの遵守は当然の義務であるといえるが、これらの義務は倫理・社会規範に基づく倫理感に裏打ちされたものでなければならない。そしてさらに、企業活動が社会的に妥当なものとして認知され、企業が社会的存在としてよき企業市民になるためには、一定レベルの倫理・社会規範を遵守することが要求されると考えられる。

（2）コンプライアンス・プログラムの内容

　企業行動基準（Code of Corporate Conduct）の内容は、企業によってさまざまである。

（a）一般的声明

　イギリスにおいては、まず、「ビジネスにおけるよき市民（good citizen in business）」という理念[2]に基づいた会社の目的の一般的な声明がうたわれる。そして企業経営によって影響を受けるさまざまなグループに向けた会社の経営ポリシーを表明するのが一般的である。たとえば、従業員との関係はもっとも話題性のある対象であり、消費者、供給者、株主および地域社会の利害関係も対象となる。さらに、環境に対する経営ポリシーの表明もますます一般的になってきたといわれる[3]。

　アメリカにおいても企業行動基準は、会社の業務行為における誠実と正直の約束および法の下における運営の意図を示すという、倫理基準の一般的声明から始まるのが通常である。この一般的声明の前文に次のような声明を追加することが提案される。①行動基準に違反する行為は従業員の権限の範囲を超える行動とみなされるという声明。②行動基準は、法の要求および当該産業における慣行を満たすのみでなく、それを超える努力を示すものであるという声明。前者の声明によって、行動基準に違反する従業員の行動は、従業員の権限の範囲外にあることから、刑事責任の目的のためには会社に責任を負わせることはできないと論争することが可能である。また、後者の声明は、原告の弁護士が行動基準を民事責任の基準として用いる機会を減ずる可能性を生じるといわれる[4]。

一般的表明に続いて、特定の分野に関する会社のポリシーがうたわれるのが通常である。たとえば、反トラスト、会社財産の説明責任、利害衝突、秘密情報、賄賂や寄付、会計慣行の正確さ、インサイダー取引、政治献金、差別とハラスメントなどの課題が対象とされる。

このように企業行動基準は包括的であるが、理解しうるものでなければならない。つまり、行動基準は、従業員等の関係者に対して、彼らの行動を支配する法的要素を知らせ、そして理解しうるようなやり方で肯定的な倫理価値を増進する必要がある[5]。

OECDの調査によれば、企業行動基準の内容としてカバーされる問題は、労働基準と環境がもっとも多く、次いで多い順番から消費者保護、賄賂、競争、情報開示、科学・技術となる。さらに、それぞれの問題における具体的内容の主たるものとしては、たとえば、環境については、法遵守、従業員の教育・自覚・訓練、地域社会の懸念の受入れ、環境にやさしい製品・サービス、地域社会や消費者の自覚を高めるような情報の提供、コントラクターや供給業者に対する義務およびそのグローバルな適用などが挙げられる。また、労働基準については、合理的な労働環境、法遵守、差別やハラスメントの禁止、労働時間、補償、強制労働や児童労働の禁止、コントラクターや供給業者に対する義務などが挙げられる[6]。もっとも、具体的な問題の取扱いは、各国における労働事情に大きな差異があることから多様であり、この意味において一貫性を欠いているとの指摘がなされる。

わが国においても、法規範の遵守、社会への貢献、政治献金規制、反社会的勢力との関係断絶、環境保護、安全保障貿易管理、製品の安全性、公正・透明・自由な競争、接待・贈答、外国公務員贈賄禁止、経営情報の開示、インサイダー取引禁止、人権尊重、差別・セクシュアルハラスメント・パワーハラスメント禁止、プライバシーの保護、職場の安全衛生、利益相反行為、企業秘密の管理、知的財産権の保護などが標準的な内容として挙げられている[7]。

(b) コンプライアンス・マニュアル

上記のような一般的声明またはポリシー表明だけではプログラムとして不十分であり、当該企業にとってもっとも問題を引き起こしそうな分野についてより詳細なポリシーと手続を定めるコンプライアンス・マニュアルを策定する必要がある。グローバルに事業活動を展開する企業の視点から共通するものとして、次の

ような分野のマニュアルが考えられる。
　①反トラスト法遵守、②インサイダー取引禁止、③賄賂禁止、④情報管理、⑤差別・セクシュアルハラスメント・パワーハラスメント禁止、⑥環境保護、⑦知的財産権侵害防止。

(3) プログラムの実施
　実効性のあるプログラムであるためには、実施のための機能的なシステムが設けられ、それが有効に働くことが必要である。このようなシステムを欠いたプログラムは、なんらコンプライアンスの実質的な効果を上げることはできない。
(a) プログラム運営の組織
　プログラムを機能的に運営するための組織づくりは、企業によってさまざまであるが、プログラム実施の成否はこの運営組織の有効性に大きく依存しており、たとえば、次のような運営組織が1つのモデルとして考えられる。
　プログラム実施の最高責任者はCEOであるが、実際の統括責任者として上級取締役または上級執行役員をコンプライアンス・オフィサーに任命する。
　企業の規模・業種等によるが、このコンプライアンス・オフィサーの下に、各事業部門、各事業地域における現場での自主的なコンプライアンスの徹底を図るために、それぞれ部門コンプライアンス・オフィサーないし地域コンプライアンス・オフィサーを置く。
　さらに、プログラム全体の立案、調整、促進、改善、実施の監視などを目的とするコンプライアンス委員会を設ける。委員会は、コンプライアンス・オフィサーを委員長とし、コンプライアンス所管部門の長、関係管理部門の長、部門コンプライアンス・オフィサー、地域コンプライアンス・オフィサーによって構成される。
　コンプライアンス所管部門は、委員会の事務局であると同時に、プログラム実施の実務を担当する部門であり、あらたに独立して設けるか、または法務部門が担当する。
　コンプライアンス所管部門は、他の管理部門、とりわけ事後的なチェック機能をもつ監査または検査部門と連携・協力する必要がある。事後的なチェック機能による問題点の解明の結果が予防機能を果たすプログラムの改善に生かされて、

再発防止策を講じることが可能となる。

(b) プログラムの啓蒙・訓練

プログラムの周知徹底を図るためには、さまざまな従業員等を対象とする以上、さまざまな方法を駆使しなければならない。まず、コンプライアンスについて、経営トップからの情報発信が何よりも必要であり、コンプライアンスの徹底には、経営トップが表明する価値観を従業員等の関係者すべてが共有することが不可欠である[8]。

企業内において従業員等の具体的な啓蒙・訓練の方法としては次のようなものが考えられる。①教育・研修の実施。コンプライアンス・プログラム導入時においてはもちろんのことであるが、継続的なコンプライアンス教育・研修を、新入社員研修、営業研修等の専門的研修、管理職研修、役員研修などの定期的な教育・研修計画に織り込む。②日常的な相談・指導。コンプライアンス担当部門による日常的な相談・指導が可能なシステムを設ける。③イントラネット上にプログラムのホームページによる情報伝達。コンプライアンスに関する情報をできるだけ開示して、コンプライアンス・プログラムの実践における透明性を高める。④携帯用カードによる周知徹底。コンプライアンス・プログラムをできるだけ身近なものとして意識させるために携帯用カード等を活用する。⑤シンポジウムによる刺激。コンプライアンスに関して外部講師を招いてシンポジウム等を開催し、従業員等の意識を刺激する。

(c) プログラムの監視と風化の防止

企業は、プログラムが有効に機能していることを確保するためには十分な監視のシステムを設けることが必要であり、プログラムが企図した効果を達成しているかどうかを評価するためにそのさまざまな面を定期的に点検しなければならない。

前述のプログラム所管部門が、日常的な監視と定期的な点検の業務を担当し、たとえば、選んだ従業員とのインタビュー、アンケート調査などを実施し、そして報告および違反事例の分析を通じてシステムの有効性を検証することが必要である。

コンプライアンス遵守ないしコンプライアンス経営は、時の経過とともに絶えず風化するおそれを秘めている。これを未然に防ぐためには、経営トップ自らが

コンプライアンスの遵守を繰り替えし説き続ける必要があり、そしてプログラムの実行をそれぞれの組織のレベルにおいていかに日常の業務の中に組み込んでいくかが重要であると考えられる。

2　内部通報制度

　前述のようなプログラムの監視が十分行われたとしても、現実の問題として限界があり、内部通報制度（いわゆるホットライン）を設けることが必要である。この制度はとりわけ組織ぐるみの違法行為に対する抑止力として有効であると考えられる。

　内部通報制度は、すべてのレベルの従業員等がなんら報復のおそれや不利益な取扱いを受けるおそれなく違反の容疑を通報できるシステムでなければならない。この報復や不利益な取扱いがなされないということが会社のポリシーとしてプログラムの中で明確に表明されていることが必要である。そして誰でも、たとえば、コンプライアンス委員会、部門コンプライアンス・オフィサーないし地域コンプライアンス・オフィサーに対して通報することができる。さらに、内部組織では心理的抵抗がある場合には、会社がコンプライアンスのために雇用した外部の弁護士に対して直接に報告できるルートを備えておくなど多様な通報ルートを設けておく必要がある。通報は、通報者にとって心理的抵抗のない方法で、匿名でも、文書や対面などいかなる方法でも可能とされるべきである。

　いわゆる内部告発は、企業内で真摯に受け入れられて、違犯行為が速やかに是正されることが望ましいが、通報者・告発者の保護というポリシーが企業によって表明されていたとしても、通報者・告発者になんらの不利益も及ばないという保証はかならずしもない。公共の利益のために所属する組織の不正を告発した内部関係者が、報復を受けたり、失業等で経済的、社会的損失を被ったりしないようにする必要があり、立法化によりこのような内部告発者の保護が図られている[9]。

　2002年7月30日に施行されたアメリカのサーベンス・オクスレー法は、故意に、報復する意図で、内部告発者（whistleblower）に有害な行為（合法的な雇用と生計への干渉を含む）をとる者に対して、罰金と10年以下の禁固刑を科し

ている (1107条)。

また、内部告発活動により解雇やその他の差別を被る従業員のために民事の訴訟原因を規定する (806条)。すなわち、1934年証券取引所法に基づく会社、オフィサー、従業員、コントラクター、サブコントラクターまたはそのような会社の代理人のいずれも、次のような従業員によってなされた合法的な行為のゆえに、雇用条件下にある当該従業員に対して解雇、降格、停職、脅し、いやがらせまたはその他のやり方で差別することはできない。

①当該従業員が証券取引法、SECの規則もしくは株主に対する詐欺に関する連邦法の規定に違反すると合理的に信ずる行為に関する情報を、連邦の規制・執行当局、議員もしくは議会委員会または従業員に対して監督権限をもつ者に対して提供し、提供させまたはその調査を援助すること。②このような違反に関して申し立て、申し立てさせ、手続に参加もしくはその他援助すること。

このような解雇や差別等を被ったことを申し立てる者は、労働長官 (SecretaryofLabor) または連邦地方裁判所に訴えを提起することができる。

(a) 違反者への対応

わが国においては、企業行動基準の違反を直ちに懲戒事由とはせず、その違反行為が就業規則の懲戒規程における懲罰対象に該当するときには、これに基づいて処分するのが一般的である。多くの企業の就業規則には、従業員は当該規則によるのでなければ懲戒を受けることはないとの記載がなされているからである。

アメリカにおいても、連邦量刑ガイドライン自身は、懲罰がその枠組み内でたやすく扱われる問題ではないとして、企業の裁量に委ねている。アメリカにおいて多くの企業は、コンプライアンス・プログラムとは別に、すでに懲罰のガイドラインをもっており、このガイドラインをコンプライアンス・プログラムに直接にまたは参照して組み込むことで十分である。もっとも、会社が違反者の懲罰を行ったときには、可能な範囲で懲罰を公表すべきとされる。公表は、抑止効果をもたらし、適正な行為への動機づけとなるというわけである[10]。

コンプライアンス体制を構築したとしても、その実効性を上げることは容易なことではない。実効性を確保するための最終的な担保は、コンプライアンスの違反者に対して、企業が自らどのように対処するかということである。違反者への対応は、たとえば、コンプライアンス・プログラムに違反して達成した業績は評

価しないという軽度のものから、人事異動などの処遇に反映させる、違反者解雇の可能性などの厳しい処分までありうる。あまりに軽度な処分しか予定されていなければ、コンプライアンス体制の実効性のみならず有用性も疑われることになるので、すくなくとも違反に対する抑止力となるに必要な程度の処分は必要である。違反の態様に応じて、既存の就業規則の懲戒規定の発動に委ねるというだけでは、コンプライアンスの目的を達成するのにかならずしも十分ではなく、コンプライアンス・プログラムの中に違反者に対する処分の程度を明らかにする規定を設けるべきであると考えられる。もっとも、この場合には当該規定の内容を就業規則に明記するなど、労働組合との調整が必要となる。

(b) プログラムの見直し

有効なプログラムは最新のものでなければならない。企業は、プログラムがその目的を達成するように、絶えずプログラムを改良または向上させるべきである。プログラムは、法の変化、事業運営による変化、産業における変化および違反の発生によって改定が必要となるが、プログラムの真摯な実施とこれによる経験の積重ねによって改良を加えることができる。

とりわけ違反を発見した後のプログラム改良のためには、すくなくとも次のような行為と対応策が必要である[11]。

①違反行為の程度とその理由を決定するための当該行動の分析。②当該違反が継続するのか、あるいは当該違反行為に特有のものかを決定するために、周囲の企業行動を分析すること。③同じような違反行為の再発をすくなくするような変更を運営の実践や手続に導入すること。④これらの変更の実施と維持の権限と責任をコンプライアンス・オフィサー等の責任者に委ねること。⑤同じような違反行為を早期により多く探知するために、情報収集プロセスを改善すること。⑥これらのあたらしく導入した改良対策が再発を防止するのに十分かを確認するために、その効果を特定の期間中監視すること。

このような絶えざるプログラムの改良・向上は、コンプライアンスが実践されており、会社の日々の経営にとって必要であるとのメッセージを伝えることになる[12]。

3　コンプライアンス・システムの整備・強化

（1）経営ポリシーとコンプライアンス

　コンプライアンスは、経営トップが自らその経営ポリシーの実行を語ることが求められ、経営トップを先頭に企業内に絶えず危機感をかき立てることが必要である。また、積極的な情報開示によって市場の目に晒されることが企業のコンプライアンス向上につながることも理解することが重要である。

　コンプライアンスは、コーポレートガバナンスのシステムにおける内部統制システムの一環として企業の経営システムの中で大きな機能を期待されるが、その機能は企業内のいわば日常業務として発揮されることが望ましい。それはコンプライアンスが日業常務に埋没すればよいといっているのではない。いいかえれば、コンプライアンスが日常業務の形で実行され、コンプライアンスに反する問題や情報が日常業務の中でチェックされて明らかにされるということが必要である。経営者は、コンプライアンスを含む内部統制システムが経営ポリシーの核心であり、よきコーポレートガバナンスを実現するための経営システムであることを認識し、強い使命感をもって日常業務を通じてコンプライアンス経営を実行しなければならない。

（2）コンプライアンスの実効性

　企業内にコンプライアンス担当部門を設け、コンプライアンス・プログラムを掲げたとしてもそれだけでコンプライアンスの実効性が確保できるわけではない。コンプライアンスが根付くかどうかは、それぞれの企業のこれまでの文化と風土に影響されることがしばしばである。経営トップは、コンプライアンスと同時に、あるいはこれによって企業文化と風土を変えるという決意をもつことが必要と考えられる。

　しかも、コンプライアンスは絶えざる風化のおそれに晒されている。コンプライアンスの実効性が確保できないならば、それはむしろ企業価値にとってマイナスのイメージを招きかねない。実効性のないコンプライアンス・プログラムは、「悪しきコーポレートガバナンス」の徴候とみられるからである。

しかし、コンプライアンスがマネジメントに道義的な重荷を背負わせるのみであると考えるのも行き過ぎである。コンプライアンスはガバナンス・システムの一環であり、適切なコーポレートガバナンス形態が選択され、積極的な情報開示がなされ、マネジメントの説明責任が十分に果たされているならば、コンプライアンス経営の実効性が確保されていることになる。いいかえれば、マネジメントは、実効性のあるコンプライアンス経営により企業価値やブランド力の向上を図ることができる、つまり、企業の強力な競争力の源泉となりうることを認識すべきである。

実効的なコンプライアンス・プログラムを維持してコンプライアンス経営を達成するためには、経営トップの積極的なリーダーシップと法務・コンプライアンス部門の強力な支援が必要である。

(3) 内部双方向監視システム

コーポレートガバナンス形態の選択は企業の経営管理機構内における社外取締役または監査役によるマネジメントの監視であり、企業情報の開示とマネジメントの説明責任は市場からのマネジメントに対する監視であるといえるが、コンプライアンスは、企業内におけるマネジメントの従業員に対する監視のみならず、従業員のマネジメントに対する監視という双方向の監視のシステムとして位置づけることができる。

双方向の監視システムということは、マネジメントと従業員との関係が緊張感をもったものであると同時に、いわゆる「風通しのよい」ものであり、かつ前述したように日常業務の中にシステムとして組み込まれていることである。

このような内部双方向監視システムは、一方的・外部的監視体制を補完するものであるが、これが実際に機能するならば企業不祥事となりうる問題を未然に解決し防止することも大いに可能であり、企業はそれぞれに適した具体的なシステムを設計し、コンプライアンス・プログラムの中に組み込んでその実効性を図るべきであると考えられる。

特に、経営トップが暴走して企業不祥事を引き起こすような場合は、コンプライアンス経営そのものが形骸化しているが、従業員のマネジメントに対する監視と前述した内部通報制度が機能するならば、マネジメントによる暴走を抑止する

ことは可能であると考えられる。

(4) 法務・コンプライアンス部門の機能

経営トップが主導するコンプライアンス経営を支える企業内の組織は、法務・コンプライアンス部門である。経営トップがコンプライアンス経営においてリーダーシップを発揮するためには法務・コンプライアンス部門の強力な支援を必要とする。コンプライアンスを日常業務のレベルにおいてシステム化し、そのシステムの実効性を図ることが求められるからである。

法務・コンプライアンス部門は、コンプライアンス・プログラムの実効性を確保する責務を担っているが、コンプライアンス経営の成否は、法務・コンプライアンス部門の力量いかんにかかっているといっても過言ではない。この意味において法務・コンプライアンス部門は強い使命感をもつと同時に、経営トップは法務・コンプライアンス部門の人的・質的レベルの向上に配慮することが必要である。

事例　国交省がトヨタなど5社に対し車認証不正立ち入りへ[13]

自動車などの量産に必要な認証（型式指定）を巡り、トヨタ自動車、マツダ、ヤマハ発動機、ホンダ、スズキの5社の計38車種に不正行為が見つかった。国土交通省が関連メーカーに求めた内部調査で2024年6月3日に判明し、同省は道路運送車両法に基づき4日にトヨタへ立ち入り検査を実施した。ほか4社にも順次、立ち入り検査に入る。

国交省は不正があったトヨタ、マツダ、ヤマハ発動機の現行生産6車種について、安全性などが基準に適合しているかどうか確認できるまで出荷停止を指示した。ダイハツ工業や豊田自動織機で発覚した認証不正問題は国内主要メーカーに拡大した。

国交省は「不正行為はユーザーの信頼を損ない、自動車認証制度の根幹を揺るがす行為で極めて遺憾だ」と強調。車の安全性を左右するものも含め主要メーカーで不正が相次ぐ事態を重くみて、出荷停止や立ち入り検査といった厳格な対応が必要と判断した。

経済産業省は不正を報告した5社に対し、顧客や取引先への適切な情報提供を求めた。生産停止に伴うサプライヤーへの影響を調査し必要な対策を検討する。

国交省によると計38車種について、衝突試験車両の加工や安全・環境基準に関わる書類の改ざんが確認された。トヨタは生産中の「ヤリスクロス」など3車種の歩行者保護試験に関し虚偽のデータを提出した。3車種は2023年度に計12万台販売された。

　「クラウン」などの過去の生産車でも衝突試験の際に試験車両の不正加工があった。トヨタの豊田会長は3日午後に記者会見を開き、「お客様、車ファン、すべてのステークホルダーの皆様に心よりおわび申し上げる」と謝罪した。

　マツダは「ロードスターRF」など現行生産2車種を巡り出力試験におけるエンジン制御ソフトの書き換えが判明。ヤマハ発動機は生産中の二輪車について不適正な条件で騒音試験を実施した。

　国交省が不正の有無に関する内部調査を求めた計85社のうち、5月末時点で68社が調査を終えた。トヨタを含む17社は調査を継続している。

　今後の焦点は出荷停止がいつまで続くかである。国交省は立ち入り検査と並行し、生産中の6車種について安全性や環境性能の基準に適合しているかを独自に確認する。問題ないと判断された場合は出荷停止を順次解除する。現時点で各メーカー側からは各車種の安全面に問題はなく、事故の情報もないと報告があったという。

　過去には立ち入り検査で不正行為の悪質性が高くと判断され、型式指定を取り消されたケースもあった。型式の認証が失われると車を量産できなくなり、生産や出荷を再開するためには型式指定の再取得が必要になる。

　ダイハツは2023年12月に立ち入り調査を受け、生産・開発していた全28車種の出荷を停止した。国による検証を経て出荷停止がすべて解除されたのは約4か月後だった。3車種については型式指定が取り消され、サプライヤーも含め大きな影響が出た。

　国交省は一連の認証不正問題を受け有識者検討会で再発防止を議論している。審査や監査の強化、不正の早期発見の仕組みなどを検討し、今夏のとりまとめを目指す。

　型式指定を巡る不適正行為が相次いだ背景には、車メーカーが現場で認証制度を独自に解釈してきたことが要因にある。マツダとホンダはチェック体制やガバナンス体制の再整備を進める考えを明らかにした。

　自動車大手で国の認証手続きを巡る不正が発覚した。トヨタからは法規より厳しい自社の品質基準への過信で、手続きを軽視する姿勢が浮かぶ。競合やグループ内での不正が社会問題化するなかでも情報を共有せず、自浄作用が働かなかった。日本の産業を代表する自動車業界の信頼が揺らいでいる。

品質不正問題が国内すべての自動車メーカーに広がった。トヨタやマツダの6車種は生産できなくなり、部品会社や販売店など供給網全体に影響が出る。車は製造業出荷額の2割を占める基幹産業である。品質を武器に世界で事業を拡大してきた日本車に揺らぎが出ている。

　車産業は欧米勢に加え、電気自動車（EV）への移行で中国勢との競争も激しくなっている。日本車の武器で代名詞でもある品質がゆるがせになったままでは世界での競争力も低下しかねない。自動車産業の裾野は広い。生産や出荷の停止が長引けば、緩やかな回復を続ける日本経済の重荷となる可能性がある。

　国交省は不正が明るみに出るたびに各社に調査を命じており、自動車メーカーの自浄能力の低さが浮き彫りになった。各社の不正が製造業全体への不信につながらないよう、ガバナンスの確立と信頼回復を急ぐ必要がある。

　国交省は6月中にも順次、基準適合性を判断する見通しで、出荷停止解除が視野に入る。取引先の部品メーカーの減産も広がる中、独自検証を急ぎ、地域経済への影響を抑える。同省は6日、スズキ本社に立ち入り検査し、10日ホンダとマツダの本社に立ち入り検査に入った。今回問題が判明した5社すべてで検査が始まった。不正行為が続いた背景や、開発部門を含む企業統治の問題点を重点的に調べる。出荷停止解除のタイミングに加え、行政処分に至るか否かが今後の焦点となる。

　同省は28日、マツダとヤマハ発動機の現行生産の3車種について出荷停止指示を解除した。同省の独自検証で安全性能などの確認を終え、問題はないと判断した。出荷停止指示の解除を受け、マツダとヤマハ発は出荷を再開する。マツダは7月1日から既に生産済みの車両の出荷を再開し、生産再開は7月中旬を見込む。ヤマハ発は7月初旬の出荷再開を目指すという。

　ダイハツ工業などの不正を受けて自動車メーカーや装置メーカーが内部調査を進めた結果、トヨタ自動車やマツダなど5社の計38車種（生産終了分を含む）に不正行為が判明。同省は独自検証でトヨタの7車種を除く4社のすべての車種で安全性を確認した。同省は道路運送車両法に基づく立ち入り検査などを踏まえ、4社の不正行為の悪質性は低いと判断。型式指定の取消しなどの行政処分は見送った。一方、組織体制に改善の余地があるとしてマツダ、ヤマハ発、ホンダには書面で改善指導し、再発防止策の実施と半年ごとの報告を求めた。

　トヨタの不正の内部調査は続いており、7月以降の判断になる見通し。同省は内部調査の報告が遅れていた17社のうち、いすゞ自動車など15社の調査結果も公表し、不正はなかったと結論づけた。調査継続中はトヨタとカワサキモータースである。

国交省は、7月31日、トヨタに対し、組織体制の改善を求める「是正命令」を出した。同省の監査の結果、あらたに7車種で不正が判明した。是正命令がトヨタに出されたのは初めてである。複数の試験項目で不正があったことに加え、トヨタ側が内部調査で十分に確認できなかったことから、組織として自浄作用を欠き是正命令を出す必要があると判断した。同省はトヨタに再発防止策を1か月以内に策定し、実施状況を定期的に報告するよう求めた。
　あらたに不正が発覚したのは「ハリアー」や「レクサスLM」など現行生産の4車種と「カムリ」など過去に生産した3車種である。量産品と異なる仕様の部品で衝突試験などを行ったり、試験データを書き換えたりしていた。
　これまでトヨタ側から不正の報告があった現行の3車種は同日、出荷停止指示を解除した。同省の独自検証で安全性能などの確認を終え、問題ないと判断した。
　今回、国交省があらたに出荷停止指示を発表した車種はなかった。発覚した7車種のうち現行生産の1車種は既に安全性の確認を終えた。残りの6車種は海外で認可を受けており、英国やベルギーの認証機関に安全基準などへの適合の確認を要請したという。
　トヨタへの是正命令では、必要な措置として経営層の認証業務への理解促進や現場での順法意識の向上、管理体制の整備を挙げた。自浄作用を働かせるため認証業務の体制を立て直し、意識改革を進められるか。トヨタとして初の是正命令に、どう向き合うのかが問われる。
　トヨタは、11月25日、国交省に再発防止策の進捗状況を報告した。認証試験に立ち会う「社内審査官」を複数人配置したほか、開発・認証業務の責任者や工程を明確化した。
　国交省への報告書の提出は四半期ごとに求められており。今回が1回目となる。認証不正では試験データを書き換えたケースもあり、試験結果を自動作成するデジタル技術を採用した。また全従業員を対象に、認証関連のeラーニング講座も開いたという。トヨタは「すべての従業員が法令順守の意識を高め、正しく仕事ができる仕組み・体制の見直しを進めている」とコメントした。

[注]
1) Richard S. Gruner & Louis M. Brown, Organizational Justice: Recognizing and Rewarding the Good Citizen Corporation, 21 Iowa L. Corp. L. 731 (1996), at 758-759.
2) 1973年に公表されたThe Responsibilities of the British Public Companyと題するレポート（Watkinson Committee report）によれば、取締役は、債権者、供給者、顧客、従業員および社会との関係から生ずる義務を認識すべきであり、これらのグループの利益と会社の

所有者の利益との間のバランスを図るようにすべきとされる。この義務は、ビジネスにおいてよき市民のように行動する義務と要約されている。

3) J.F. Parkinson, Corporate Power and Responsibility (Clarendon Press, 1993), at 285.
4) Dan K. Webb & Steven F. Molo, Some Practical Considerations in Developing Effective Compliance Programs: A Framework for Meeting the Requirements of the Sentencing Guidelines, 71 Wash. U. L. Q. 375, at 390.
5) Id. at 391.
6) 24か国から集められた246社の企業行動基準が分析されている。Deciphering Codes of Corporate Conduct: A Review of their Contents, Working Papers on International Investment Number 1999/2, revised March 2000.
7) 経営法友会マニュアル等作成委員会『コンプライアンス・プログラム作成マニュル』(商事法務、2002) 40-46頁。
8) 中村暢彦「NECにおける企業倫理徹底への取組み」NBLNo.727 (2001.12.15) 58頁。
9) イギリスにおいては、公共の利益に関する告発について、公益開示法（Public Interest Disclosure Act）が1998年に、アメリカにおいては、連邦公務員の不正行為に関する告発について、内部告発者保護法（Whistleblower Protection Act）が1989年に制定されている。わが国においても、公益通報者保護法が平成18年4月1日に施行された。改正公益通報者保護法が令和2年6月12日公布され、令和4年6月日施行された。改正のポイントは以下の通りである。(a) 安心して通報を行いやすくするために、①事業者に対し、内部通報に適切に対応するために必要な体制の整備等（窓口設定、調査、是正措置等）を義務付け（従業員数300人以下の中小事業者は努力義務）。②実効性確保のために行政措置（助言・指導、勧告および勧告に従わない場合の公表）を導入。③内部調査等に従事する者に対し、通報者を特定させる情報の守秘を義務付け（同義務違反に対する刑事罰を導入）。(b) 行政機関等への通報を行いやすくするために、①氏名等を記載した書面を提出する場合の通報を追加。②財産に対する損害（回復困難または重大なもの）を追加および通報者を特定させる情報が漏れる可能性が高い場合を追加。③権限を有する行政機関における公益通報に適切に対応するために必要な体制の整備等。(c) 通報者がより保護されやすくするために、①保護される人として、退職者（退職後1年以内）や役員（原則として調査是正の取組みを前置）を追加。②保護される通報として、行政罰の対象を追加。③保護の内容として、通報に伴う損害賠償責任の免除を追加。
10) Webb & Molo, supra note 4, at 393, 395.
11) Gruner & Brown, supra note 1, at 760.
12) Id. at 396.
13) 日本経済新聞2024年6月7日、6月11日、6月19日、6月29日、7月5日、11月26日。

第6章
国取締法規による規制

1 アメリカ反トラスト法による規制

(1) カルテルに対する規制

　競争者間の協定のうち、価格協定、数量制限協定、市場分割協定および入札談合はカルテルとして、参加者のマーケットシェア、市場支配力、目的や市場の効果に及ぼす効果を吟味するまでもなく、当該行為類型に外形上該当すれば当然にシャーマン法違反となる。このような当然違法の原則（per se illegal）は、価格協定については Unites States v. Trenton Potteries Co., 273 U.S. 392 (1927) および United States v. Socony-Vacuum Oil Co., 310 U.S. 150 (1940) によって判例法上確立された。その正当化の根拠は、共同行為による経済力の濫用の危険性に対する警戒やビジネスへの明快な指針の提供という予測の確実性の確保、さらに訴訟経済という実際的配慮に存している。

　この当然違法の原則は1960年代までは厳格に、いいかえれば幅広く適用されたが、これに対する批判から1970年代終わり頃からその適用範囲が縮小されてきた。Broadcast Music Inc. v. Columbia Broadcasting System, Inc., 441 U.S. 1 (1979) および National Collegiate Athletic Ass'n v. University of Oklahoma, 468 U.S. 85 (1984) において、連邦最高裁判所は、形式的に価格協定に該当する協定であっても他の方法では達成できない、きわめて高い経済効率を実現するとみえる場合や商品供給において競争制限が不可欠である業界において形成された場合には合理の原則（rule of reason）に従い、その違法性を判断するとの基準を示した。

当然違法の原則に対し合理の原則は、市場分析により当該協定を総合的に評価して違法性を判断するものであり、共同研究開発、共同生産や標準化などに適用される。

(2) 垂直的流通取引に対する規制

アメリカ反トラスト法上ディストリビューターシップを含む垂直的流通取引関係においてとりわけ懸念される競争制限は、垂直的価格制限、垂直的非価格制限、抱き合わせ、排他的取引および垂直的取引制限である。

(a) 垂直的価格制限

最低再販売価格の設定は、シャーマン法1条の下で当然違法とされる。この場合最低再販売価格を固定するきわめて明白な永続的な合意があることが要求されるが、メーカーが再販売価格に影響を及ぼそうとするより直接的ではない試みは、それだけでは当然違法には至らない。メーカーは、希望価格を特定する価格リストや販売促進資料をディストリビューターに与えることは許容されるが、それ以上にディストリビューターが独立して価格を決定する自由に干渉する強制的な手段を用いるときには、たとえば、希望価格からの逸脱に対する制裁、監視や報復的な卸売価格の値上げ、強制を目的とした短期のリースなど、すべて違法となる。

最高再販売価格維持については、連邦最高裁判所は、ここ30年間の先例をくつがえし、消費者および競争にとって有利なことがありうるタイプの最高再販売価格維持に当然違法の原則が適用されることは不適切であるとして、今や合理の原則に基づいて評価されるべきとしている。

(b) 垂直的非価格制限

地域や顧客制限、独占的ディストリビューターシップ、特定の地域において一定数量の販売義務を課す条項などのような垂直的非価格制限は、合理の原則によって判断される。このような垂直的制限は、ブランド内競争を減少させるが、それを上回るブランド間競争をもたらすこともしばしばであり、反トラスト法上の追及に対して支持される場合も多い。しかし、それがブランド内競争の減少を上回るブランド間競争をもたらさない場合にはシャーマン法に違反すると判断される。

(c) 抱き合わせ

　抱き合わせは、シャーマン法1条、クレイトン法3条および連邦取引委員会法5条の下で当然違法とされる。抱き合わせと評価される要素は、次のとおりである。第1に、1つの製品の販売が他の製品の購入と条件づけられていること。第2に、売主が抱き合わせる製品についてその抱き合わせを強制するに十分な市場支配力をもっていること。もっとも、この場合の市場支配力とは、買主が競争的な市場では行わないことを買主に強いるようなものであればよいとされ、抱き合わせが実施されていれば、それによって市場支配力が証明されていると解されている。第3に、抱き合わせの商業に及ぼす影響が完全にささいなものではないこと。つまり、当該抱き合わせが抱き合わされる製品の市場においてささいな影響以上のものを及ぼしていることが要求されるにすぎない。このようにして確立された一応の証拠ある不法な抱き合わせの主張に対しては、数少ない防御（defense）しか存在していない。たとえば、あたらしい産業の発展期の間、複雑な機器を1つの統合システムとして販売することがその効率的な機器を確保するのに必要とされる場合、あるいは抱き合わせが、混乱や惑わしを避け、トレード・シークレットの不本意な開示を避ける唯一の方法である場合などである。

(d) 排他的取引

　買主が特定の売主からのみ購入する、または売主が特定の買主にのみ販売するという排他的取引は、シャーマン法1条、クレイトン法3条および連邦取引委員会法5条の下で合理の原則によって評価される。排他的取引の分析は、マーケットシェアで表現される排除の程度や排他的取引の期間に加えて、排他的取引の競争促進的効果による正当化事由を分析する。たとえば、その正当化事由とは、あたらしい製品のメーカーにとって、ディストリビューターやディーラーに対してその製品のマーケティングに専念させる必要性である。さらに、新規参入者が代替の供給者を見つけることのできる容易性、関連製品のメーカーのマーケティングの動向やブランド間競争の程度などの市場の要素が分析の対象となる。

(e) 垂直的取引拒絶

　垂直的取引拒絶は、再販売価格維持や他の拘束を強制する効果をもち、シャーマン法違反を引き起こすおそれを生じる。ディストリビューターシップにおける取引制限は合理の原則によって評価され、ディストリビューターにおける不十分

な履行、財務的な困難や品質基準の未達成などのビジネス上の正当化事由があれば支持される。さらに、代替供給源の存在による競争への悪影響がないことも考慮される。メーカーによって契約を解除されたディストリビューターが損害賠償を求めて垂直的取引制限としてメーカーを訴える例が多く見受けられる。

(3) 域外適用

1945年第2巡回区連邦控訴裁判所は、United States v. Aluminum Co. of America, 148 F.2d 416（2nd Cir. 1945）において、アメリカ国外で締結された行為がアメリカへの輸入に効果を与えることを意図して締結され、かつ現実に効果を与えている場合には、たとえ国外で締結されたものでもシャーマン法違反であるとして効果主義を採用した。1970年代には、この効果主義に対して、各種の要因を総合的に判断して反トラスト法の適用を決定するという管轄権に関する合理の原則が裁判所により採用された。

しかし、1980年代に入り、効果主義が強く主張され、連邦最高裁判所は1993年、Hartford Fire Insurance Co. v. California, 509 U.S. 764（1993）において効果主義による管轄原則を確認し、さらに1998年、日本製紙事件 United States v. Nippon Paper Industries Co., Ltd. 109 F. 3d 1（1st Cir.. 1997），cert, denied, 552 U.S. 1044（1998）において効果主義に基づいてシャーマン法違反による刑事罰の域外適用を認容している。

1982年外国取引反トラスト改善法（Foreign Trade Antitrust Improvement Act of 1982）は、外国で行われる行為が、アメリカとの輸出入取引に直接的、実質的および合理的に予測可能な効果を及ぼしている場合には、反トラスト法が適用されると規定している。

(4) リニエンシー制度

1978年に企業リニエンシーに関する方針が表明された。1993年の企業リニエンシー制度によれば、反トラスト当局の捜査開始前に以下の条件を満たすリニエンシー申請者に対して刑の免責がなされる。①申請の時点において司法省が他のいかなる情報源からも情報を得てない、②申請者が違反行為への関与を終了するために迅速・効果的に行動する、③申請者が誠実・完全な報告、捜査期間中完

全・継続的な協力を行う、④申請が個人的な告白でなく企業の行動として行われる、⑤可能な限り申請者が被害者に対して損賠賠償を行う、⑥申請者が首謀者や違反行為を開始した者ではなく、参加を強制していない。

暫定的に第一順位の地位を確保するというマーカー制度やアムネスティ・プラスという発覚前の別事件について申請のインセンティブが認められている。

1994年の個人リニエンシー制度によれば、捜査開始前の以下の条件を満たす個人に対して刑の免責がなされる。①申請の時点において司法省が他のいかなる情報源からも情報を得てない、②申請者が誠実・完全な報告、捜査期間中完全・継続的な協力を行う、③申請者が首謀者や違反行為を開始した者ではなく、参加を強制していない。

2　EU競争法による規制

（1）EU競争法の基本原則

EU競争法は、ヨーロッパ共同体内に効果を有するいかなる協定または行為にも適用することができる。

EU機能条約101条1項は、加盟国間の取引に影響を及ぼし、かつその目的または効果として共同市場内の競争を阻害し、制限または歪曲するような企業間の協定、企業連合による決定および協調的行為のすべてを禁止する。その規定に抵触する行為の例として次のような協定が挙げられている。すなわち、①購入価格、販売価格またはその他の取引条件を直接または間接に固定する協定、②生産、市場、技術的発展または投資を制限またはコントロールする協定、③市場または供給源を分割する協定、④他の取引当事者との同様の取引に異なる条件を適用し、それによって彼らを不利な地位に置くような協定、⑤その性質上または商慣習によれば協定の主題と関連をもたない補完的な義務を協定の他の部分によって受け入れることを条件とする協定の締結である。

EU加盟国間の取引に感知しうる効果を及ぼすこのような協定は、その効果が有益なものであるかどうかに関係なく、101条3項に従って免除されない限り、101条2項により自動的に無効であり、強制することはできない。101条1項の対象となるためには、協定が実際に競争に対して効果を及ぼしたことをかならず

しも証明することは必要ではなく、協定の目的または効果が競争を阻害、制限または歪曲するようなものであれば十分である。このような競争に対する効果は、直接または間接的、実際または潜在的なものでありうる。

競争に対する「感知可能な効果」の意味について、欧州委員会は、競争者間の協定等の場合は参加当事者のマーケットシェアの合計が10％以上を超えない、または非競争者間の協定等の場合は各参加当事者のマーケットシェアが15％を超えないときは、当該協定は101条1項の対象外となるとの判断基準を明らかにしている。もっとも、カルテルなどのハードコア制限にはこのような除外は適用されない。

欧州委員会は、101条1項に違反する企業に対して、違反行為の差止命令や排除を命じ、1百万ユーロまたは売上高の10％のいずれか大きい額を超えない制裁金を過料として課すことができる。また、当該企業は金銭的損失を立証できる顧客や競争者などに対して損害賠償の責任を負わなければならない。

101条1項の対象となりうるような協定等の強制を回避する道は、101条3項による適用免除に適合することを確保することである。101条3項の要件を満たす協定は、届出の必要はないが、その適合性の立証責任は事業者が負うことになる。欧州委員会は、2011年「水平的協調契約に対する101条の適用に関するガイドライン（2011/C 11/01）」を公表している。

このような適用免除は、101条3項のすべての要求を満たすときにのみ与えられる。すなわち、①協定が物品の生産または流通を改善すること、あるいは技術的または経済的な進歩を促進することに貢献すること。②消費者が便益の公平なシェアを享受すること。③協定が目的の達成に不可欠ではない制限を当該企業に課さないこと。④協定が当該製品の重要な部分に関して競争を排除する可能性を当該企業に与えないこと。

適用免除の要件が満たされているかどうかの判断においては、協定の便益とその競争に対する悪影響を比較衡量することになるが、単に当該協定の当事者のみではなく、消費者および第三者に対する便益を証明することが必要である。

垂直的取引やジョイントベンチャーなどの特定の協定等については一括適用免除（block exemption）規則が定められており、一括適用免除を享受しようとする事業者は、それぞれの一括適用免除規則に従って当該協定の条項を組み立てる

ことが必要である。

EU競争法の特徴として、①巨額の制裁金が抑止力として働いている、②EU競争法独自の一括適用免除規則が規定されており、事業者にとって1つの安全圏となっている、③各加盟国の競争法の下でEU競争法違反により被害を受けた者は損害賠償請求の救済が認められている、そして④欧州委員会の決定に対しては欧州第一審裁判所に訴えることができる。

（2）カルテルに対する規制

101条1項は競争制限の目的または効果を有する協定等を禁止しており、この目的規定により、市場効果の評価を必要とすることなく、競争制限が目的であると外形的に判断できる協定等を当然違法としている（価格カルテル、市場分割、共同取引拒絶などのハードコア制限、hard core restraint）。競争制限の目的が外形的に明確でない場合には、協定等の効果を評価しなければならないが、市場支配力の認定は必要とされていない。

カルテルに対する近年の欧州委員会のポリシーとして、①情報交換活動に対する規制が強化されている、②制裁金の高額化、厳罰化の傾向が著しい、③再犯者やリピーターには高額な制裁金が課される、という規制強化が打ち出されている。

（3）垂直的流通取引に対する規制

欧州委員会は、2010年4月に一括適用免除規則として「垂直的契約および協調行為に対する101条3項の適用に関する委員会規則（EU）No 330/2010」を採択した。適用の対象は、異なる生産もしくは流通段階で事業を行う2以上の事業者間における、かつ一定の商品・サービスを購入、販売もしくは再販売する条件に関する契約または協調行為である（1条1項）。一括適用免除は、事業者の団体とそのメンバーの間またはそのような団体と供給者の間で締結され、かつすべてのメンバーが商品の小売商で、5千万ユーロを超える合計年間売上高を有する場合にのみ適用される。

一括適用免除は、競争関係にある事業者間で締結された垂直的流通契約には適用されないのが原則であるが、競争する事業者が相互的でない（non-reciprocal）垂直的契約を締結し、かつ供給者が商品の製造業者およびディスト

リビューターであり、買主がディストリビューターで、製造段階で競争事業者でないなどの一定の要件を満たす場合には適用される（2条4項）。

当該免除は、供給者のマーケットシェアが関連市場の30％を超えず、かつ買主のマーケットシェアが関連市場の30％を超えないことを条件として適用される（3条1項）。

次のような制限を目的とする契約には一括適用免除が適用されない（4条）。①買主がその販売価格を決定する力の制限。ただし、当事者のプレッシャーまたは申し出たインセンティブの結果固定した、もしくは最低の価格とならない場合には、供給者は最高価格を課し、価格を推奨することができる。②買主が契約商品・サービスを販売することができるテリトリーまたは顧客の制限。ただし、独占的テリトリー、または供給者に留保された、もしくは他の買主に割り当てられた独占的顧客のグループに対する積極的販売の制限、卸売りの段階で営業を行う買主のエンドユーザーへの販売の制限などの場合を除く。③小売りの段階で営業を行う選択的流通システム（selective distribution system）のメンバーによるエンドユーザーに対する積極的、消極的販売の制限。④選択的流通システムに属するディストリビューター間（異なる取引段階で営業を行うディストリビューター間を含む）の相互供給の制限。⑤構成部品の供給者と構成部品を組み込む買主間で合意された、供給者が当該構成部品を予備部品として販売することに限定する制限。

また、次のような義務を含む契約にも適用されない（5条）。①不定のもしくは5年を超える期間の直接または間接の競業避止義務。②契約終了後に商品・サービスを製造、購入、販売もしくは再販売しない直接または間接の義務。ただし、契約商品・サービスと競争する商品・サービスに関係する、供給者から買主に移転されたノウハウの保護に不可欠である、競業避止期間が契約終了後1年間に限定されているなど一定の要件を満たす場合を除く。③選択的流通システムのメンバーをして特定の競争供給者のブランドを販売させないようにする直接または間接の義務。

選択的流通システムとは、供給者が、特定の基準に基づいて選択されたディストリビューターに対してのみ、かつこれらのディストリビューターが認許を受けていないディストリビューターに対しては契約商品・サービスを販売しない義務

を引き受ける場合にのみ、契約商品・サービスを直接または間接に供給するシステムである（1条d項）。

(4) 域外適用

 欧州委員会は、域外適用について効果主義を表明している。欧州裁判所も、ウッドパルプケース（Ahlstrom Osakeyhito and Others v. Commission, [1993] ECR 1-1307）において、競争法の管轄権は、域外で形成され域内で実行された行為に及ぶ。そして域外で締結された協定等についてその対象製品が域内で販売された場合に及ぶと判断しており、実質的に効果主義に近い立場をとっている。

(5) リニエンシー制度

 リニエンシー制度は、事業者が欧州委員会の調査に自発的に協力した場合には、その協力の程度と内容に応じて制裁金を減免するものであるが、EUにおいては、1996年にアメリカの制度を踏襲する形で導入して以来、2002年、2006年と逐次そのルールの詳細化・厳格化が図られている。2006年のリニエンシー告　示（Commission Notice on Immunity from fines and reduction of fines in cartel cases（2006/C 298/11））によれば、欧州委員会が十分な証拠を有していない段階で最初に証拠を提出し、かつ調査に協力した事業者は、制裁金が全額免除される。制裁金の全額免除は、以下の条件を満たす事業者に認められる。①調査の開始を可能または違反行為の証明を可能とする情報・証拠を最初に提出、②違反行為に関する情報・証拠の迅速な提出、③当局が立証のために行う要求に迅速に対応、④事情聴取への出頭、⑤違反行為に関する情報・証拠を破棄・変造・隠匿しない、⑥リニエンシー申請の事実・内容の非開示、⑦違反行為の停止、⑧リニエンシー申請検討中の証拠保全、事実・内容の非開示。免除者を除いて最初に著しい価値を有する証拠を提出した第1順位の事業者は、30〜50％の範囲内で減額される。次いで著しい証拠を提出した第2順位の事業者は20〜30％の範囲内で減額され、さらにこれ以降著しい証拠を提出した第3順位以降の事業者は20％を限度として減額され、減額を得る事業者の数に制限はない。また、マーカー制度が認められている。

3 わが国独占禁止法による規制

(1) カルテル・入札談合

事業者は、私的独占または不当な取引制限をしてはならない（3条）。

この法律において、「不当な取引制限」とは、事業者が、契約、協定その他なんらの名義をもってするかを問わず、他の事業者と共同して対価を決定し、維持し、もしくは引き上げ、または数量、技術、製品、設備もしくは取引の相手方を制限する等相互にその事業活動を拘束し、または遂行することにより、公共の利益に反して、一定の取引分野における競争を実質的に制限することをいう（2条6項）。

このように、事業者が不当な取引制限（カルテル・入札談合等）をすることは、私的独占と同様に禁止されている。

カルテルとは通常、2以上の同業者が市場支配を目的として価格、生産数量、販売数量などを制限する協定・合意を意味している。これは、価格を不当につり上げることで公正かつ自由な競争が阻害されるため、厳しく制限されている。また、国や地方公共団体等の公共工事や物品の公共調達に関する入札の際、入札参加者が事前に相談して受注事業者や受注額等を決めてしまう入札談合も、不当な取引制限の1つとして禁止されている。

本来個々の事業者がそれぞれ自主的に判断して決定すべき事業活動（価格や数量、設備などの決定）を共同して決定し、それによって、市場において有効な競争が行われないような状態をもたらすような契約、協定、申合せを行うことが禁止されている。

「共同して」とは、同業者の間でなんらかの合意や了解が成立することをいい、紳士協定、口頭の約束、暗黙の了解であっても、「共通の意思の連絡」があれば不当な取引制限に該当する。

「一定の取引分野」とは、特定の商品または役務に関する供給者と需要者との間で取引が行われる場であり、（経済学でいう）市場を意味する。一定の取引分野は、取引の対象、取引の地理的範囲、取引段階、取引の相手方等を基準として画定される。「競争の実質的制限」とは、競争制限行為によって、市場における

競争機能が実質的に制限されること、または市場において競争の有効な機能が失われることを意味する[1]。

わが国独占禁止法は、2009 年の改正により、不当な取引制限等の罪に対する懲役刑を 3 年から 5 年へ引き上げた（89 条）。

（2）排除措置命令

公正取引委員会は、不当な取引制限等の違反行為があると認めるときは、違反行為者に対して、当該行為の差止めその他違反する行為を排除するために必要な措置（排除措置）を命じることができる（7 条、8 条の 2、20 条）。

（3）課徴金制度等の見直し

2019 年 6 月 19 日、公正取引委員会の調査に協力するインセンティブを高める仕組みを導入し、事業者と公正取引委員会の協力による効率的・効果的な実態解明・事件処理を行う領域を拡大するとともに、複雑化する経済環境に応じて適切な課徴金を課せるようにするため、改正独占禁止法が成立し、2020 年 12 月 25 日に施行された。

（4）課徴金納付命令

公正取引委員会は、違法な価格カルテルや入札談合などが行われた場合には、カルテルなどを行った事業者、事業者団体の構成員に対して、カルテルなどの排除措置命令のほかに課徴金納付命令を命じることができる（7 条の 2、8 条の 3）。

課徴金の適用対象範囲は、価格・数量・市場シェア・取引先を制限するカルテル・入札談合、私的独占および一部の不公正な取引方法である。

課徴金の額は、次の方法により算出される（7 条の 2、20 条の 2、20 条の 3、20 条の 4、20 条の 5、20 条の 6）。課徴金＝（カルテル等の実行期間中の対象商品の売上額：10 年を限度）×（不当な取引制限については、10％の算定率、不公正な取引方法（共同の取引拒絶、差別対価、不当廉売、再販売価格の拘束）については、3％の算定率、および不公正な取引方法（優越的地位の濫用）については、1％の算定率）

(5) リニエンシー（課徴金減免）制度

違反行為者（申請者）が、公正取引委員会に対して、自ら関与したカルテル・入札談合について、その違反行為の事実の報告および資料の提出を行い、かつ公正取引委員会の調査開始日以後、違反行為をしていない場合などには、課徴金が減免される。ただし、違反行為者（申請者）が行った報告等に虚偽の内容が含まれていた場合、他の事業者に対して違反行為をすることを強要していた場合などは、減免措置の適用対象から除外される（7条の4、7条の5、7条の6）。

申請順位に応じた減免率に、事業者の実態解明への協力度合い（事業者が自主的に提出した証拠の価値）に応じた減算率を付加する。また、申請者数の上限を撤廃する（すべての調査対象者に自主的な調査協力の機会あり）。

① 調査開始前

申請順位	申請順位に応じた減免率	協力度合いに応じた減算率
1位	全額免除	
2位	20%	+最大40%
3～5位	10%	+最大40%
6位以下	5%	+最大40%

② 調査開始後

申請順位	申請順位に応じた減免率	協力度合いに応じた減算率
最大3社（注）	10%	+最大20%
上記以下	5%	+最大20%

（注）調査開始日前と合わせて5位以内である場合に適用

(6) 不公正な取引方法

一般消費者の利益を確保するとともに、国民経済の健全な発達を促進するためには、良質・安価な商品・サービスの提供を手段とした公正な競争が行われる必要があり、このため、公正な競争を阻害するおそれ（公正競争阻害性）のある行為が、不公正な取引方法として禁止されている。

この法律において「不公正な取引方法」とは、次の各号のいずれかに該当する行為であって、公正な競争を阻害するおそれのあるもののうち、公正取引委員会が指定するものをいう（2条9項）。

一 不当に他の事業者を差別的に取り扱うこと。
二 不当な対価をもって取引きすること。
三 不当に競争者の顧客を自己と取引きするように誘引し、または強制すること。
四 相手方の事業活動を不当に拘束する条件をもって取引きすること。
五 自己の取引上の地位を不当に利用して相手方と取引きすること。

さらに、公正取引委員会が不公正な取引方法として指定する主な行為類型は、以下のとおりである。

(a) 共同の取引拒絶

正当な理由がないのに、競争者と共同して、ある事業者に対して供給を拒絶し、または他の事業者に供給を拒絶させること（課徴金対象）。

正当な理由がないのに、競争者と共同して、ある事業者に対して購入を拒絶し、または他の事業者に購入を拒絶させること。

(b) その他の取引拒絶

不当に、ある事業者に対して取引を拒絶し、または他の事業者に取引を拒絶させること。

(c) 差別対価

不当に、地域または相手方により差別的な対価をもって、商品または役務を継続して供給すること（課徴金対象）。

不当に、地域または相手方により差別的な対価をもって、商品または役務を供給し、またはこれらの供給を受けること。

(d) 取引条件等の差別取扱い

不当にある事業者に対し、取引きの条件または実施について有利または不利な取扱いをすること。

(e) 不当廉売

正当な理由がないのに、商品または役務をその供給に要する費用を著しく下回る対価で継続して供給すること（課徴金対象）。

(f) 不当な利益による顧客誘引

正常な商慣習に照らして不当な利益をもって、顧客を自己と取引きするように誘引すること。

（g）抱き合わせ販売等

不当に、商品または役務の供給にあわせて、他の商品または役務を自己または自己の指定する事業者から購入させること。

（h）排他条件付取引

不当に、相手方が競争者と取引きしないことを条件として相手方と取引きし、競争者の取引の機会を減少させるおそれがあること。

（i）再販売価格の拘束

自己の供給する商品を購入する相手方に正当な理由がないのに、商品の販売価格を定め、これを維持させる行為、または自己の供給する商品を購入する相手方からの商品の購入者に対して、正当な理由がないのに、商品の販売価格を定め、これを維持させる行為（課徴金対象）。

（j）拘束条件付取引

相手方の事業活動を不当に拘束する条件をつけて、相手方と取引きすること。

（k）優越的地位の濫用

自己の取引上の地位が相手方に優越していることを利用して、正常な商慣習に照らして不当に、継続して当該取引以外の商品の購入や経済上の利益の提供をさせたり、不利益な取引条件を設定したりすること（課徴金対象）。

商慣習に照らして不当に、取引先に対し、当該会社の役員の選任について、あらかじめ自己の指示に従わせ、または自己の承認を受けさせること（取引の相手方の役員選任への不当干渉）。

ここで「正当な理由がないのに」とは、行為の外形から、原則としては公正競争阻害性が認められ、例外的に公正競争阻害性がない場合があることを表す趣旨で用いられており、形式的要件を充たせば、原則として公正競争阻害性が認められ、違法となる。また、「不当に」とは、原則として公正競争阻害性があるとはいえないものについて、個別に公正競争阻害性が備わって初めて不公正な取引方法として違法となる。

（7）域外適用

わが国公正取引委員会も実質的に効果主義をとることを表明している。

4　国際カルテルに対する国際的な規制環境

　近年は、競争法違反、特に国際カルテルに対する各国競争当局の規制が強化されており、海外市場におけるマーケティングにおいて、競争法遵守は最重要なコンプライアンスとして取り組むべき課題となっている。

（1）国際カルテルの厳罰化と進展する国際司法協力

　国際カルテルの厳罰化の傾向が著しく、アメリカ司法省が課した法人罰金総額および欧州委員会が課した制裁金総額はいずれも、近年大幅な増加傾向にある。

　国際司法協力が進展しており、国際カルテルの摘発等の具体的な法執行に関する二国間協力協定が締結されている。たとえば、アメリカとドイツ（1976年）、アメリカとオーストラリア（1982年）、アメリカとカナダ（1984年）、アメリカとEU（1991年）、日本とアメリカ（1999年）、日本とEU（2003年）、日本とカナダ（2005年）などである。

　競争当局間の定期的な交流と協力関係の構築を図る国際競争ネットワーク（ICN）が張りめぐらされている（2021年7月現在、130の国・地域から141の競争当局が参加）。

（2）各国競争法による規制の連動性と摘発の効率化

　競争法違反に対してはアメリカ・欧州・日本という競争法の三極における厳罰化の一般的な傾向が続いているが、いずれの地域においてもカルテルが発覚する可能性は格段に高くなっている。上記のように各国競争当局間の国際競争ネットワークが構築されており、カルテルの芋づる式摘発の可能性が高く、三極の競争当局による同時並行的摘発が頻繁になってきた。さらに、カナダ、中国、インド、ブラジル、南アフリカなどの新興国においてもカルテルに対する監視が一段と進んでいる。

　三極の競争当局においては情報交換に対する規制が強化されており、カルテルと単なる情報交換の垣根が低くなっているのも近年の傾向である。加えて、リニエンシー制によるカルテル摘発の効果が著しく、関係国の競争当局に対するリニ

エンシーの同時並行的申請が行われるようになっており、リニエンシー申請の効果として損害賠償責任訴訟の惹起が頻繁になってきたのも近年の特徴といえる。

5　外国公務員贈賄防止法による規制

(1) アメリカ海外腐敗行為防止法

　FCPA（U.S. Foreign Corrupt Practices Act of 1977: FCPA）は、アメリカの市民、国内および外国の企業、およびこれらの企業のために行為をする個人が、ビジネスを獲得または維持する目的で、外国の公務員に金銭または価値あるものを直接または間接に贈賄または贈賄のオファーをするために州際通商の方法や手段を利用することを、刑事犯罪として禁止している。さらに、アメリカの証券取引所に登録されたまたはSECに報告書を提出することを要求される証券の発行者（外国企業を含む）は、ビジネスの取引きを正確に反映する会計記録を保持し、効果的な内部統制を維持することが義務付けられている。本法違反の犯罪に対しては、個人の場合5年以下の懲役および10万ドル以下の罰金、法人の場合は1件ごと2百万ドル以下の罰金が課される[2]。

　1970年代半ば、SECの調査の結果、400社以上のアメリカ企業が有利な取扱いの見返りに外国政府の公務員や政治家等に3百万ドル以上の賄賂を支払っていたという事実が判明したことに伴い、1977年にFCPAが制定された。1998年には、OECD条約を実施するために、1977年法を改正して、国際賄賂禁止・公正競争法（International Anti-Bribery and Fair Competition Act of 1988）が制定された。初期のころ訴追案件はすくなかったが、司法省とSECの積極的執行の方針からその調査の数は近年、2005年の数件から2010年には200件以上に大幅に増加した。

　本法はアメリカの取締法規であるが、その特徴は以下のとおりである。第1に、適用対象が幅広いこと。国内関係者として、アメリカの市民、国民または居住者である個人、および会社、パートナーシップ、社団、ジョイントストックカンパニー、事業信託、法人格なき社団または個人事業であって、アメリカに主たる事業地があるもの、またはアメリカの州またはアメリカの領土等の法により組織されたものをいう[3]とされ、かつその国内関係者の役員、取締役、従業員、

代理人および株主も適用対象となる。第2に、2012年FCPAガイドライン（A Resource Guide to the U.S. Foreign Corrupt Practices Act）によれば、アメリカの銀行を経由して賄賂を送金した場合や、アメリカを経由して贈賄行為に関連した電子メールの交信が行われただけでも、アメリカ国内で贈賄行為の一部が行われたものとしてFCPAが適用される可能性があるとされている。第3に、FCPAガイドラインよれば、外国の企業や個人も、アメリカ国内では一切行為をしていない場合でも、アメリカ企業またはアメリカ上場企業との間で共謀または教唆・幇助等の関係がある場合、あるいは代理関係にある場合は、FCPAの適用が可能であるとされている。

（2）イギリス賄賂法

2010年イギリス賄賂法は、賄賂および腐敗に対するイギリスの姿勢の強化およびグローバルな賄賂防止立法における重要な発展を示している。FCPAと同じく、本法は、外国公務員への贈賄を犯罪とし、従業員を超えて企業のために行為をする第三者の行動も対象としているが、ある面ではFCPAを凌駕している[4]。本法の特徴は次のとおりである。①賄賂とは何かの定義はきわめて広く、誰かに不正行為をするよう誘導するためにオファーされる金銭的またはその他の利益を包含している。②賄賂をオファーし、約束または提供すること、および賄賂を要請しまたは受け取ることに合意することは犯罪である。③外国公務員への贈賄は単なる贈賄とは別の犯罪とされている。④企業が賄賂を防止しないことはあたらしい企業犯罪とされている。もっとも、企業は賄賂防止のために考案された適切な手続をもっていることを証明することにより防衛することが可能である。⑤FCPAとは異なり、政府の日常的な行為を促す目的のためになされる外国公務員への支払いの促進は適用外という例外は認められていない。⑥有罪に対する罰則は厳しく、制限のない罰金および10年以下の懲役である。

執行機関である重大詐欺庁（U.K. Serious Fraud Office）は、本法を国際的に適用する方針を打ち出しており、その幅広い適用範囲によりグローバルな腐敗防止に向けての重要な役割が期待されている。

(3) わが国不正競争防止法による規制

OECD 条約を国内的に実施するため、1998 年不正競争防止法の改正において 18 条として追加された。

不正競争防止法 18 条 1 項は、何人も、外国公務員等に対し、国際的な商取引に関して営業上の不正な利益を得るために、その外国公務員等に、その職務に関する行為をさせもしくはさせないこと、またはその地位を利用して他の外国公務員等にその職務に関する行為をさせる、もしくはさせないようにあっせんをさせることを目的として、金銭その他の利益を供与し、またはその申込もしくは約束をしてはならない、と規定する。

18 条 1 項の規定に違反した者は、5 年以下の懲役もしくは 5 百万円以下の罰金に処し、または併科する (21 条 2 項)。

本条項の趣旨は、国際的な商取引に関して営業上の不正な利益を得るために行う、外国公務員等の職務に関する作為、不作為等をなさしめることを目的とした利益の供与、その申込またはその約束の禁止である。

利益供与の目的が外国公務員等の作為・不作為または他の外国公務員等の作為・不作為のあっせんであることが要件である。「あっせん」については、当該公務員の権限の範囲外であっても、その地位を利用して他の外国公務員等の職務に関する事項についてその公務員に対する「あっせん」を行わせることも含まれる。

「金銭その他の利益」とは、金銭や財物等の財産上の利益にとどまらず、およそ人の需要・欲望を満足させるに足るものを意味しており、金融の利益、家屋・建物の無償賃貸等、接待・供応、担保の提供・補償、職務上の地位などのいっさいの有形、無形の利益がこれに該当しうる。

[注]
1) 村上政博『独占禁止法 [第 2 版]』(弘文堂、2000) 69 頁。
2) Brian P. Loughman & Richard A. Sibery, Bribery and Corruption (John Wiley & Sons, Inc., 2012), at19.
3) Id. at 13.
4) Id. at 30.

第7章
グループ子会社に対する親会社の責任

1 コントロールする親会社の不法行為責任を拡大する法理論

　グローバルに事業を展開する現代の企業は、国内および海外において複数の子会社を有しており、これらの子会社を通じて活発な事業活動を行っている。このような子会社が、たとえば、環境問題、安全問題、競争法違反などによる不祥事を引き起こした場合、子会社を支配（コントロール）している親会社はどのような責任を負うことになるのであろうか。どのような法理論に基づいて、親会社の責任が問われることになるかを検討する。ここで「子会社の支配（コントロール）」とは、親会社が子会社の株式を50％超所有しており、この所有関係を通じて子会社の事業活動を支配（コントロール）することを意味する。

　親会社を含むグループ企業に責任を負わせる問題は、紛争案件が不法行為法の原則と伝統的な会社法の間における基本的な衝突を背景にして生じるということを認識することによってももっともよく理解できる。この問題は会社法による考慮を超えており、裁判所は、不法行為法と伝統的会社法の間で、被害を受けた原告が効果的な救済を得るかどうかを決定する法のルールを選択することを求められている。不法行為法の原則は、伝統的な会社法に代えて企業体（enterprise）の責任を認知することを支持しているといわれる[1]。

　親会社の責任を伝統的な不法行為の原則により追及することは相当な困難を伴う場合がある。グローバルに事業を展開する親会社は多数の行為者をかかえる複雑な組織である。経営的・管理的なネットワーク内において部門と個人間の相互作用が行われる。不法行為は、法的、技術的、組織的あるいは人的ミスの結果で

あるかもしれない。真の原因は確定できず、当該不法行為者の特定も不確かであるということが起こりうる。不法行為者は、傷害や損害に至るポリシーを実行したというよりもむしろそれを認めた個人や部門であり、グローバルに事業を展開する親会社であることがありうる。

また、グローバルに事業を展開する親会社に対する訴えは、工業的プロセス、劇毒物の使用や集団的不法行為などに至る複雑な技術に関わり、共同責任や公正という概念を必要とする場合がありうる。伝統的な不法行為法は、危険物質に集団的に晒されることから生じる訴えを取り扱うには適切でないかもしれない。このようなリスクは事故発生前には知られていないことがしばしばである。集団的な傷害は直ちには確定できず、損害額を評価することも困難なことがありうる[2]。

近年、裁判所は親会社の直接責任の拡大により、前述した企業体不法行為責任という代位責任による親会社責任の拡大を通じたのと同様の結果を生み出している。すなわち、代理人、外見的権限や義務の引受けのような理論の適用によって、子会社の運営において生じる不法行為は、親会社が代位して責任を負うというよりも親会社が直接責任を負う不法行為として性格付けられたのである[3]。

このような状況の下において親会社を含むコントロールする会社の責任拡大の法理論がそれぞれ国内および海外においてどのように展開されているか、その方向についてなんらかの示唆を得ることができるかを検討する。

(a) 子会社の法人格否認

子会社の行為により被害を被った者が、子会社からは十分な救済が受けられないとして親会社に対してその損害を回復すべく責任を追及する場合、子会社の法人格を否認する法理を適用することが考えられる。

しかし、法人格否認の法理は例外的な場で働くにすぎず、子会社の不法行為により損害を被った被害者がこれらの要素を証明することはきわめて困難である。被害者救済の観点からは法人格否認の法理にあまり多くを期待できないことになる。そこで一般的に不法行為責任に関しては有限責任を廃止すべきという過激な意見もあるが、アメリカやわが国においても現行の会社法制を維持する以上、これを直ちに容認することはできない。

有限責任の日和見的な操縦のもっとも悪いケースの多くは子会社の不法行為に対して親会社に責任を負わせることによって打ち破ることができると示唆される

が、これに対しては有限責任回避のインセンティブと機会を生じさせるものと批判されている。たとえば、より限定的に、100％子会社の不法行為については有限責任を廃止する主張もありうる。しかし、100％子会社に対する有限責任の廃止は、親会社に子会社の株式の少量を他の株主にもたせるだけであり、それではどの程度子会社の株式を保有していれば親会社に無限責任を負わせるかの線引きは難しいとされる[4]。

　むしろこのようなアプローチよりも、裁判所が法人格を否認するケースのクラスを拡大することによって一歩無限責任へ近づく方法がありうる。親会社の持株比率に関わることなく、子会社に対するコントロールの行使という法人格否認における基本的な要素を通じて子会社の不法行為に対する親会社の責任を拡大することは可能であると考えられる。契約責任については有限責任、不法行為責任については無限責任という[5]いわば二分法によるのではなく、企業の有限責任という一般的原則は統一的に維持しながら、消費者、公衆や従業員などによるグループ子会社の不法行為責任に対する追及という時代の要請に応えて、法人格否認の法理を柔軟に適用するアプローチである。法人格否認は、いわば無限責任の1つの形態ということもできるのであり、コントロールする親会社が、契約責任における場合よりも不法行為責任においてより拡大された責任を負うとすることは可能であると考えられる。

(b) 代理人としての親会社

　コモンローによる代理の法の下、本人（principal）はその代理人（agent）の不法行為に対して責任を負うことがありうる。グループ企業間の不法行為責任または契約責任に関するケースにおいて子会社が親会社の代理人として言及されることがしばしばあるが、その多くは法人格否認の法理の主張を容易にするために用いられる隠喩にすぎない。裁判所は、道具や分身のような隠喩と区別をつけないで代理人という隠喩を使っており、代理の法を適用しようとするのではないと考えられる。

　しかし、親会社の人が子会社の日常の業務を指図するのみならず、従業員の身体的な行為を含むその他経営のすべての面を指図するに至る場合、つまり子会社が親会社に使用人（servant-agent）として奉仕するような場合には、伝統的なコモンローの代理人の基準を満たすことにより、親会社はその代理人の不法行為

に対して責任を負うことになる[6]。

さらに、第三者に対して注意義務を負う者は、その本人の義務を果たすよう指示された代理人が義務を怠る（negligent）ときには責任を負うことになるが、これもまたコモンローの代理の法によるものである。親会社の委譲できない義務の遂行を代理人としての子会社が怠ったことに対して、親会社に不法行為責任が課されることがある[7]。もっとも、このようなコモンローによる代理の根拠に基づいて子会社の不法行為責任を親会社に課するケースは実際には限られたものであるといわれる[8]。

(c) 親会社による不実表示

親会社による子会社の財政的な地位に関する不実表示、子会社の債務履行の約束に関する不実表示、子会社以外の誰かが当該債務の背後に存在すると債権者に信じさせる不実表示については、子会社の法人格を否認するという方法をとらなくても当該債権者に対する親会社自身の不法行為として構成することが可能な場合がある。原告債権者としてはいずれの方法でも損害を回復することが目的である。もっとも、不実表示としての要件を備えることが必要であることはいうまでもない。すなわち、不実表示の不法行為としての要件は、①事実についての偽りの表示がなされたこと、②その表示が詐欺的かつ重大であること、③不実表示に対し相手方による信頼がなされたこと、④その信頼が正当化されることである。

さらに、子会社と取引きをする者が、企業グループという共通のグループ人格の使用によって不当に誘導され、親会社と取り引きしているのではないことを認識していなかった場合には、取引きの相手方に同一性に関する不実表示が生じたことになる。この場合その不実表示が当該債権者を合理的に信じさせるように導いたことが必要とされる。

(d) 契約関係への親会社による介入

特定の環境下において契約違反の誘導あるいはその他ビジネス関係への介入が不法行為を構成する場合がありうる[9]。親会社が、子会社に対し第三者との契約を違反するよう導く、あるいはその他ビジネスの関係に介入する場合、それが経済的な利益を促進するためではなく、相手方を害する意図であり、あるいは不当な手段を用いるときには、不法行為となる可能性がある[10]。

(e) 親会社の注意義務違反

　イギリス法の下において、親会社が海外子会社の活動による影響に対して注意義務を負っており、その注意義務違反により損害が生じたとき、親会社が第一次的不法行為者となる場合がある。海外子会社の活動による損害の可能性が親会社にとって予見しうる、または予見すべきものであって、被害者が親会社にその責任を負わせるに十分な近因（proximate cause）をもっている場合、原則として親会社と当該海外子会社の間には注意義務が存在する。例として、親会社が海外子会社の活動や健康・環境リスクを熟知しており、これらの活動が遂行される方法や基準に影響するに十分なコントロールを親会社が及ぼす場合がある。

　海外子会社の活動から生じる損害に対して親会社の第一次的責任を追及するためには、海外の被害者は次のような証明がすくなくとも必要と考えられる。①親会社が海外子会社の活動、プロセスや技術により生じる健康・環境リスクをよく知っていたこと。②親会社が海外子会社の日常の運営に深く関わっていたこと。③親会社が当該状況下において適切とされるレベルの注意を果たさなかったこと。④その注意義務違反が、唯一の原因ではないとしても、海外子会社の活動による損害の直接の原因であったこと[11]。

(f) 親会社の一般的不法行為

　親会社自身の行為が子会社と取引きをする者に損害をもたらした場合には、親会社が一般的不法行為の原則の下で責任を負う場合がありうる。

(g) 親会社による援助・教唆

　海外子会社が第一次的不法行為者である場合に、親会社が子会社の不法行為に対して第二次的責任を負わされることがありうる。親会社が故意に当該不法行為を、たとえば、必要な技術や資源を供給することによって、援助する場合がある。親会社が海外子会社による不法行為を誘導、正当化または奨励する場合がある。親会社が海外子会社と共謀の当事者となることもありうる。このような第二次的責任の根拠は海外子会社の不法行為に対する故意の寄与であり、親会社が当該不法行為において効果的な役割を果たしたことが要求される。援助の場合には親会社による援助と当該不法行為との間の因果関係が、その他の場合には親会社の海外子会社に対するコントロールの程度が問題とされる[12]。

(h) 親会社による義務の引受け (assumption of duty)

親会社、子会社および子会社の従業員との間の相互関係の性質から、親会社が、子会社の従業員のための作業場の安全性に関する義務を引き受けており、そして子会社に対して不法行為責任を申し立てる従業員は、親会社がその引き受けた義務を適切に履行しなかったことを理由として、直接、親会社に対しても独立の訴訟原因を有する場合がありうる。子会社の従業員の作業に関連する傷害についての多くの判例は、子会社の作業場における安全性に関して親会社が任意に (voluntarily) 引き受けた義務の違反に対して、親会社に直接責任を課してきた[13]。

親会社は子会社の経営における安全面の行為に関与することによって子会社とその従業員に対する義務を任意に引き受けることができるが、子会社の業務の方向に対するどのような関与が要求されるかが問題と考えられる。

(i) 共通のコントロール (common control) による責任拡大

親会社は、そのコントロールが子会社またはグループ企業の不法行為に共通のコントロールを及ぼすものとして、当該子会社・グループ企業の不法行為に対して共同不法行為 (joint torts) の責任を負う場合がありうる。

共同不法行為の本来の意味は、協調行為 (concerted action) に対する代位責任であり、共通の計画に従って不法侵入 (トレスパス、trespass) を協調して行う者はすべて全体の結果に対して責任を負わされた。そこには共通の目的と実行のための相互援助があった。つまり、不法行為を犯すために共通の計画を遂行して、不法行為に積極的に参加する、もしくは協力や要請によってそれを促進する者、または不法行為者に手を貸し、奨励する、もしくは不法行為者の行為を自らのためとして容認し採用する者は、すべて等しく責任を負うのである。この場合明示の合意はかならずしも必要ではなく、黙示の理解でも足りると解されている[14]。もっとも、共同不法行為責任を負わせるにはそれぞれの被告が、不法行為を犯すのに要求される意図もしくは過失 (ネグリジェンス、negligence) によって当該不法行為を行っていることが必要である。このような共同不法行為者は、引き起こした損害に対して連帯して (jointly and severally) 責任を負うことになる。

2　グループ子会社のコントロールと親会社の責任

　親会社が子会社の事業活動に対してコントロールを及ぼしており、子会社が不法行為を引き起こした場合、被害者救済の観点から子会社の不法行為について親会社に対する直接責任の追及を容認する傾向にある。裁判所が親会社の直接責任を容認する手法として法人格否認の法理を用いることはありうるが、親会社の一般不法行為法上の直接責任として構成する方が簡明であり、親会社の責任を拡大するために裁判所によるこのようなアプローチの採用が増えていくと考えられる。

　さらに、環境法、製造物責任法、雇用関係法、競争法、知的財産法などの規制法規の下では、親会社と子会社を一体のものとしてとらえる、あるいは子会社の行為に対して親会社の責任を直接的に肯定する見解がみられる。このような傾向は、企業グループによる事業活動が国内外において拡大するに従い、ますます強くなると考えられる。

　親会社は、子会社の行為についてのこのような不法行為上の責任および規制法規上の責任を回避しようとするのではなく、むしろこのような責任、つまり一般不法行為法および規制法規による責任として環境・安全上の責任、品質管理ないし製造物責任、雇用関係法上の責任、競争法上の責任、知的財産法上の責任などについては不可避のものとして引き受けることが必要である。そして親会社としては、このような責任問題が生じないように、それが生じた場合にもできるだけ軽減できるように自らの経営上の問題として取り組む、つまり法的積極経営のポリシーをとることが必要になると考えられる。

　したがって、これらの分野における親会社の子会社に対するコントロールの仕方や程度については、子会社におけるかかる問題の発生を予防するような実質的なものとなるべきであり、親会社と子会社の間にいわゆるダブルスタンダードは存在しえないことになる。

3 グループ子会社の内部統制システムとコンプライアンス・システム

(1) グループ子会社の内部統制システム

内部統制システムとは、一般に企業内部において、違法行為や不正行為、過誤などを未然に防止するとともに、組織が健全かつ効率的に業務を遂行するため、各業務において所定の基準や手続を定め、これらに基づき業務の管理・監視・保証を行うための一連の仕組みである。

アメリカのトレッドウェイ委員会組織委員会（The Committee of Sponsoring Organizations of the Treadway Commission）が1992年に公表した「内部統制 – 統合的フレームワーク（Internal Control – Integrated Framework）」は、内部統制の目的として、①事業経営が有効的かつ効率的に行われ、それを保証する仕組みであること、②財務報告の信頼性、特に財務諸表等の会計報告が適確に作成され、システム的にそのような状況が構築されていること、③事業経営にかかわる法令が遵守されていること、が挙げられている。

わが国においても、業務の適正を確保するという側面から取締役会の株主に対する責任を定めるものとして会社法、および投資家に対する適正な情報の提供という側面から会社の情報開示を規制するものとして金融商品取引法が、内部統制システムに関する規定を設けている。

会社法では、大会社である取締役会設置会社、指名委員会等設置会社および監査等委員会設置会社は、取締役（指名委員会等設置会社の場合は、執行役）の職務の執行が法令および定款に適合することを確保するための体制その他株式会社の業務ならびに当該株式会社ならびに親会社およびその子会社から成る企業集団の業務の適性を確保するために必要なものとして法務省令で定める体制の整備（いわゆる内部統制システム）を取締役会で決議することが義務付けられている（会社法362条4項6号・5項、399条の13、1項1号ハ、416条1項1号ホ）。会社法施行規則（100条1項）によれば、会社は取締役会において、内部統制システムに関し、①取締役の職務の執行に係る情報の保存および管理に関する体制、②損失の危険の管理に関する規程その他の体制、③取締役の職務の執行が効

率的に行われることを確保するための体制、④使用人の職務の執行が法令および定款に適合することを確保するための体制、および⑤当該株式会社ならびにその親会社および子会社から成る企業集団における業務の適正を確保するための体制について決定することが要求されている。

　企業集団内の内部統制システムについては、親会社が整備して終わりとするのではなく、企業集団内で共有化することが必要である。親会社とグループ子会社との関係は、とかく個別の関係に終始し、グループ全体としての視点が忘れがちとなる傾向が見受けられる[15]。

　現代の企業は数多くの子会社を含むグループ企業から構成されており、親会社が子会社をコントロールしている限り、企業グループとしての内部統制システムの整備を検討する必要がある。どのような行動憲章や理念を企業グループとしての共通のものとするか、親会社は子会社における業務について法制度等を考慮してどのようにコントロールすべきか、親会社と子会社間の情報の流れをどのように構築するか、そして親会社は子会社の内部統制をどのように監視するかなど、企業グループの内部統制システムの整備を図らなければならない。

（2）グループ子会社のコンプライアンス・システム

　親会社は、親会社自身におけるコンプライアンスのみならず、子会社などのグループ会社におけるコンプライアンスについてもグループの経営ポリシーとして実行することが求められる。グループ子会社のコンプライアンスもまた当該グループの企業価値の評価に関わってくるからである。親会社は、グループ子会社のコンプライアンス違反に対して親会社としての責任を問われることになる。親会社は、グループ子会社をコントロールしている限り、グループとしてのコンプライアンス・システムを統一的に実行しなければならない。

　前述⑤の当該株式会社ならびにその親会社および子会社から成る企業集団における業務の適正を確保するための体制としては、「第5章コンプライアンス・システムの構築」において前述したコンプライアンス・プログラムの作成と実施、コンプライアンス・マニュアルの作成と実施、プログラム運営の組織、プログラムの啓蒙と訓練、プログラムの監視と風化の防止、内部通報制度などコンプライアンス・システムの構築が挙げられ、親会社は、自らのコンプライアンス・シス

テムと同様のものが子会社においても構築され、実施されるよう子会社を指導・監督することが必要である。

クラレ海外子会社火災事件 [16]

　火災が2018年5月、クラレの100％子会社Kuraray America Inc.が運営するアメリカのテキサス州Pasadenaの食品包装向けの樹脂などを製造するエバール工場で、定期修理後、設備を再稼働する際に発生した。当時は定期修理と能力増強の工事のため従業員と外部の委託事業者従業員の合計266名が現場にいた。このうち19名が救急車で、2名がヘリコプターで病院に運ばれた。いずれも命に別状はなかった。配管に高い圧力がかかったことが原因で安全バルブが外れ、エチレンガスが流出し、溶接の火花で火災が起った。火はすぐに消し止められた。この事故に関連し、身体的または精神的傷害を受けたことを理由として、160名超の外部委託業者の作業員等から、クラレに対して損害賠償等を求める民事訴訟がテキサス州ハリソン群巡回裁判所に提起された。入院は21名で、そのうち、合理的に見積もりが可能な原告13名分との間で合意したという。残り150名程度は身体的傷害が軽いか、またはそれが無く、精神的傷害を受けたことを理由の訴えと思われる。最も大きな被害を受けた者を含む13名の原告と協議を行った結果、本件訴訟の早期解決を図るべく、和解に関する基本合意に至ったものである。

　クラレは、2019年10月に一部の被害者和解金92百万ドル（約100億円）を支払うことで合意した。クラレは特別損失（訴訟関連損失）として、これを含め140億円を計上した。

　さらに、2019年10月、11月には残りの被害者に対する和解金として損害賠償費用約480億円を特別損失に計上した。従業員、業者への補償としては非常に多額であった。

[注]

1) Phillips I. Blumberg, The Corporate Groups: Tort, Contract, and Other Common Law Problems in the Substantive Law of Parent and Subsidiary Corporations (Little, and Brown Company, 1987, 2001), at 162.
　　伝統的会社法はいわゆるentity lawとされており、エンタープライズ法enterprise lawと対比される。

2) Binda Preet Sahni, Transnational Corporate Liability: Accountability For Human

Injury（Cameron May, 2006）, at 180, 188. 3) Blumberg, supra note 1, at 157-158.
4) Henry Hansmann & Reinier Kraakman, Toward Unlimited Liability for Corporate Torts, 100 Yale L.J. 1879（1991）, at 1931.
5) Id. at 1919.
6) Phillips I. Blumberg, The Corporate Entity in an Era of Multinational Corporations, Vol.15 No.2 Delaware Journal of Corporate Law（1990）, at 307.
7) Restatement（Second）of Agency s. 214（1958）.
8) Blumberg, supra note 6, at 311.
9) Restatement（Second）of Torts s.767（1979）.
10) 江頭憲治郎『会社法人格否認の法理』（東京大学出版会、1980）260-261頁。
11) Jennifer A. Zerk, Multinationals and Corporate Social Responsibility（Cambridge University Press, 2006）, at 216-217, 222.
12) Id. at 226-227.
13) Blumberg, supra note 6, at 316, 319.
14) Prosser & Keeton, The Law of Torts Fifth ed.（West Publishing, 1984）, at 323.
15) 高橋均『グループ会社リスク管理の法務』（中央経済社、2014）38頁。
16) 日本経済新聞2019年10月25日、11月27日。

第8章
国際取引における紛争解決

1　国際仲裁

（1）仲裁による紛争解決
（a）仲裁の選択

　国際取引契約においては、当事者間で紛争が生じた場合訴訟によって解決するよりも仲裁による解決を選択することが多い。一般的に仲裁手続の利点は次のように挙げられている。第1に、契約による仲裁の合意は、紛争の解決がどこでどのようになされるかについての当事者の懸念を取り除くことができる。第2に、仲裁の付託により、当事者は公平な仲裁廷を期待することができる。第3に、当事者は当該紛争に対してなされた仲裁判断の執行が確保されることを期待することができる。第4に、当事者は当該仲裁に適用されるべき手続を定める権限を享受することができる。

　それでは、このような仲裁は、国際取引の紛争を解決する手段として、訴訟手続の利用と比較して、具体的にどのような特性を有しているであろうか。

　① 手続の迅速性

　　仲裁手続は、多くの事件を抱えた法廷地における第一審裁判所における訴訟手続よりも一般的に迅速に行われるが、さらにあらかじめ仲裁条項における証拠に関するルール等を定めることにより手続を早めることができる。一方で、たとえば、アメリカの訴訟手続におけるディスカバリーのような完全な証拠開示による証拠収集は期待できないことになる。しかし、国際取引関係は、当事者間の継続的な取引関係である、あるいは多くのプロジェクト等

の複数の取引から構成されていることがしばしばであり、1つの紛争はできるだけ早く解決することが当事者のビジネス上要請されている。

② 手続費用の廉価性

仲裁に要する費用は、仲裁手続の期間に対応して、一般的に訴訟費用よりも安価であるが、同じく仲裁条項においてどのように仲裁手続を簡略化するかを定めるかによって、さらにある程度費用を削減することが可能である。もっとも、それはその簡略化の程度にかかっており、一方で当事者は当然のことながら仲裁人の費用や仲裁機関の経費を負担しなければならず、かならずしも常に安価になるというわけではない。

③ 専門家の判断

当事者は、仲裁手続においては仲裁人に当該紛争の性質に対応した専門家を要請することができる。たとえば、先端技術や建設土木等の技術分野では、当該紛争を適切に解決しようとする者は専門的な知識を必要とし、その分野に精通していることが必要である。また、仲裁手続を選択することによって、たとえば、アメリカにおける陪審裁判を避けることが可能である。

④ 手続の非公開性

当事者は、当該紛争およびその解決に関して公への開示をコントロールすることができる。当事者の合意によって公開されない限り、誰もが自由にアクセスできるような公の記録は存在しない。国際取引の当事者は、当事者間で紛争が生じていることが公になることを嫌うのが通常であり、とりわけ先端技術分野等の競争の激しい業界においてはその傾向が一段と強くなる。

⑤ 仲裁場所の中立性

当事者は、仲裁の場所としてそれぞれの国から中立的な国を選ぶことができる。一方の当事者にとって、相手方の国の第一審裁判所で紛争の訴訟手続を追行することが明らかに不公平ないし不利益になることが予想される場合には、仲裁は中立的な解決を提供する機会として貴重なものとなる。

⑥ 仲裁判断（arbitral award）の拘束性

仲裁判断は、明らかに法に違反する、あるいは詐欺であるような場合を除き、ほとんどの国の法制度において最終的かつ拘束力あるものとされている。

(b) 仲裁条項

　仲裁条項は、各種の国際取引契約の中で一般条項の1つとして埋もれがちであり、ありきたりの標準条項が用いられる例も多く見受けられる。しかし、このような仲裁条項の内容が、紛争解決の問題に敏感なあるいは経験を有する当事者によって異議を申し立てられ、法律問題として交渉の最終段階まで論争の対象になることもしばしばである。当事者は、前述の仲裁の特性を活かすためにどのような内容を契約に織り込むべきか慎重な検討が必要である。

(i) 仲裁の合意

　国際取引契約の当事者間に生じた紛争を仲裁に付する旨の仲裁の合意は、主たる契約の1条項である仲裁条項として規定される例が多いが、このような仲裁契約は主たる契約とは独立した存在であることが国際的に認識されている。

　仲裁契約の分離可能性（severability）の問題については、わが国においても最高裁判所は、仲裁契約の効力は、主たる契約から分離して別個独立に判断されるべきものであり、当事者間に別段の合意がない限り、主たる契約の成立に瑕疵があっても、仲裁契約の効力に直ちに影響を及ぼすものではないと判示している（最高裁昭和50年7月15日判決）。

　さらに、わが国における仲裁の申し立てをめぐる判例であるが、知的財産高等裁判所平成18年2月28日判決において、控訴人は、被控訴人に対し、両者間の特許ライセンス契約に基づきランニング・ロイヤルティの支払いを求めたところ、第一審において訴えが却下されたので控訴するに至った。当該特許ライセンス契約によれば、「本契約は、本契約に定めるいずれかの義務の不履行の場合、一方当事者が相手方当事者に書面にて通知することにより終了することができるが、当該債務不履行が書面による通知後40日以内に是正されなかった場合に限られる。ただし、かかる債務不履行が存在するか否かの疑義が当該40日の期間内に仲裁に付された場合、40日の期間は、当該仲裁が継続する間、進行を停止する」と規定されていた。控訴人は、当該規定が、債務不履行による本件契約解除の通知がなされた場合には、債務不履行を争う当事者が当該通知の受領後40日以内に仲裁の申し立てをしない限り、本件契約が解除により終了することを定めたものであり、被控訴人がかかる仲裁の申し立てをしなかったから、控訴人が請求している本件契約の解除原因である債務不履行についての履行請求はもはや

仲裁条項の対象にはなりえない、と主張した。これに対し被控訴人は、控訴人の主張は本件契約が解除されたから妨訴抗弁が成立しないという趣旨と解されるところ、かかる主張は仲裁の分離独立性に関する前述最高裁判所の判例および法令（仲裁法13条6項等）を無視した独自の見解であり、失当である、と主張した。

知的財産高等裁判所は、被控訴人が解除通知の受領後40日以内に仲裁の申し立てをしなかったことは、単に是正期間が経過したことを意味するにすぎず、仲裁の合意についてまで当然に解除の効果が発生することを意味するものではないし、解除原因である債務不履行の有無やその不履行債務の履行請求に関する紛争がもはや本件合意による仲裁の対象となりえないことを意味するものではないと判断し、控訴を棄却した。

(ii) 仲裁機関と仲裁規則

国際仲裁は、常設の国際仲裁機関による仲裁と紛争当事者間のその都度の合意に基づくアドホック（ad hoc）仲裁に分けることができる。

国際取引においては、機関仲裁として、ICC（国際商業会議所）国際仲裁裁判所、アメリカ仲裁協会（American Arbitration Association, AAA）、ロンドン国際仲裁裁判所（London Court of International Arbitration, LCIA）もしくはシンガポール国際仲裁センター（SIAC）があり、それぞれの仲裁規則、またはアドホック仲裁の場合、UNCITRAL（United Nations Commission on International Trade Law、国際連合国際商取引法委員会）の仲裁規則が採用されるのが一般的である。わが国においては仲裁機関として日本商事仲裁協会があり、その仲裁規則が対象となる。

当事者は、それぞれの仲裁規則の特徴を十分に理解して当該契約関係の紛争解決に適する仲裁規則を選択しなければならない[1]。

(iii) 仲裁人の指名

仲裁人は、1人であれ3人であれ独立した中立の人で構成されることが原則である。当事者は、仲裁人を指名する、あるいは仲裁人の数と選定の方法を定め、その資格を明示することができる。たとえば、仲裁人の数は3人とし、仲裁人は、一定の国籍をもつ者、当該紛争の分野において専門的知見を有する者あるいは法律家で構成することを要求することができる。これにより中立的かつ専門的な仲裁廷の構成が可能となる。

(iv) 仲裁地と仲裁地法

　当事者は、それぞれの便宜および費用という実際的な考慮から自分の国における場所を仲裁地として主張するのが通常であるが[2]、中立的な国における場所が基本的に当事者双方にとって受け入れやすい中立的な仲裁地である。しかし、このような中立的な場所についての合意が得られない場合もしばしばありうるが、最後の方策としてはいわゆる被告地主義により、いずれかの当事者が仲裁を申し立てた場合、相手方である被申立人の所在地を仲裁地とすることが考えられる。

　当事者が契約において適用すべき準拠法を特定していない場合には、仲裁地の法が、仲裁手続上の問題、仲裁合意の有効性や解釈の問題などに適用されることが一般的に認められている。とりわけ次のような問題は仲裁地いかんにより左右されることになり、仲裁の行方に影響することが大きいと考えられる。第1に、いかなる紛争が仲裁適格性を有するかについては、各国の裁判所によって差異が存在する。たとえば、アメリカの裁判所は、仲裁を尊重する強い連邦の政策の下に、証券法、反トラスト法等を含む幅広い紛争の仲裁適格性を認めているが、他の国では仲裁適格性についてより狭い見解がとられている。第2に、各国の裁判所が命ずる証拠開示の範囲や方法は国により異なっている。たとえば、アメリカおよびイギリスにおいては、実質的な文書のディスカバリーが可能であり、仲裁人はその仲裁法に基づいて当事者に対し文書のディスカバリーを強制することができるが、大陸法においては文書のディスカバリーの命令は抑制的である。第3に、各国の裁判所は暫定的救済を認めることがあるが、それは国により異なっている。たとえば、イギリスおよびアメリカにおいては、裁判所は、仲裁手続が行われている間は当事者がその管轄区域から資産を散逸させる、または移すことを禁ずる暫定的命令を発することができる。第4に、仲裁判断の最終性はほとんどの国において認められつつあるが、国によっては裁判所への訴えによる仲裁判断の審理の可能性は完全には否定されるには至っていない。裁判所による仲裁判断の審理は、明らかな法違反、不公平や詐欺などのような理由に限定されるが、その介入の程度は国により実際上異なっている。

　なお、わが国においては、UNCITRAL1985年国際商事仲裁モデル法を範として、あたらしい仲裁法が平成16年3月1日から施行されている。本法は、仲裁地が日本にある仲裁手続および仲裁手続に関して裁判所が行う手続に適用され

る（1条）。
　(v) 証拠開示
　証拠開示の範囲は、仲裁地における仲裁人の経験と方針にかかってくることがしばしばである。いずれの仲裁規則もこの点具体的な明示の規定を設けていない。当事者は、証拠開示および証拠に関するルールならびに仲裁人の権限を定めておく必要がある。この証拠開示をどのようにかつどの程度行うかにより、仲裁に要する時間と費用が大きく変わってくる。
　(vi) 秘密保持
　当事者は、仲裁人、仲裁機関およびいずれの当事者も仲裁手続や仲裁判断など仲裁における秘密保持の義務を負う旨契約に規定しなければならない。
　(vii) 懲罰的損害賠償
　国際取引における紛争の仲裁による解決は、一方当事者が被った損害を迅速かつ公平に回復して、当事者の関係を早急に正常な状態に戻すことを目指しており、懲罰的損害賠償の概念はかならずしも仲裁の裁定に適切なものということはできない。当事者は、懲罰的損害賠償を救済方法から明示的に排除しておく必要がある。
　(viii) 救済方法
　仲裁判断による救済は、金銭的な救済であるのがほとんどである。しかし、迅速で効果的な救済を必要とする事態に備えて、当事者は、仲裁人が差止救済または特定履行を命ずる権限を有することを定めておくことが考えられる。
　(ix) 仲裁判断の執行可能性
　当事者は、仲裁を紛争解決方法として選んだ以上、前述したような仲裁判断が最終かつ拘束力ある旨を契約に定めなければならない。
　外国仲裁判断の承認と執行に関する1958年ニューヨーク協定（1958 New York Convention on the Recognition and Enforcement of Foreign Arbitral Awards）の締約国は、他の締約国において下された仲裁判断を承認・執行することに合意しているが、その適用範囲について一定の制限および仲裁判断の承認と執行を拒否する抗弁が存在する。
　締約国は、対象とする仲裁判断を相互主義の原則に基づき締約国でなされた仲裁判断に限定すること、また国内法により商事と認められた法律関係から生ず

紛争のみに適用することを宣言することができる（1条）。

　仲裁判断の執行を受ける当事者が有する抗弁は、①仲裁の合意が準拠法等により有効でないこと、②仲裁手続における適切な通知がなされなかったこと、③仲裁判断が仲裁付託事項の範囲外であること、④仲裁機関の構成等が当事者の合意に従っていないこと、⑤仲裁判断が当事者を拘束するものに至っていないこと、⑥当該紛争が仲裁により解決することが不可能なものであること、あるいは

　⑦仲裁判断の承認と執行がその国の公の秩序に反することである（5条）。したがって、当事者はこのような抗弁を吟味し、その放棄等について契約に定めておく必要が生じる。

(c) 仲裁の準拠法

　前述したように当事者間の合意である仲裁契約は、主たる契約の中で仲裁条項として規定されるのが通常である。仲裁に関連する準拠法は厳密には、主たる契約の準拠法とは区別して、仲裁契約の準拠法、仲裁手続の準拠法および仲裁判断の準拠法に分けられる。もっとも、主たる契約の準拠法とは別に、仲裁の準拠法が当事者間の合意により明記される場合は多くはないのが通常である。

　仲裁契約の準拠法については、当事者の自治、すなわち当事者の合意による指定が認められる。明示の意思による指定がないときには黙示の意思により、それでも明らかでないときには前述したように仲裁地の法によるものと解される。

　わが国の判例であるが、最高裁判所は、仲裁契約中で準拠法について明示の合意がされていない場合であっても、仲裁地に関する合意の有無やその内容、主たる契約の内容その他諸般の事情に照らし、当事者による黙示の準拠法の合意があると認められるときには、これによるべきであると判示している（リング・リング・サーカス事件最高裁平成9年9月4日判決）。

　なお、平成18年1月1日から施行された法の適用に関する通則法によれば、当事者による準拠法の選択がないときは、最密接関係地法による（8条1項）とされている[3]。わが国仲裁法によれば、当事者自治が認められるが、当事者による準拠法の選択がないときには仲裁地法（日本法）が準拠法となる（44条1項2号、45条2項2号）。

　仲裁手続の準拠法については、UNCITRAL国際商事仲裁モデル法は厳格な属地主義の立場をとっており（1条2項）、わが国仲裁法においても仲裁地が日

本にある場合には、原則としてわが国仲裁法の諸規定が適用される（3条1項）[4]。

仲裁判断の準拠法についても、当事者の自治、すなわち当事者の合意による指定が認められる。当事者による明示の意思がないときには、UNCITRAL国際商事仲裁モデル法によれば、仲裁廷が適当と認める抵触法により実質法を決定して適用する（28条2項）が、わが国仲裁法においては、仲裁廷は最密接関係地法を適用しなければならない（36条2項）。

(d) 訴訟の選択

当事者は、以上のような仲裁に代えて訴訟を選択することも可能である。当事者によっては、裁判所が提供する法的安定性、ディスカバリーのような完全な証拠開示や国内法による上訴の制度、判決における判断基準の明確性および予測可能性、訴訟により明確な黒白をつけるという紛争解決方式などを好む場合がありうる。

仲裁は、当該契約の当事者間のみにおける紛争を解決できるが、当該契約の範囲外にあるが、他の契約関係を結んでいる者との紛争やまったく関係のない第三者が絡んでくる紛争については対象外とせざるをえない。この意味において当事者は当該紛争を一挙には解決できないような事態が生じうる。当該契約の当事者のみならず他の契約関係にある者も同一の仲裁手続に入るためには（いわゆる多数当事者における仲裁の場合）、その旨の明確な合意が要求される[5]。

仲裁または訴訟のいずれを選択するかは、当該国際取引における当事者関係、その国際取引の性格、予想される紛争の性質などいかんによってくるが、仲裁を原則としながら、特定の紛争については訴訟で決するという枠組みも選択肢として考えられる。たとえば、特定の種類の紛争については、知的財産権の侵害または無効確認訴訟のように、訴訟で勝敗を明らかにする解決やある程度訴訟の勝ちが予想される場合などである。

(2) ミニトライアルによる代替的紛争解決

前述したような仲裁は、国際取引の当事者にとって紛争解決策としてかならずしも満足のいくものでない場合がしばしば生じる。国際取引をめぐる経済的・社会的環境は今日ますます激動し、当事者自身の事業経営も厳しい競争に晒されている。国際取引における当事者は、紛争をできるだけ早く処理して次なる展開を

図りたいのであり、仲裁よりも迅速で、簡略かつ費用の安い、すなわちより効果的な紛争解決策を常に求めている。ここではその1つとして、アメリカを中心として盛んに利用されているミニトライアル（minitrial）と呼ばれる代替的紛争解決方法（Alternative Dispute Resolution, ADR）を検討する。

（a）ミニトライアルの選択

ミニトライアルとは、訴訟手続の一部を取り入れたルールの下で、紛争に関連する情報の交換と当事者の主張が、当事者の最高事業責任者の眼前で行われ、それによって当事者間の交渉を促進して紛争を解決するプロセスであり、当事者間における紛争を自力で解決するために考案された ADR の1つである。

ミニトライアルは、ビジネス上の紛争を解決するための当事者間の合意に基づく柔軟な方法であるが、その本質は、当該紛争と当事者それぞれの立場の強さについての関連情報を関係当事者に対して直接的に提供し、それによって各当事者が事情を十分に知らされ、前向きの解決の交渉をするよう促すものである。そのプロセスは、当該紛争の性質、当事者およびその最高事業責任者、さらにそれぞれの弁護士の特定の要求に対応して柔軟に構築することが可能である。

（b）ミニトライアルのルールと実施

当事者は、ミニトライアルのルールについてあらかじめ合意書の形で規定しておく必要がある。その枠組みとして次のような点が考えられる。第1に、当事者は、いかなる紛争を対象とするのか、その対象を特定しなければならない。第2に、証拠開示は、比較的限定されるのが通常である。第3に、当事者は、最善の主張を行い、証拠提示の後、交渉に応じる義務がある。第4に、出席者の数は最小限にとどめられ、各当事者の最高事業責任者の名前、地位および紛争解決の権限、さらにそれぞれのスタッフ、弁護士、専門家および証人の数が明示されなければならない。第5に、当事者は、ミニトライアルの日時と場所、当事者の主張、反論および質問等のスケジュールを決める必要がある。第6に、ミニトライアル前の準備書面等の交換とそのスケジュールを定めなければならない。第7に、当事者は、中立のアドバイザーを起用するのかどうか、そしてその選定の方法を定めておく必要が生じる場合がある。第8に、当事者は、すべての文書および陳述に対して秘密を保持し、それらを将来の他の手続に用いない義務を負っている。この義務には、ミニトライアルそのものについての情報も含まれる。第9

に、アドバイザーその他の費用負担の仕方を定めておく必要がある。

　ミニトライアルは、上記のルールに基づいて、通常、以下のように行われる。当事者は、それぞれの弁護士を起用して、その主張を法的観点から争点に整理し、準備書面の形で相手方に送付する。これに対する応答書等が交わされる。ミニトライアル当日においては、当事者双方の弁護士が、最高事業責任者の眼前で、法廷における論争のごとく法的主張を行い、これを裏付ける証拠および証人を提出し、相手方がこれらに対して質問・応答を行う。当事者は、合意により中立的なアドバイザーを起用することができるが、その場合双方が論争を尽くした後、アドバイザーの見解（訴訟になった場合に予測される結果についての意見を含む）が求められる。その後直ちに他の出席者は退席し、双方の最高事業責任者が、ビジネス上の観点から当該紛争を解決すべく妥協できないかの議論を尽くすことになる。

　最高事業責任者は、当該紛争に関連する情報をすべて聞き知り、弁護士間の論争を通じてそれぞれの法的立場の強さと弱さを理解した上で、ビジネス上の観点から交渉することになるので、比較的短時間で打開の道を見いだすことが可能である。

（c）ミニトライアルの活用

　このようなミニトライアルによる紛争解決は、まず当事者がこのような方法によって紛争を解決しようとする意思を表明することから始まるのはいうまでもないが、どのような紛争がこのミニトライアルによる解決方法に適しているであろうか。その典型的なものは次のように考えられる。第1に、長期のビジネス関係にある当事者間の紛争は、どのようなものであれ原則としてミニトライアルによって解決するのに適している。この簡略化された私的な紛争解決プロセスは、当事者による和解の雰囲気を促し、敵対的な威嚇を減少させて善意の感情を醸成し、紛争解決後も好ましいビジネス関係を継続することを可能にする。第2に、当事者が責任ないし過失の所在には合意してはいるが、損害賠償額等について意見を異にする場合、ミニトライアルは適切な解決策を提示することができる。必要に応じて中立的なアドバイザーないし専門家の見解を考慮しつつ、最高事業責任者が即断することが可能である。第3に、紛争解決の最大の障害がコミュニケーション不足にあることがしばしばであるが、そのような状況において当事者

が現実に直面する必要性がある場合、まさにミニトライアルはその威力を発揮することができる。

　一方、ミニトライアルは、たとえば、企業に対する個人による懲罰的損害賠償の主張、政府がからむ紛争、多数当事者間の紛争、純粋の法律問題などについては、その性格上必ずしも適切な解決方法とはならないと考えられる。

　以上述べたところからミニトライアルは、とりわけ従来のビジネス関係の維持、紛争解決の迅速さないし即決性、コストの大幅な節約および厳格な秘密保持という観点において、当事者間における紛争のきわめて有用な解決策となりうる。その柔軟性は、最高事業責任者がプロセス全体をコントロールして、ビジネス関係の維持を図ろうとする要求に応えるものであり、一方で、専門家等の活用により高度な技術的な問題にも対処しうるものである。しかも、そのプロセスは、当事者間の最終的な合意に向けて双方の努力を集中させることにあり、訴訟手続に特有の敵対性を大きく緩和することが可能である。

　ところで、ミニトライアルが失敗に帰した場合には、当事者の残された道は訴訟または仲裁である。しかし、紛争解決手段としての優れた性格から、ミニトライアルを仲裁の前段階に位置づけることが考えられる。ミニトライアルから仲裁までを紛争解決の一連のプロセスとし、これを2段階に分けて構成するものである。ミニトライアルが不幸にも実らなくても、これを次の仲裁へ連動させることにより、一からの仲裁手続よりもはるかに時間、コストおよびエネルギーを節約することが可能である。

2　国際訴訟

　企業間の国際訴訟は、類型的に、①外国企業が原告として、わが国企業を外国の裁判所に提訴する場合、②外国企業が原告として、わが国企業を日本の裁判所に提訴する場合、③わが国企業が原告として、外国企業を外国の裁判所に提訴する場合、④わが国企業が原告として、外国企業を日本の裁判所に提訴する場合、に分けられる。これらの関係を規律するルールを概観する。

(1) 準拠法の選択

準拠法の選択とは、渉外的法律関係についていかなる地の法により規律するかを決める問題である。

(a) 当事者自治の原則

契約の準拠法をどのように決定すべきかについて、沿革的には、あらかじめ一定の客観的な連結点により準拠法を決定するという客観主義がとられ、契約締結地法、契約履行地法や当事者の属人法などが準拠法とされていた。しかし、契約の内容や種類の多様化とともに客観主義による準拠法の決定が困難になり、契約における意思自治の考え方が浸透するとともに、抵触法レベルにおける渉外的契約の準拠法の決定についても当事者による自治を認めるべきという考え方が普及してきた。また、この考え方は当事者の予見可能性を高め、裁判所などの手間を省けることになる。このようにして当事者自治の原則は国際的に認められるに至った。

しかしながら、複雑化した競争社会を規制するために国家による私的自治への介入、すなわち契約の自由に対する実質的な制限が認められるようになるに従い、抵触法レベルにおいてもこのような当事者自治の原則に対して批判がなされ、当事者自治の制限説が主張された。

質的制限説によれば、当事者が自由に準拠法を指定できるのは、当事者の任意の選択を許している任意法規の範囲内に限られる。しかし、強行法規と任意法規の区別は、実質法上のものであり、任意法規が何かはいずれかの国の実質法を準拠法とする決定があって初めて判明するので、抵触法的指定ではなく実質法的指定の問題とされる。当事者は、当事者自治により強行法規を含めて自由な準拠法決定を行うことができる、と批判された。

量的制限説によれば、当事者による準拠法指定の対象となる実質法は無制限ではなく、契約と一定の実質的関係を有する、契約締結地などの法に限られる。しかし、当事者の自由な準拠法指定を認めたのは、契約における意思自治を認めたからであり、量的に制限する根拠に乏しい、と批判された。

また、附合契約について当事者自治を認めない考え方も主張される。しかし、附合契約に対する規制は準拠実質法による規制で十分であり、著しい不公正が生じる場合には公序による制限を認めるのが通常である。抵触法レベルにおける当

事者自治を否定する理由とまではならない、と批判される。

　最近の立法例においては、当事者自治を原則としながら、消費者契約や労働契約のような特定の類型の契約については例外とする、あるいは当事者による選択がない場合には客観的に準拠法を決定する補充的方法を定めておくという方法もとられている。また、強行法規の特別連結理論によれば、経済的弱者を保護する必要のある契約については、契約の準拠法とならなかった国の強行法規であっても、当該契約関係と密接な関係を有する一定の国の強行法規が特別連結により適用される。このような理論が条約や立法例において認められるに至っている。

(b) わが国抵触法による規律

(i) 当事者による準拠法の選択

　法の適用に関する通則法（以下「適用通則法」という）は、契約の準拠法の選択について当事者自治の原則を認めている。すなわち、法律行為の成立および効力は、当事者が当該法律行為の当時に選択した地の法による（7条）。

　国際契約においては、当該契約関係を規律する準拠法に関して当事者間の合意により、準拠法条項として規定するのが原則である。しかしながら、交渉によっても利害が一致しない場合がしばしば生じる。そのような場合には、「当事者による準拠法の選択がないとき」として、適用通則法のルールが適用されることになる。

　伝統的な準拠法単一の原則（契約の成立や効力などをすべて1つの準拠法によるべしとする原則）に対して、当事者の意思の尊重や期待の保護の観点から、契約を分割してそれぞれに準拠法を指定する分割指定も認めるのが最近の見解である。

　当事者は、法律行為の成立および効力について適用すべき法を変更することができる。ただし、第三者の権利を害することとなるときは、その変更を第三者に対抗することができない（9条）。もっとも、法律行為の方式については、契約締結時に決定された準拠法に固定されている（10条1項）。

　明示の準拠法選択がないとき、従来、契約をめぐる諸事情からみて当事者間に合意が存在することが認められる場合には、黙示の準拠法選択が認められていたが、この解釈は、適用通則法の下においても基本的に維持されると解されている。

(ii) 当事者による準拠法選択がないとき

当事者による準拠法の選択がないときは、法律行為の成立および効力は、当該法律行為の当時において当該法律行為にもっとも密接な関係がある地の法による（8条1項）。このように適用通則法は準拠法選択における客観的連結の一般原則を採用しているが、これを補充するために特徴的給付の理論を取り入れている。この理論は、現代の契約の多くが金銭的給付を対価として、それ以外の給付が反対給付としてなされることに着目し、金銭的給付は契約の個別的特徴を示さないが、その反対給付が当該契約の特徴を示すものと解し、反対給付の義務を負う者の常居所地法（あるいは事業所所在地法）を原則として当該契約の準拠法と解する[6]。

もっとも、適用通則法は特徴的給付による指定が類型的な特定であるとして推定にとどめている。すなわち、法律行為において特徴的な給付を当事者の一方のみが行うものであるときは、その給付を行う当事者の常居所地法（その当事者が当該法律行為に関係する事業所を有する場合にあっては当該事業所の所在地の法または主たる事業所の所在地の法）を当該法律行為にもっとも密接な関係がある地の法と推定する（8条2項）。

(iii) 消費者契約

消費者契約について消費者保護のために当事者自治の原則が制限される。適用通則法11条1項によれば、消費者契約の成立および効力について、消費者の常居所地法以外の法が準拠法として選択された場合であっても、消費者がその常居所地法中の特定の強行規定を適用すべき旨の意思を事業者に対し表示したときは、当該消費者契約の成立および効力に関しその強行規定の定める事項についてはその強行規定をも適用する。この場合、その強行規定の定める事項についてはもっぱらその強行規定が適用されるのではなく、当事者が選択した法に加えて、消費者の常居所地法上の特定の強行規定が累積的に適用されることになる。消費者契約の成立および効力について準拠法が選択されなかった場合には、消費者の常居所地法が当該消費者契約の成立および効力の準拠法となる（11条2項）。ただし、能動的消費者についての適用除外、消費者の常居所地の誤認および消費者性の誤認による適用除外が定められている（11条6項）。

(iv) 労働契約

　労働契約についても労働者の保護のために当事者自治の原則が制限される。適用通則法12条1項によれば、労働契約において労働契約の最密接関係地法以外の法が選択された場合であっても、労働契約について選択された地の法に加えて、労働者が当該労働契約の最も密接な関係がある地の法中の特定の強行規定を適用すべき旨の意思を使用者に対し表示したときは、当該労働契約の成立および効力に関しその強行規定の定める事項についてはその強行規定をも適用する。労働契約の最密接関係地法を認定するに当たっては、当該労働契約において労務を提供すべき地の法が当該労働契約の最密接関係地法と推定され、その労務を提供すべき地を特定することができない場合には当該労働者を雇い入れた事業所の所在地の法が最密接関係地法と推定される（12条2項）。

　労働契約において準拠法選択がなされなかったときは、労働契約の成立および効力については、当該労働契約において労務を提供すべき地の法を当該労働契約に最も密接な関係がある地の法と推定される（12条3項）。

(2) 国際裁判管轄

　国際裁判管轄とは、渉外的民事事件についてどの国が裁判を行うべきかを決める問題である。国際訴訟の類型に関する前述④の場合において、当該訴訟についてわが国裁判所に国際裁判管轄が認められるかが問題となる。

　わが国において国際裁判管轄について理論的な見解は次のように分かれている。①逆推知説。国内管轄規定によりわが国のいずれかの裁判所の裁判籍が認められるときには、そこからわが国の国際裁判管轄が逆に推知される。この見解に対しては、わが国の国際裁判管轄が肯定されるのが先決であるという、論理的に逆転しているとの批判や国内土地管轄からは過剰な国際裁判管轄を引き出すことになるという批判がある。②管轄配分説。この問題は、国際的な裁判管轄の場所的な配分の問題として条理によるべきである。この見解については、理念として正しいが、裁判管轄のルールとしてはあいまいすぎるとの批判がある。そこで、わが国内の裁判管轄の場所的配分のルールである国内土地管轄規定を同じ場所的配分のルールである国際裁判管轄に類推適用すべきと主張される（修正類推説）。しかし、具体的にどのような修正を加えるべきか明らかではない。③利益

衡量説。国際裁判管轄の判断においては、単に管轄規則のあてはめに終始するのではなく、原告の利益、被告の利益や当事者の対等性など事件ごとに個別的な利益衡量が必要である。この見解については、法的安定性を欠いているとの批判がある[7]。

マレーシア航空事件（最高裁昭和 56 年 10 月 16 日判決）において、最高裁判所はわが国の国際裁判管轄について次のように判示した。外国法人である被告がわが国となんらかの法的関連を有する事件については例外的にわが国の裁判権が及ぶ場合もある。この例外的扱いの範囲については、当事者間の公平、裁判の適正・迅速を期するという理念により条理に従って決定するのが相当であり、被告の居所、法人の事務所・営業所、義務履行地、被告の財産所在地、不法行為地など、民訴法の規定する裁判籍のいずれかがわが国内にあるときは、これらに関する訴訟事件につき、被告をわが国の裁判籍に服させるのが右条理に適う。

その後下級審裁判所は、わが国で裁判を行うことが当事者間の公平、裁判の適正・迅速を期するという理念に反する「特段の事情」がある場合を除き、民訴法の規定する裁判籍のいずれかがわが国内にあれば国際裁判管轄を認めるという考え方（修正逆推知説）を発展させてきたが、最高裁判所は、ファミリー事件（最高裁平成 9 年 11 月 11 日判決）においてこの考え方を確認するに至った。2012 年 4 月 1 日、財産権上の訴えについて国際裁判管轄の規定を新設することを内容とする改正民事訴訟法が施行された。財産関係に関する具体的な国際裁判管轄は以下のとおりである。

① 被告の住所地・主たる営業所所在地

　当事者間の公平の理念から「原告は被告の法廷に従う」の格言により、被告がわが国に住所または主たる事業所・営業所を有する場合には、わが国に国際裁判管轄が認められる（3 条の 2、1 項、3 項）。

② 契約債務履行地

　契約事件について債務履行地がわが国にある場合には、わが国に国際裁判管轄が認められる（3 条の 3、1 号）。

③ 不法行為地

　不法行為事件についてわが国に不法行為地がある場合には、わが国に国際裁判管轄が認められる（3 条の 3、8 号）。隔地的不法行為の場合は、加害行為

地、結果発生地のいずれについても国際裁判管轄が認められる。
④ 不動産所在地

　不動産については、所在地の登記制度との関係などから、被告の不動産がわが国にある場合には、わが国に国際裁判管轄が認められる（3条の3、11号）。
⑤ 併合請求管轄

　請求の客観的併合については、併合される複数請求の一の請求についてわが国の国際裁判管轄が認められる場合、当該一の請求と他の請求との間に密接な関連があるときに限り、わが国の裁判所に訴えを提起することができる（3条の6）。請求の主観的併合については、客観的併合の場合と同様に、併合される請求間の密接関連性を要求するほか、訴訟の目的である権利または義務が数人について共通であること、または同一の事実上および法律上の原因に基づくことを要件として、国際裁判管轄が認められる（3条の6、38条前段）。
⑥ 応訴管轄

　被告が本案について応訴し、国際裁判管轄欠如の抗弁を提出しなかった場合には、当事者間の公平の見地から当該裁判所に国際裁判管轄が認められる（3条の8）。
⑦ 合意管轄

　当事者は、合意により、いずれの国の裁判所に訴えを提起することができるかを定めることができる（3条の7、1項）。国際裁判管轄の合意は、一定の法律関係に基づく訴えに関する書面による合意でなければ、効力を生じない（13条の7、2項）。管轄合意は、専属管轄規定に反するものであってはならない（3条の10）。外国裁判所の専属管轄の合意は、その裁判所が法律上または事実上裁判権を行うことができないときは援用できない（3条の7、4項）。

　裁判管轄の合意は一般的には認められるのが原則であるが、その条件などは国により異なっており、裁判管轄に関する一般的な条約も成立するには至ってない。わが国の最高裁判所は、チサダネ号事件（最高裁昭和50年11月28日判決）において合意管轄について次のように判示した。わが国の国際民事訴訟法上の条理解釈として、外国裁判所に専属管轄を認める合意は、日本の専属管轄に属する事件でないこと、および当該外国裁判所がその外国法上当該事件につき管轄権を有すること、という2要件を満たせば原則として有効であるが、合意がはなはだ

しく不合理で公序法に違反するときなどの場合は格別である。

ハーグ国際私法会議において包括的な裁判管轄に関する条約の締結に向けて努力がなされたが、その成立には至らず、2005年に小規模な条約として「管轄合意に関する条約」が採択された。この条約によれば、専属的管轄合意により指定された裁判所が、当該国の法により合意が無効である場合を除き、国際裁判管轄を有する、そして指定された裁判所が下した判決は、他の締約国において承認・執行が義務付けられている。

（3）外国判決の承認と執行

国際訴訟の類型に関する前述①の場合において勝訴した原告、③の場合において勝訴した原告は、当該外国判決の承認および執行に関して、後述のようにわが国の民事訴訟法および民事執行法の適用を求めることになる。

国家は外国判決の効力を内国で認める国際法上の義務を負っていないが、当事者の権利を国際的に実現すること、内外判決の矛盾を防止すること、司法エネルギーを節約することなどの理由から、多くの国は一定の条件の下で外国判決を承認している。

外国判決の承認とは、外国判決が判決国で有する既判力や形成力を内国でも認めることであり、判決効の内容や範囲は原則として判決国法により定まる。これに対して執行力は、判決内容の強制的実現を判決国執行機関に命じるものであるから、そのまま承認することはできず、内国において執行判決により承認要件の充足を審査した上で改めて付与されなければならない（民事執行法24条）。

わが国は、外国判決の効力の承認のためになんらの特別の手続を必要とせず、一定の要件を充足する限り自動的に承認する制度を採用している。民事訴訟法118条は外国判決承認の要件を以下のように定めている。

① 外国裁判所の確定判決であること

当該外国判決は、判決国法上、通常の不服申し立て手段に服するものであってはならず、外国裁判所が私法上の法律関係について終局的になした裁判でなければならない。

② 外国裁判所が国際裁判管轄を有すること

外国裁判所が国際裁判管轄を有すること（間接管轄）が必要であり、その

有無は承認国であるわが国の直接管轄（わが国裁判所の国際裁判管轄）の基準に照らして判断されなければならないとするのが一般的な見解である。一方で、間接管轄は直接管轄とは異なり、外国ですでに終了した手続に対する事後的評価にかかわるものであり、直接管轄よりも緩やかな基準で判断すべきであると主張されている。

③ 敗訴の被告が適正な送達を受けたこと

敗訴の被告が訴訟の開始に必要な呼出しもしくは命令の送達（公示送達その他これに類する送達を除く）を受けたこと、またはこれを受けなかったが応訴したことという要件は、防御の機会なくして敗訴した被告の保護を図る趣旨である。判決国とわが国との間に送達条約（1965年民事または商事に関する裁判上および裁判外の文書の外国における送達および告知に関する条約）などの条約上の取決めがある場合、それを遵守しない送達については適式性を否定する見解が主張されている。

一方で、コモンロー系の国において代理人である弁護士が訴状を名宛人に直接交付する、あるいは直接郵送するという方法については、条約上の正規の送達方法ではないが、それによって被告が訴訟の開始を了知し、適時に対応できたかどうかを個別の事情を勘案して認容しようとする見解もある。

④ 判決の内容および訴訟手続がわが国の公序に反しないこと

外国判決の内容および訴訟手続がわが国の公序に反するときは、外国判決は承認されない。公序違反か否かの審査においては、判決主文のみならず、理由中の判断や審理で提出された証拠資料なども審査の対象となりうる。もっとも、実質的再審査は禁止されており、承認国の公序維持の立場から承認国内における外国判決の効力を否定する限度にとどまる。

⑤ 相互の保証があること

相互の保証とは、判決国がわが国裁判所の同種の判決を民事訴訟法118条と重要な点で異ならない要件の下で承認するとき、わが国は当該外国判決を承認するものであり、外国におけるわが国判決の効力を確保しようとする政策的な要件である。しかし、その実効性や要件充足の判断の困難性などの観点からその存在意義が疑問視されている。

(4) 訴訟対策

　企業の法務部門は、国際訴訟の類型に関する前述①および③の場合において、外国裁判所に提訴されそうなとき、あるいは外国裁判所に提訴しようとする場合にはこれらに備えて、直ちに訴訟対策に着手しなければならない。なお、前述②および④の場合においては、国内訴訟に準じて対応することになる。

　全社的な訴訟対策チームの迅速な立上げ、証拠資料の収集・検証・分析、関係者のヒアリング・検証・分析、調査の実施などは、国内訴訟の場合と同様であり、これらの共同作業を踏まえて、訴訟戦略を立案することが必要である。

　弁護士の起用については、国内訴訟とは異なる観点からの検討が必要である。すなわち、国際訴訟の場合、海外の法廷地において活動している有能な弁護士を起用しなければならない。また、その起用の仕方も、国内の法律事務を経由する方法と現地の法律事務所を直接起用する方法がある。国際法務の経験や知見がすくない企業の場合は前者の方法に頼らざるをえないとも考えられるが、費用と時間の両面で大きな負担がかかることになるので、現地の法律事務所を直接起用することが望ましい。グローバルに事業を展開する企業の法務部門は、いつ何時に生じるかもしれない国際訴訟に備えて、日頃から海外の法律事務所とのネットワークをつくっておく必要がある。

　また、どのような海外法律事務所を起用するかは、当該紛争の規模や性質などの観点を勘案することになるが、その専門分野に着目して、たとえば、環境法、知的財産法や競争法など、当該紛争に関わる特定の分野に強い法律事務所を起用する必要がある。

[注]

1) ICC1998年仲裁規則、AAA2000年仲裁規則、LCIA1998年仲裁規則、UNCITRAL1976年仲裁規則、JCAA1997年仲裁規則。
　　中村達也『国際商事仲裁入門』（中央経済社、2001）216頁以下（主要仲裁規則の主な比較）参照。
2) 当事者はそれぞれ、往復の時間、経費、コミュニケーションの設備、仲裁機関のサービスや証拠開示の仕方などの諸要素を考慮する。
3) 法の適用に関する通則法7条1項（当事者による準拠法の選択）の下での黙示の意思の解釈あるいは8条1項（最密接関係地法）の解釈により、結果として仲裁地法が適用される可能

性は高いと考えられる。
4) 仲裁地が日本にある仲裁において、当事者が外国の仲裁法に基づいて仲裁を行うことを合意した場合にも当該外国の仲裁法の指定は、いわゆる準拠法選択としての効力は認められず、無効とされる。近藤昌昭ほか『仲裁法コンメンタール』（商事法務、2003）10-11頁。
5) 大隈一武『国際商事仲裁の理論と実務』（中央経済社、1995）125-128頁。
6) 櫻田嘉章『国際私法第5版』（有斐閣、2006）213頁。
7) 本間靖規・中野俊一郎・酒井一『国際民事手続法第2版』（有斐閣、2012）40-42頁。

第9章
国際取引法の研究

1　ビジネス・ロー

（1）ビジネス・ローの基本原則
　国際取引法は、英語で International Business Law であり、企業のグローバルな事業活動に関わるビジネス・ローの主たる分野である。
　ビジネス・ローとは何か、あるいはその範囲や対象はいかなるものかといった、定義や定説は存在しないし、そのような必要性はないといってもよい。ビジネス・ローとは、主として企業および企業の事業活動にかかわる法規範のすべてが含まれるという、包括的な概念を前提として議論を進める。
　まず、ビジネス・ローは多様な法規範を対象としているが、ビジネス・ローが依拠する基本原則はどのようなものであろうか。

（a）信義誠実と公正取引の原則
　信義誠実の概念は、わが国を含め大陸法の法制度の共通の核心に属し、そして米国の統一商事法典（UCC）および判例法の体系であるリステイトメントやオーストラリアのような他のコモンロー制度によっても認識されている。
　また、国際物品売買に関する国連条約（CISG）や各国契約法の国際リステイトメントといわれるユニドロワ国際商事契約原則において、信義誠実（good faith）と公正取引（fair dealing）の原則は重要な地位を占めている。当事者は国際取引における信義誠実および公正取引の原則に従って行動しなければならないとされている。信義誠実の概念が公正取引の原則とともに用いられており、当事者の行動が主観的な基準やそれぞれの国内法制度の基準に従って評価されるの

ではなく、国際ビジネスにおいて見いだされる客観的な基準、つまり市場における公正さの基準に従って評価されるべきことが明らかにされている。

　信義誠実と公正取引の原則の具体的な機能は、たとえば契約関係においては次のように考えられる。

　第1に、すべての契約は信義誠実と公正取引に従って解釈しなければならない。当事者の意図が明らかでない場合、裁判所は合意の文字どおりの条項によるのではなく、合理的な当事者が契約に与える意味に従って契約を解釈するべきである。第2に、信義誠実と公正取引は補充的な機能を有する。契約または制定法において明示に規定されていない補充的な権利・義務が当事者間に生じうるが、信義誠実と公正取引により黙示の条項として当事者の権利・義務が補充される。第3に、信義誠実と公正取引は制限的な機能を有する。当事者を拘束し、契約の文言においてまたは制定法により規定されるルールは、その効果が信義誠実と公正取引に反する範囲においては適用されない。このような制限的機能は、事情変更における契約の適合、不合理な契約条項の抑制などの法理を生み出したといわれている。

　このように信義誠実と公正取引の原則は契約関係のみならずビジネスを規律する基本原則であり、ビジネス・ローの中核の基本原則と考えられる。

(b) 公正取引と公正競争の原則

　ビジネスにおける公正な取引は、当事者間で公正な競争が行われる環境が確保されていることが前提である。公正な取引は、公正な競争なくしては成り立ちえない。市場主義経済の下ではビジネスにおける競争がその本質的要素であるが、市場に任せていては公正な競争を確保することはできない。公正な競争の場は、当事者間の関係によってではなく、ビジネス・ローの介入により設定することが可能となる。この意味においてビジネス・ローはビジネスを規律するルールであるといえる。当事者間における公正な取引は、このような競争環境において公正な競争を行うことにより達成することが可能である。公正取引の原則は、公正競争の原則を前提とした両者不可分の関係にあると考えられる。

(c) ビジネス・ローの指導理念と社会的役割

　ビジネス・ローはビジネスに関わるルールを対象とするが、これはビジネスを規律するルールとビジネスを形成・運営するルールに大きく分けられる。

ビジネスの担い手である企業の事業活動は海外の子会社や関連会社を通じて世界に及んでおり、ビジネスは国境を越えた国際性を本来的に有している。この意味においてビジネス・ローは国際的な性格をもつものであり、その指導理念もグローバルな視野で、つまり国内社会のみならず国際社会に通用するものでなければならない。

このような指導理念は次のように考えられる。

第1は、論理性と合理性であり、ビジネス・ローの考え方はビジネスの内外において論理的な思考方法と合理的な判断基準に基づいていなければならない。第2は、ルールの遵守と社会的妥当性であり、ビジネス・ローに基づくルールは、国内・国際社会に通用しうるものであることが必要である。ビジネス・ローは国内・国際社会における社会規範との共通基盤をもつ存在である。ビジネス活動は社会規範の上に存立している。社会規範は社会的妥当性として体現されるが、ビジネス活動は社会的妥当性に裏付けられたものでなければ持続しえないからである。第3は、公正と信頼であり、ビジネス・ローによるルールは、ビジネスの内外から公正かつ信頼しうると評価されるものでなければならない。第4は、ビジネス・ローが構築するルールは、計画性と創造性を有するものであり、国内・国際社会に貢献しなければならない。

（2）ビジネス・ローの対象領域

ビジネス・ローが対象とする領域は、ビジネスにおける企業およびその事業活動の法的側面であり、いわゆる企業法務と呼ばれている。企業法務に関わる人は、直接の担い手である企業の法務部門、企業法務の案件を担当する弁護士や企業法務を研究の対象とする研究者などであるが、主たる担い手は企業の法務部門である。

まず、企業の法務部門は現在どのような法律業務を取り扱っているのであろうか。

いかなる企業も国内の事業活動から発展していく過程をたどる以上、法務部門の本来の領域は国内法務業務にあったが、わが国企業の国際化は、外国企業のわが国市場への参入、通商問題、規制緩和等に応じて国内においても急速に進んでおり、この意味において国内法務業務も変容しつつある。企業活動のグローバル

化が進展すれば、企業は各国の法制度とその運用問題に直面する。そのグローバル化の進展段階に応じて、国際法務業務がカバーする範囲は地理的に格段に拡がるとともに、その内容においてますます多様化・複雑化している。

　通常の事業活動に伴って生じる契約問題あるいは一般プロジェクトについては、法務部門は国内、海外ともわりと早い段階から参画しているのが通常である。

　国内における買収、合弁、提携等、海外における買収、合弁、投資、現地法人設立、提携等、企業の事業活動に重要な影響を及ぼす重要プロジェクトについては、常に法務部門の参画が要請されている。法務部門は企画立案の早い段階から積極的に参画し、企画部門や事業部門等とともに主導的な役割を果たすべきである。とりわけ海外においてはその必要性はきわめて高いが、国際法務業務における力不足のせいか平均的にはその参画の程度と主導力はかならずしも満足しうるものではない。

　国内における取引関係、知的財産、環境、消費者問題、雇用・労災、会社法関係等、海外における取引関係、知的財産、製造物責任、アンチダンピング、雇用関係、競争法等に関わる紛争・訴訟については、法務部門が紛争発生部門に対して完全なリーダーシップをとり、全社的な問題として迅速に対応すべきである。コンプライアンスや内部統制システムについては、国内、海外とも法務部門が主導することが期待されている。

　ビジネス・ローは、このような企業法務の法律問題を取り扱うので、その対象とする法領域は、国内関係では、物権法、債権法等の民法、知的財産法、会社法等の商法、独占禁止法、環境法、消費者法、労働法などであり、海外関係では、国際取引法、国際私法、国際民事訴訟法、さらに、代表的にはアメリカ法、EU法等の各国法や条約における契約法、知的財産法、競争法、通商法、環境法、消費者法、労働法、会社法など多岐にわたることになる。

(3) ビジネス・ローの研究
(a) 研究の対象領域

　ビジネス・ローの対象とする法領域は幅広くかつ多岐にわたっている。ビジネス・ローの研究者は、研究の対象として特定の分野を主たる専門分野とするだけでは不十分であり、さらにこれにつながる第2の専門分野、第3の専門分野を

自らの専門的研究の対象として設定することが必要である。これらの分野を有機的に研究することがそれぞれの専門分野の研究を進化させるために不可欠であると考えられる。

(b) 専門的研究と比較法的研究

ビジネスがグローバル化している環境下では、ビジネスを規律するルールおよびビジネスを形成・運営するルールもグローバルに通用することが必要であり、ビジネス・ローの研究は必然的にグローバルな性質をもっている。法学の研究には比較法による考察が必要という、単なる研究方法の意味においてのみならず、グローバルなルールとしての通用性をもつためには比較法の視点からの研究が不可欠である。また、比較法的研究ということは、グローバルには至らないルールや法は考慮しないというのではなく、いわばローカルなものについてもその価値を認識し、併存させる必要があるということである。

(c) 専門的研究と領空侵犯的研究

法学の研究者は、とかく自ら設定した専門分野に狭く閉じこもりがちである。ビジネス・ローが多様で幅広い法領域を対象とする以上、特定分野における専門的研究もその分野内で完結することはありえない。必要に応じて自在に関連分野に領空侵犯して研究領域を広げる必要があると考えられる。このような領空侵犯的な研究ができなければ、特定分野の専門的研究には限界が生じてくる。研究テーマによっては、関連分野における研究も専門的研究からのアプローチなくしては成り立ちえない場合もある。

(d) 学際的研究と専門的研究

ビジネス・ローは、ビジネスを規律するルールあるいはビジネスを形成・運営するルールを探求する法であるから、ビジネスに直結している。ビジネス・ローの研究にビジネスからの視点を欠かすことはできない。この意味においてビジネスにまたがる学際的研究は、ビジネス・ローの特定分野における専門的研究を深めるために不可欠であると考えられる。また、ビジネス・ローの研究者は、あらゆる機会をとらえてビジネスの実際の姿を知るべく努力するべきである。

2 リーガルプランニング

(1) ビジネス・ローの方法論としてのリーガルプランニング

　厳しい社会的・法的環境の下でグローバルな事業を展開する企業は、ビジネス面におけるプランニングをサポートするリーガルプランニングを必要としている。ビジネス・ローは、ビジネスを規律するルールとビジネスを形成・運営するルールから成り立つが、これらのルールを探求するための方法論としてリーガルプランニングの考え方が有用であると考えられる。

　企業法務の担い手である企業の法務部門は、その機能を臨床法務、予防法務、戦略法務と進展させてきたが、これまでに開発してきた手法と目的をリーガルプランニングという考え方で再構築し、さらにこの考え方に沿ってあらたなものを加えるならば、ビジネスにおけるプランニングに対応するリーガルプランニングの機能が明らかになり、これをビジネス・ローの方法論として位置づけることが可能になると考えられる。

　さらに、企業法務の企業経営への貢献に対する期待に呼応して、経営における創造性につながるリーガルプランニングの考え方を企業の法務部門の機能の中心に据えることができれば、ビジネス・ローの方法論としてのリーガルプランニングの機能は、現代のそして将来の企業の法務部門のあり方を導くことになると考えられる。

　このリーガルプランニングは、次のような3つのアプローチによりその性格と機能を明らかにすることができる。第1は、ビジネス的アプローチであり、企業活動におけるビジネスの目的に対応して、その目的に貢献するような法的戦略と法的枠組みを考案し、実行するという、ビジネスの視点から法的課題に取り組む。

　第2は、比較法的アプローチである。現代の企業活動はさまざまな局面において国境を越えてグローバル化しており、ビジネスがかかえる問題は絶えずグローバルな視点から検討する必要に迫られている。したがって、ビジネスにおける法的問題も1つの国の法制度ないし法システムという枠内のみでは解決策を見いだすことは困難であり、多くの他国の法制度・法システム、さらには国際的な法システムないしルールを考慮に入れることが必要である。

第3は、法政策的アプローチであり、企業活動を取り巻く法制度やルールの動向を見通して、その問題や解決策に関して社会に向けて提言する。このアプローチは、上記のビジネス的アプローチや比較法的アプローチの延長線上にあり、国際的な視野の中で法政策的な課題に取り組むものである。

それでは、リーガルプランニングは実際にどのように展開され、どのような機能を果たすことができるのであろうか。国際取引関係の構築および国際取引関係のリスクという2つの局面を取り上げて検討する。

(2) 国際取引関係構築のリーガルプランニング
(a) 取引関係構築のリーガルプランニング

まず、企業の基本的活動である「取引関係の構築」を例として検討する。

リーガルプランニングとは、ビジネスのポリシーの設定および事業計画の立案からその実行に至るすべての事業活動の法的側面において、立案、交渉、履行と紛争、そして次の立案へとつながる一連の活動を意味しており、リーガルプランニングの機能と性格を「取引関係ないし契約関係の構築」に当てはめると次のように述べることができる。

① フレームワークの設計

　企業の事業活動は、さまざまなビジネス上の取引関係となって具体化する。取引関係の法的な投影は当事者間における契約関係であるが、この契約関係は多くの要素から構成されており、本来的に多様である。この契約関係をビジネスの目的に従ってどのような内容とするか、すなわちどのような法的フレームワークを構築するかがリーガルプランニングの第一の目標である。

② あらたなビジネス関係の創造

　フレームワークの設計は、単に事業活動のための器を用意するということではなく、事業活動を促進し、実現するために適切な基盤ないし枠組みを設けるものである。それは、1つの事業活動の実現を通じてあらたなビジネス関係の創造を目指しており、リーガルプランニングは、法的な観点から企業の積極的な事業展開を可能とする契機を提供することに目標がある。

③ 拘束力と強制力による実行

　さまざまな取引関係は、当事者間における契約締結によりそれぞれの契約

関係、つまりフレームワークが構築されるが、それは当該契約の法的拘束力によって担保されている。当事者は契約上の義務を履行しなければならず、その違反に対して、相手方は仲裁または訴訟を提起することによって履行を強制または損害賠償を請求することができる。

④ 計画に対する成果の評価

契約締結時におけるフレームワークの設定という計画がどのように達成されたかどうか、また目的とする事業活動に適切なものであったかどうかなど、その成果が一定の時点で評価されなければならない。このような客観的な評価は、契約関係の当事者が途中で軌道を修正する、あるいは相互間の紛争を解決するためにも有用である。

⑤ 成否の果実のフィードバックと活用

企業は、他の数多くの企業とさまざまな取引関係を数多く構築している。グローバルに事業を展開する企業にその典型がみられる。1つの取引関係から得られる成果は、それが成功であればもちろんのこと、たとえ失敗であっても当該取引関係自身に、また他の取引関係や新たな取引関係にフィードバックして活用することが可能である。むしろ、契約締結時点におけるフレームワークの設定による計画は、当該企業のそれまでの数多くの取引関係から得られた知見とノウハウに基づいており、この意味における循環的創造性はリーガルプランニングにおける本来的な性格の1つである。

(b) 事業関係構築のリーガルプランニング

次に、「事業関係の構築」の例として、企業が内外において事業活動の積極的な展開を図ろうとして、他の企業と手を結ぶための提携関係に入る場合を取り上げ、リーガルプランニングの機能を考えてみる。

① フレームワークの設計

他企業との事業提携にはさまざまな選択肢がある。法的な観点からは、純粋契約型提携、少数資本参加型提携、ジョイントベンチャー型提携に大きく分けられる。さらにジョイントベンチャー型提携は、パートナーシップ型ジョイントベンチャー（有限責任の有無により、一般パートナーシップ型、有限責任パートナーシップ型あるいはメンバーが経営する有限責任会社型）、コーポレート型ジョイントベンチャー（マネージャーが経営する有限責任会社型

と株式会社型）に分けられる。ビジネスの観点からは、事業の段階に応じて、研究開発提携、生産提携、マーケティング提携、生産・マーケティング提携、研究開発・生産・マーケティング提携に分けることができる。

　事業提携の目的と性格、パートナーとの関係などを考慮して、どのような形態を選択すべきか、各形態のメリット・デメリットを慎重に検討して決定する必要がある。提携関係の目的を達成するのにもっとも適した形態を将来の事業活動の戦略に沿って長期的な観点から選択する必要がある。

② あらたなビジネス関係の創造

　事業提携の基本的な形態が決まれば、その器の中でどのような提携関係を当事者間で構築するのか、パートナーとなる相手方との交渉を通じて、具体的な契約関係に入る必要がある。たとえば少数資本参加型提携の場合、どのような事業で提携するのか、提携から期待する利益は何か、出資比率はどれぐらいか、取締役は派遣するのか、提携関係を解消する場合の手続と解消後の関係はどうするのかなどである。提携の内容が提携契約に織り込まれることにより、あらたなビジネス関係が創造されることになる。

③ 拘束力と強制力による実行

　事業提携契約は、当事者の提携事業に関する権利・義務とともに、提携事業の内容を定める。たとえばコーポレート型ジョイントベンチャーの場合、事業提携契約であるジョイントベンチャー契約は、合弁会社として有限責任会社または株式会社を設立し、その事業内容や運営の仕方とともに、メンバーまたは株主としての権利および義務を定める。提携の当事者は、事業提携契約に従って、すなわち契約に基づく拘束力の下で提携関係を構築し、提携事業を運営することになる。

④ 計画に対する成果の評価

　提携関係は、提携契約の締結時点で当事者の利害が一致していても、当事者それぞれの事業における変化、さらに提携事業をめぐる変化は、時間の経過とともに激しくなる。提携関係は、本来的に不安定な要素を内包しているともいえる。しかし、そのような変化に対応できる当事者の事業戦略と提携事業から得られる利益があるならば、提携関係という戦略は、当事者の事業活動に大きな成果をもたらす可能性がある。この意味で提携契約においても、

当初の提携計画を定期的に評価し、たとえば、あらたなパートナーを受け入れる、あるいは提携事業の内容の見直しや軌道修正が必要である。
⑤ 成否の果実のフィードバックと活用
　現代のビジネスにおいては、企業は数多くの企業とさまざまな提携関係に入っているのが通常である。1社単独で内外における激しい競争に生き残ることは難しく、緩やかな提携関係も企業グループの中に取り込んでいる。激しい競争環境下ではすべて提携関係が当初の計画どおりに成功に至るわけではない。1つの提携関係の成功あるいは失敗の教訓は、次のあらたなる提携関係に生かすことができる。提携関係の数が多くなればなるほど、それらの教訓や知見は、ノウハウとして新たな価値を創造すると考えられる。ここでもまた、リーガルプランニングの創造性が発揮されることになる。

(3) 国際取引関係におけるリスクとリーガルプランニング
　前述の国際取引関係構築のリーガルプランニングとは異なる視点、すなわち、さまざまな国際取引関係が有する固有のリスクに焦点を合わせ、そのリスクにどのように対処するかという視点からリーガルプラニングの機能を検討する。ここでは2つの事例を取り上げる。
(a) 国際技術ライセンスにおけるライセンサーによる許諾技術保証義務のリスクとリーガルプランニング
① ライセンサーによる合理的な保証
　国際技術ライセンスにおいては、円滑な技術移転の観点から、許諾技術の保証についてライセンサーの義務はどのように考えるべきであろうか。ライセンサーの責任は、原則としてその収入の範囲内で負うとすることが国際技術ライセンスの目的およびライセンサー、ライセンシー両当事者の目的に適うところである。
② ライセンサーによる性能基準達成のプロセスと性能基準未達成の責任
　ライセンシーのあたらしいプラントにおける試運転を繰り返しても、ライセンサーに起因して性能基準を達成できなかった場合にライセンサーの責任はどうように考えるべきであろうか。
　試運転の上限回数を定めておいてそこで試運転を打ち切り、ライセンシー

の損失をなんらかの形で補償する。ライセンサーとしては、この段階に至るまで円滑な技術移転に最大限の努力を尽くした以上、国際技術ライセンス契約上の義務は金銭的な損害賠償義務に転ずるとすべきである。しかし、上記①で述べたようにライセンサーの責任はその収入の範囲内に限定することを考える必要がある。ライセンサーの責任を限定するには、一般的に損害賠償額の予定として構成する方法が考えられ、具体的には金額的に最高額を設定する方法とロイヤルティを減額する方法がある。

(b) 国際合弁会社におけるデッドロックのリスクとリーガルプランニング

共同事業者は、その持株比率に応じて合弁会社の取締役を指名する権利を有する。合弁会社の取締役会における重要な意思決定事項については決議要件が加重されており、共同事業者は、少数株主であっても会社の意思決定を左右することができる。共同事業者が、合弁会社の経営に関してそれぞれの利害をその指名する取締役を通じて妥協することなくあくまでも主張する場合、合弁会社の取締役会は分裂してデッドロックに乗り上げる。取締役会におけるデッドロックは、株主総会に舞台を移しても同じデッドロックをもたらす。このような共同事業者は、株主総会においても同様の加重決議要件や拒否権を留保している。このようなデッドロックに対処する方策は考えられるであろうか。

① スイングマンの権限

当初から取締役の数を奇数にし、そのうちの1人を最終的な決定を下す取締役として双方の共同事業者が受け入れることのできる公平なアウトサイダーにする。しかし、実際問題としてかかる強大な権限を与えるに値するようなスウィングマンを見いだすことはきわめて困難である。

② 最高経営責任者の権限

取締役会のデッドロックが、合弁会社のビジネスの継続または財産の保全にとって重要な問題にかかわる場合や、共同事業者がある特定の分野で衝突する可能性が予期される場合には、最高経営責任者は合弁会社としての意思決定を行うことができる。

しかし、このような最高経営責任者の意思決定は、後で常に反対の共同事業者によって吟味されるものであり、その責任が追及されることがありうる。最高経営責任者は結果としてすくなくとも共同事業者または取締役の過半数

によって受け入れられるようなコースに合弁会社を導くことになり、一見幅広い最高経営責任者の権限もこの意味において制限されたものとなる。さらに、最高経営責任者は、一方の共同事業者の仲間であって仲裁人としての地位を欠いており、他方の共同事業者の観点からはもちろんのこと、最高経営責任者にかかる重大な権限を与えることが実際的に困難な状況にあるのがしばしばである。

③ 仲裁人の起用

ジョイントベンチャー契約における仲裁の対象にデッドロックとなる事項が含まれることを明記して、公平な立場にある第三者を仲裁人として起用する。

しかし、ビジネスの基本的ポリシーのような論争が果たして仲裁になじむものか、また第三者がそのような論争について対立する共同事業者に受け入れられるような解決策を提示することができるのか疑問であり、仲裁は、経営方針の意見の不一致や事業戦略についての意見の相違の解決にはほとんどの場合役に立たない。

④ 共同事業者のトップマネジメント間の協議

取締役会においてデッドロックとなった紛争は、共同事業者が自ら直接に協議し、ビジネス上の問題として解決に当たることが必要となる。すでに共同事業の実際の運営責任を担う者のレベルにおける妥協の試みは尽くされた後であるから、当該紛争は、共同事業者のトップマネジメント（最高経営責任者）間の協議に委ねられ、ジョイントベンチャー関係の存続の観点から大局的に判断されなければならない。このようなトップレベルでの協議は、当該共同事業に対する事業戦略というポリシーの観点から紛争解決を図るものとしてきわめて有効に働く可能性もあるが、最後の手段としていわば政治的な妥協を図るものであり、かならずしも常に紛争解決に成功するとは限らない。

第2部

技術戦略と知的財産関連法

第1章
技術戦略

1 技術戦略と知的財産戦略

(1) 経営戦略としての技術戦略

　企業の経営戦略において技術戦略が占める位置は、その業種によって異なることはいうまでもないが、製造業における重要度においては企業経営の核心といえるものである。企業に収益をもたらすものは、研究開発および生産の基盤となる技術とその成果である製品の販売である。技術戦略と販売戦略は企業経営の両輪であるが、企業によっては技術戦略志向あるいは販売戦略志向のいずれかに経営の方向性を定めることがある。

　しかし、現代における技術革新の猛烈な速さと多様性は、企業における技術戦略の重要性をますます高めており、その販売戦略の役割も技術戦略に貢献するという観点から認識される。しかも、企業の中で技術を発展させ、蓄積するには長い期間を要するものであり、この意味において技術戦略は、企業経営の長期的観点から策定される必要がある[1]。

　技術戦略は、企業の研究開発から生産、さらには販売活動にまで関わるものであり、その概念そのものを明確に述べることは難しいが、次のような例示によって理解することができる。研究開発のポリシーの設定と実行、研究開発の成果の事業化、知的財産権のポリシーと管理、現在所有している技術の評価、既存技術の改良の可能性と発展性、既存製品の改良と新製品の開発、新規技術の導入の可能性、新規事業への進出、販売活動に伴う技術支援など、技術戦略は企業の事業活動の命運をにぎっている。

現代の技術革新時代における技術戦略は、情報技術の発展に伴ない、製造業のみならず、流通、金融、放送、通信、娯楽などの分野においても一段とその重要性を増しており、すべての産業に共通する経営課題ということができる。

ところで、企業の経営戦略は、機能別戦略と階層別事業戦略に大きく分けることができるが、たとえば、機能別戦略は、研究開発戦略、知的財産戦略、生産戦略、物流戦略、販売戦略、財務戦略など機能的な観点から、一方で、階層別事業戦略は、全社事業戦略、部門事業戦略、グループ事業戦略のような階層的な観点から区分することが一般的に可能であり[2]、実際のビジネスにおいては両者の戦略はそれぞれ相互作用の関係にあると考えられる。

技術戦略は、このような研究開発、知的財産戦略、生産戦略の技術的側面、販売戦略の技術的側面など、機能別戦略の技術的側面をすべて対象とする経営戦略と位置づけることもできる。

また、技術戦略とは、技術動向、ニーズ動向および競合動向を知り、自社の理念や目標と強みを確認して、競争に勝ち、かつ利益を上げるために、技術的新事業を設定し、それを実現させるための計画を立て、経営資源を割り当てることであるとも定義される。従来の経営戦略では、技術は存在する、あるいは外から与えられる条件として取り扱われていたのに対して、技術戦略の基本思想は、技術を自らつくり出す、あるいは操作する、いわば「武器」として積極的に活用して経営の戦略を構築することであるといえる[3]。

（2）技術戦略の策定

技術戦略は、まず、経営理念および経営政策、経営戦略および事業戦略と統合され、整合性を有しなければならない。それを前提として、技術戦略は、たとえば、次のように策定される[4]。

第1に、技術戦略の基本は、中核技術の設定と技術目標の設定である。そのためには現在自社が有する主要な要素技術の評価が必要となり、要素技術の魅力度や競争力を具体的に評価しなければならない。要素技術の評価により、自社が持続的に技術的競争優位性を保持するための技術創出や発展を追求すべき技術領域である中核技術の設定を行い、技術目標を樹立する必要がある。

第2に、中核技術の研究開発計画である。中期的および長期的視野から、中核

技術について具体的な研究開発計画を立てなければならない。そのためには、たとえば、次のような観点からのアプローチが考えられる。

いかなる企業にも経営資源の限界があり、対象技術の選択と集中が必要である。まず、10年、20年先を見据えた先行研究と事業化のための事業化研究とに分けて、研究開発テーマを絞り込まなければならないが、すでに市場にある技術や他社が先行している技術は対象外にすべきである。

また、市場ニーズに対応して研究・技術開発を進める必要がある。そのためには、商品設計部門、製品開発部門、研究・技術開発部門間の連携を図らなければならない。

第3に、中核技術の設定により明らかになった不足技術分野や余剰技術分野における対策である。技術の優位性が低く、技術力が足りないが、事業への影響度の大きな技術分野では他社と積極的に提携することが必要となる。共同研究開発、技術導入、ジョイントベンチャー、買収など多くの選択肢が考えられる。もっとも、このような提携は、現代の技術革新の環境下においては、技術優位性が高く、事業への影響度が大きい技術分野においても、強者がさらに強くなるために活用されている[5]。

一方、技術優位性も低く、事業への影響度も低い技術の多くは余剰技術であり、その販売を進めることは、遊休知的財産の有効活用となる。もっとも、このような技術の販売が大きな価値を生み出すことはあまり期待できない。

第4に、知的財産戦略と国際標準化戦略は、技術戦略において重要な位置を占めている。

知的財産戦略は、特許戦略とライセンス（license）戦略に分けられる。特許戦略においては、特許取得により技術の囲い込み戦略を実行することになり、関連特許の取得による競争者の参入阻止、周辺特許の取得による競争者の技術領域の包囲とその事業展開の阻止などを図る[6]。ライセンス戦略においては、どのように技術移転によってライセンス収入を拡大し、どのような技術を導入するかという、知的財産の活用および強化の戦略を展開する必要がある。

国際的な技術の標準化にどのように対処するかという国際標準化戦略は、受身の標準化ではなく、標準化の先取りを図り、国際標準化のための積極的な提携を構築しなければならない。

第5に、前述の技術戦略を実行するために、適切な人材を配置し（人事戦略）、技術組織を整備する必要がある。

第6に、技術戦略に従って、具体的な研究開発、提携や知的財産などの技術投資計画を立てなければならない。

（3）グローバル技術戦略

企業活動のグローバル化は、海外販売、海外生産、そして海外研究開発の順で進展するが、グローバルに技術の開発・蓄積・活用を展開するグローバル技術戦略もこれに応じてきわめて活発化している。グローバル技術戦略は、海外研究開発拠点の設置による独自の研究開発と他社との提携戦略に大きく分けることができる[7]。

海外の現地市場に適合する製品開発、国内技術者の不足と人件費高騰による海外技術者の獲得の必要性、海外における技術情報の収集、海外の生産・販売拠点からの要請などによって、海外に研究開発拠点を設ける必要が生じている。

一方、海外の企業との提携は、契約による研究開発の委託・受託や共同研究開発、ライセンスによる技術移転・導入、ジョイントベンチャーによる共同研究開発や共同生産などの多彩な形態で展開されている。

（4）技術戦略における知的財産戦略

知的財産戦略は、知的財産の保護・権利化と知的財産権の実施・活用に大きく分けることができる。

前者は、たとえば、研究開発との連携、知的財産の保護および権利化のポリシー策定、技術分野別の権利化取得支援、知的財産の出願・維持、社内知的財産の管理などである。

後者は、たとえば、事業戦略との連携、知的財産の実施・活用のポリシーの策定、ライセンス活動、知的財産権実施料収支の管理、知的財産権紛争対策などである。

（a）研究開発戦略と知的財産戦略

研究開発段階において、研究開発の効率を向上させるために知的財産戦略として、次のような検討のプロセスを経て知的財産の取得および保護を図らなければ

ならない[8]。

　まず、第1に、研究開発に関連する全世界の知的財産および技術の動向を調査して、自社と競争者の知的財産および技術の動向を検討することにより、自社の知的財産・技術の強みと弱みを認識しなければならない。弱い分野においては研究開発投資を抑制し、強い分野においては研究開発を強化するなど、研究開発における選択と集中を図ることができる。

　第2に、知的財産・技術の動向の調査により、目指すべき製品市場のニーズを分析する必要がある。製品市場のニーズに基づき強化すべき研究開発分野をあらたに設定し、重点的な研究開発投資を行うことができる。

　第3に、研究開発によって獲得した知的財産について、権利化すべきかどうかを判断する必要がある。知的財産を権利化することにより、知的財産権は独占性および排他性を有し、これを武器として、市場をコントロールすることが可能となる。

　ところで、知的財産の中でもっとも重要な特許の戦略は、研究開発戦略との関係において価値の高い特許を取得するために、どのような視点が必要であろうか[9]。第1に、防衛的出願ではなく、他社が欲しくなるような特許を取得することが必要である。市場動向の数年先を見越して、市場のニーズに応じた製品に適合するような権利範囲を有する特許であることが望ましい。市場における第三者が使用したいと思わないような特許は、ライセンスの対象とはならず、法的手段による排除の必要性も生じることなく、第三者のビジネスに影響を及ぼすことはないので、価値が高い特許ということはできない。

　第2に、先行技術などにより容易に無効になる、あるいはその権利範囲が縮小する可能性のない特許でなければならない。外見上は広い権利範囲であっても、たとえば、ライセンス交渉において先行技術を提示されて無効になる可能性のあるような特許は、ビジネス上の価値を有しない。

　第3に、他社に対して権利行使可能な特許でなければならない。たとえば、権利範囲を確定するクレームの記載が未熟である場合、権利範囲を確定することができない、あるいは回避される可能性が生じるので、価値の高い特許ということはできない。

(b) 知的財産戦略と事業化

現代の技術革新の時代においては、製品サイクルは短縮化されており、その都度関連するすべての製品・技術について新しいものを開発することはできない。企業は、研究・技術開発により取得した知的財産の活用を図ることが必要である。

まず、研究・技術開発の成果を製品に利用するのは1回きりだけではなく、何回も活用することが必要であり、さらにその成果を他の分野においても活用しなければならない。

そして、前述した知的財産・技術の動向の調査により得られた自社の知的財産・技術の強み・弱みや製品市場のニーズを考慮しながら、どの知的財産をもとに製品化し、どの知的財産をライセンスの対象とするのか、さらに地域ごとにいずれを事業戦略とするのかを決定しなければならない。

前者は、特許権の場合、特許権が本来的に有する独占的排他権を行使することにより、他社が市場に参入することを排除することができ、マーケットシェアを独占し、マーケットによる経済的利益を追求する戦略である。後者は、ライセンスにより、特許権を他社に開放して、ロイヤルティを取得する戦略であるが、競争相手にも積極的にライセンスを許諾することにより、当該技術分野においてリーダーシップをとることを目指すものである。いずれの企業もどちらかに極端に偏したポリシーをとることは一般的にはありえず、マーケットや技術分野の状況に応じて柔軟にポリシーを策定することが必要である[10]。

とりわけ製品販売からライセンスへの移行のタイミングまたはライセンス活動の展開が重要となる場合がある。製品の販売によりマーケットが大きくなり始めると、他社がマーケット参入の意欲をもち始める。この場合、他社は、ライセンスの取得と自社による代替技術の開発を並行して検討するのが通常である。ライセンスの目的は、ライセンスを許諾することにより自社技術の基盤上に他社の製品を乗せることにあり、これによって他社の代替技術開発の動機を妨げることができる。ライセンス活動への転換が遅れ、他社の代替技術が完成する場合には、熾烈な価格競争が生じることになる。このようにライセンス活動は、市場の状況や他社の技術開発の動向を考慮して決定する戦略的な判断である。

事例　味の素が韓国企業から特許侵害4件で和解金受領[11]

　味の素は、うま味調味料「味の素」の主成分であるグルタミン酸ナトリウム（MSG）の製造方法に関する特許を巡り、韓国のシージェイチェイルジェダン社と関連会社3社（以下CJグループ）と争っていたドイツでの裁判で、和解金を受け取ることで合意した。味の素はCJグループに対する4件の訴訟すべてで和解金を受領し、訴訟が終結した。

　味の素は2016年、CJグループを相手取り、MSGと飼料用アミノ酸「トリプトファン」の製造方法を巡った特許侵害訴訟を日米独の地方裁判所に提起した。うち3件は2022年3月、5月、11月に和解が成立している。

　和解金の総額は非公表だが、4件で総額40億円程度とみられる。2022年5月、11月と今回の3件の和解金は2023年3月期の連結業績（国際会計基準）予想に織り込み済みである。

　ドイツの裁判では、味の素がもつMSGの微生物製造技術をCJグループが無断で借用し、特許を侵害しているかが争点であった。CJグループはMSG精製後の培地を肥料用として販売しており、遺伝子配列を調べたところ味の素が製造時に使う微生物のDNAと同じものが検出された。

　ドイツ地裁は2020年1月、特許侵害を認める判決を出した。CJグループが控訴していたが、このほど和解権の支払いで合意した。

2　知的財産戦略とライセンス戦略

（1）知的財産戦略におけるライセンス戦略

　かつて知的財産は、収入を生み出す実際の潜在能力を有しない二次的な重要性の資産にすぎないと考えられた時代があった。しかし、今や知的財産およびそのライセンスは、巨大な収入源となってきており、企業経営の成功の可能性を測定する重要な基準となっている。

　企業が、知的財産のライセンスを直接的および間接的な収入源としてあてにし始めたのは事実である。企業の知的財産は、その中核のビジネスを無傷のままにしながら、売却やライセンスの対象とすることができる、あるいは買収や分割の結果受け取る対価の価値を大きく増加させることが可能である。

　企業の知的財産は、たとえば、侵害者に対する保護のように、マーケットシェアを保護することにより、そして幅広い特許の排除効果を通じてマーケットシェ

アを増大させることにより間接的な収入源としての機能を果たすことができる。企業はまた、一定の分野における積極的な特許化およびライセンスが競争者に与える影響から間接的に利益を得ることができる。さらに、活発な特許化とライセンスは、従業員発明者に対して、彼らが当該企業により認識され評価されている事実を示すことになり、そしてそれが貴重な人材をその企業にとどめることに役立つということもできる[12]。

(a) 知的財産の価値の実現

知的財産の価値は、知的財産を売却し、購入し、あるいは他企業と分かち合うことにより実現することが可能である。

第1に、知的財産は、収入を生み出す目的などのために他企業へ売却または技術移転（licensing-out）することができる。これが収入を生み出すためのもっとも早い方法である。ライセンスの潜在的能力を引き出すために、特許を保有し、技術移転を専門にする会社を設立する企業も数多く見受けられる。

第2に、知的財産は、研究開発のコストを軽減する目的などのために他企業から購入または技術導入（licensing-in）することができる。

第3に、知的財産は、たとえば、それぞれのリスクの軽減を目的として他企業と研究開発で手を結ぶためのベースとするために、他企業と分かち合うことができる。

(b) 知的財産活用の方向

企業の所有する知的財産の価値をどのような基準で評価し、知的財産をどのような方向に活用することが企業価値の向上に資することになるであろうか[13]。第1に、知的財産は、競争者に対して市場参入のコストを上下することにより、企業がその市場上の地位を保護することを可能にする。企業の中核技術と代替技術を保護する特許のポートフォリオ（patent portfolio）は、競争者の参入を何年もの間遅らせることができる、そして当該企業が顧客の期待に応え、技術革新の成果を享受する道を開くことができる。

第2に、知的財産は、企業がその知的財産に基づいてその市場上の地位を高めることを可能にする。たとえば、知的財産は、買収取引における企業の評価を高め、必要な技術へのアクセスのための交渉における取引能力を強めることができる。

第3に、企業は、知的財産戦略によって、ライセンス関係やパートナーシップ関係を発展させ、あるいは当該業界における技術標準を確立することにより、その市場上の地位を拡大することが可能である。

(c) 技術移転と技術導入

　ライセンスとは、一般的にいって特許権などの知的財産権の実施権を許諾することであるが、大きく他企業からの技術導入と他企業への技術移転に分けることができる。企業が自らの研究開発の成果を実施するには、特許権などの知的財産権を取得して、まず、第一に自ら事業化することであり、さらに他企業へ技術移転することが考えられる。事業化して製品を生産・販売するか、ライセンスによって対価を得るか、あるいは製品の販売とライセンスの両者を並列させるかはそれぞれの企業の経営戦略によることとなる。

　技術移転により、自社の市場での製品の販売に基づく事業収益は、技術移転に基づくライセンシーによる市場での収益に相当する分だけ一般的に減少するものと考えられる。この意味において、技術移転により失われることのある事業収益と技術移転により得られるライセンス収益を比較することも、技術移転の可否を評価する1つの方法である[14]。もっとも、販売ルートの確立していない市場または将来進出する予定のない市場の場合は、このような収益の比較は考慮する必要がない。

　技術移転は、知的財産権の特性から、対象とする許諾技術の範囲を製造、使用、販売に区分し、実施期間や実施地域などを制限することが可能である。この特性を活用して、製品販売により事業収益を上げる市場における優位性を損なわないように、許諾技術の範囲を限定した技術移転によって、製品販売による事業収益と技術移転によるライセンス収益の双方による利益の最大化も可能である。

　また、製品のマーケティングの観点からは、当該製品の世界市場をすべて自己のマーケティング力のみでカバーすることは通常困難であり、ライセンスを活用する必要が生じてくる。他社へ活発にライセンスすることによって、当該技術市場においてリーダーシップを確立する道が開け、さらに製品の販売活動に好影響を及ぼすことができる。

　一方、新規技術の導入の方法としては、共同研究開発、ジョイントベンチャー、買収などによって可能ではあるが、ライセンスがその一部に組み込まれ

ていることがしばしばであり、またそのような包括的な形態をとらなくても、ライセンスという方式だけでもっとも簡便に新規技術を獲得することは可能である。

　いかなる企業も、現代において激しく展開されているあらゆる技術革新に歩調を合わせることは容易ではない。どの企業も技術の弱いところ・不得意なところをもっており、自社のみで関連するすべての技術分野をカバーすることは不可能に近い。自社技術を補完し、強化し、刺激を与えて活性化するためには、ライセンス方式によって技術の導入を図ることが必要である。しかし、技術は企業にとってきわめて貴重な経営資源であり、欲するままに一方的に技術を導入しようとしても困難な場合が多くなっている。むしろ、相互に技術のライセンスを供与することが前提として要求される。また、他社へ基本的な技術をライセンスして、改良された技術を受け取ることによって、自社技術の発展と完成を図ることも考えられる。いずれにしても他社へライセンスを許諾できる技術なくしては成り立ちえない関係ということができる。

　技術の導入と技術の移転とは密接な相互関係にあるといわれる[15]。技術の移転にもっとも活発な企業ほど、技術の導入にもっとも熱心な企業というわけである。技術的に発展すればするほどそのような企業は、規則正しく技術導入と技術移転を行っており、優れた技術をもつ企業から技術を導入しつつ、一方で技術移転を活発に展開することにより当該技術市場および製品市場においてリーダーシップを確立しようとする。現代の激しい技術革新に取り残されず、むしろそのリーダーシップをとることが、自らの研究開発の努力とともに経営戦略としての重要な技術戦略といえる。そしてかかる技術戦略の柱はライセンスであり、ライセンス活動は、技術戦略の1つとして他社とのライセンス関係をどのように構築するべきかという課題をもつことになる。

　ところで、企業の技術移転の主たる動機としては、開発費用の回収、事業発展の必要、特許係争回避の要請、ロイヤルティ収入確保、クロスライセンス（cross license）、ライセンス技術の普及、ライセンス対象技術を用いたプラント建設などの順番で挙げられている。一方、技術導入の主たる動機として、研究開発リスクの回避、特許係争回避、事業発展の必要、クロスライセンスなどの順番で挙げられている[16]。

（2）国際ライセンスの機能

　ライセンスとは、技術等の知的財産権の所有者であるライセンサー（licensor）が、その知的財産権の利用を欲するライセンシー（licensee）に対し、対価と引き換えにその実施を許諾するものであるが、ライセンサーからみれば技術移転であり、ライセンシーからみれば技術導入となる。もっとも、単純な技術売買の形がありうるが、これのみであれば技術戦略の観点からはあまり大きな意義を有しないことから、ライセンスは技術移転あるいは技術導入という包括的なものとしてとらえるべきと考えられる。

　国際ライセンスとは、国を越えたライセンサー・ライセンシー間の技術移転・技術導入であり、技術革新のグローバルな展開に従いライセンスも必然的に国際性を帯びてくることになり、純粋の国内企業間のライセンスに比してより複雑かつ精緻な契約関係となるが、それだけに企業の事業戦略としてその有用性が高く評価されるものである。

（a）ライセンサーにとっての国際技術移転

① 研究開発費の回収と再投資

　投資した研究開発費は、商業化に成功した製品の販売によって回収するという間接的な方法よりも技術移転という直接的な方法によって回収することが可能である。技術移転の成功は、いわばその技術の商品としての価値を技術市場において証明したことになる。ロイヤルティという実施料の収入は、技術収入料としてあらたな研究開発に充当できる原資となる。技術料の収支は、当該企業の技術力を表しているといえるのであり、技術導入に対する技術移転の金額的比率が継続的に大きい企業ほど研究開発に再投資できる固有の経営資源をもつことが可能となる。

② 海外市場進出への足がかり

　製品販売により海外市場へ進出しようとしても、国によっては高い関税障壁や非関税障壁があり、いまだ販売・流通経路を開拓していないなどマーケティング力を欠いている場合には、ライセンスによって橋頭堡を築くことが考えられる。外資規制の多い発展途上国においても技術導入には基本的に熱心であり、円滑な技術移転を図ることができる。

③ 海外製品市場の拡大

　海外市場において製品の販売ネットワークの確立に時間がかかり、その製品の浸透が容易でない場合、当該製品の関わる技術のライセンスによって製品市場の拡大を図ることができる。ライセンシーが許諾製品を生産・販売するが、ライセンシーの数が増えればそれだけライセンサーにとっても製品市場の拡大につながる。もっとも、ライセンサーは、自らの製品の販路が制約されることにもなるので、国または地域によって製品販売かライセンスかの事業戦略の使い分けが必要であり、グローバル市場における全体としての市場拡大を戦略的に考慮しなければならない。

④ 海外合弁事業のための基盤

　伝統的な海外合弁事業は、外資が現地のパートナーと合弁会社を設立し、合弁会社にライセンスを許諾するという方式である。合弁事業形態は、外資規制により外資が直接完全子会社を設立することができない場合にしばしばとられるものであり、また、ライセンサーが単にライセンスを許諾するだけでは海外市場における事業戦略として不十分な場合に選択される有用な事業形態である。ライセンサーによって許諾される技術がかかる合弁事業の基盤であり、ライセンサーは、ライセンスを通じて合弁会社をコントロールすることが可能となる。

⑤ 海外子会社への技術移転

　メーカーであるライセンサーは、グローバルな事業展開の一環として海外に生産拠点をもつことを望むものである。もっとも生産コストの安い生産拠点の確保は、国際競争力の観点から要請される。ライセンサーは事業戦略として、海外に現地法人を設立し、技術を移転して、その国の市場はもちろんのこと、グローバル市場に向けて製品の供給基地を構築する。現地法人は、いわばライセンサーの分工場のような役割を果たしているということができる。

⑥ グローバルな技術戦略の手段

　ライセンサーは、技術移転のためのライセンスをベースとして、改良技術の交換を通じた共同開発関係、改良技術のグラントバック（grant-back）とサブライセンス（sublicense）によるライセンスネットワーク（license network）関係およびクロスライセンス関係のような拡大したライセンス関係を構築することが可能である。このような技術戦略としてのライセンスは、単なるライセンス関係を超えたパートナーを海外に求める場合にはその有用性を発揮するものであり、グローバルな技術戦略の有効な手段として機能することが期待されている。

⑦ 国際標準化のための手段

多くの製品や技術にとって、標準化は商業的な成功のために重要であり、国際技術移転は国際標準形成のための枢要な手段である。標準は、ネットワーク外部性（network externalities）を示す市場においてとりわけ重要である。ネットワーク外部性は、より多くの消費者が同じ製品や互換製品を採用するとき、当該製品が消費者にとってより価値のあるものとなる場合に生ずる。

ライセンサーは、標準を形成する技術移転からさまざまな方法で利益を得ることができる。製品または技術の標準化に成功すれば、市場は大いに拡大することになり、技術開発企業は、たとえ競争相手が存在する場合でも事業経営において利益を上げ、そしてロイヤルティによる利益を得ることもできる。技術的な変化と革新が生じている市場においては、技術開発企業は、あたらしい技術を提供し、それにより大きなマーケットシェアを維持することによって創業者利益を享受することができる[17]。

デファクトスタンダード（De Fact Standard）が大きく影響を及ぼすような技術の場合には、早い段階から、たとえロイヤルティが比較的低いレートであっても、多数のライセンシーに積極的にライセンスすることにより市場での技術の標準化を図るべきである。

⑧ グローバルな知的財産権の活用

ライセンスは、対象とする特許権などの知的財産権を能力もしくは数量、製品もしくは用途または地域などに細分して許諾することができる。ライセンサーが、各国または地域における市場のニーズあるいは自己のマーケティング政策に応じてこのような知的財産の特性を活用するならば、知的財産権に基づく技術の価値を最大限に引き出すことになる。ライセンス活動がグローバルな展開になればなるほど、その特性が生きることになると考えられる。

また、自社が事業において利用していない知的財産をグローバルなライセ

ンスによって積極的に活用することにより収益を上げるも可能である。
(b) ライセンシーにとっての国際技術導入
① 研究開発の効率化

自社で研究開発を行うか、あるいは技術を導入するかは、まず研究開発政策の第一歩ともいえるが、技術面における経営資源に限りがある以上、ある分野においては技術導入に頼ることが必要となる。特定分野の技術導入によって研究開発の人員と費用を節約し、それを自社が注力する技術分野に重点的に充てることができる。また、技術導入に当たっては、世界において最先端の技術を求めることになり、導入された技術は自社の研究開発に対してさまざまな刺激を与える。このようにして適切な技術導入は研究開発全体に好ましい影響をもたらすことができる。

② 新規事業進出への足がかり

企業は自己の経営資源のみで新規事業に進出できるのが理想であるが、メーカーの場合、まったくあたらしい分野に進出するためにはそのための技術が必要であり、自社開発によってすべてをまかなうことは難事業である。市場の動向と進出のタイミングが新規事業の成否の鍵ともいえる。自社技術の開発に長時間を要するのであれば、むしろグローバル市場における最先端の技術を導入するほうが望ましい。かかる技術の導入に成功すれば、一挙に新規事業を立ち上げることも可能となる。

③ 事業提携関係構築の手段

企業の戦略的な分野において、海外の企業となんらかの事業提携関係をもつことを企図する場合、もっとも近い道はその企業から技術を導入することである。当該ライセンス関係が成功しているときには、技術導入としてのライセンスをベースに、販売面における協力、さらには生産面での共同事業などに発展する可能性が開けてくる。その提携の範囲は、ライセンスが対象とする製品・技術のみならず、関連する製品・技術にまで及ぶ場合がありうる。

(3) ライセンス戦略

ライセンス戦略を発展させるためにどのような要素を考慮すべきであろうか。基本的な戦略的課題は、次のような観点から包括的に検討されるべきと考えられ

る[18]。

　第1に、どのようなライセンス戦略も企業の全体のビジネス計画を短期および長期の観点から支えるものでなければならない。よきライセンス戦略は、企業の製品ラインを補完し、高めるものであり、そして企業が活動する市場においてその地位を確保するのに役立つものである。製品の製造や販売に悪影響を及ぼすようなライセンス戦略は避けるべきである。たとえば、許諾製品がライセンサーの製品と競合しないよう確保する方法の1つは、ライセンサーが活動していない市場や地域に対してのみライセンスすることである。競争者にライセンスする場合には、潜在的な問題を最小限にするような戦略を考えるべきであり、たとえば、ライセンシーに対する地域的な市場制限によってその競争力を制限する、あるいはライセンスを最新のものでない、より古い技術に限定することも一つの方法である。

　第2に、ライセンス活動から得られる収入は、その努力を支えるに適切なものであり、投下した資金に対して合理的な利益を提供しなければならない。ライセンス戦略を計画するとき、ライセンサーは収入を過大評価し、費用と時間を過小評価するのが通常であるともいえる。ライセンス契約締結後、ライセンサーは、それを実行しなければならず、許諾技術を移転し、そして商標のライセンスを伴うときには、ライセンシーに対し品質管理を行わなければならない。収入と費用の両者の計画について正確な見積りが必要とされる。

　第3に、ライセンス戦略は短期か長期か、ライセンスの対象となる技術および市場はどのような性質のものかがロイヤルティの支払条件に反映されるべきである。長期的な戦略の場合は、イニシャルペイメント（initial payment）および許諾製品の販売の数量または金額に基づいたランニングロイヤルティ（running royalty）が要求される。許諾製品や技術が成功するならば、この戦略は、ライセンサーにとってすべてのロイヤルティが短期間で支払われる一括払いのライセンスよりもリスクが大きいが、契約期間中より大きい収入の流れを提供する可能性をもっている。長期的な戦略は、ライセンシーの協力を得ることにより、もっとも効率的なものになると一般的にいうことができる。一方、ライセンシーの観点からは、一括払いのライセンスを獲得するのに十分な資金があり、よい技術であるとの確信があるならば、一括払いは長期的には大きなディスカウントを達成

することが可能である。

　第4に、ライセンス戦略が長期である場合は、ライセンサーのライセンシーとの関係も長期的な観点が必要となる。長期的な戦略であるならば、たとえば、ライセンサーおよびライセンシーが将来開発する改良技術の使用について、ライセンス契約においてライセンシーおよびライセンサーそれぞれの権利義務を定める必要がある。

【注】
1) Lowe & Atkins, Strategies of Companies in 3 Countries, les Nouvelles, September 1991 , at 100.
2) 京本直樹『知的財産マネジメントの真髄 ― 理論と実践』(神鋼リサーチ、2004) 10 頁。
3) 丹羽清『技術経営論』(東京大学出版会、2006) 35 頁。
4) 根本孝・歌代豊編著『技術経営 ― 技術戦略と MOT』(学文社、2006) 10-11 頁。
5) 同上、13 頁。
6) 同上、16 頁。
7) 同上、21、23 頁。
8) 同上、134-136 頁。
9) 鮫島正洋「知的資産経営と特許戦略」永田晃也・隅蔵康一編『知的財産と技術経営』(丸善、2005) 45、48 頁。
10) 同上、39-41 頁。
11) 日本経済新聞 2023 年 2 月 26 日。
12) George A. Frank, Licensing IP Rights: Why, How, What, and When ― A Corporate Perspective, The Licensing Journal, June/July 2004 , at 2.
13) Terry Jones, Mary Norris & Ian Solomon, Strategies for Maximizing Value from Intellectual Capital in a Technology-Driven Business, The Licensing Journal, June/July 2002 , at 2-3.
14) 山田勇毅『戦略的ライセンス ― 特許ライセンス契約の留意点』(経済産業調査会、2002) 15-16 頁。
15) Lowe & Atkins, supra note 1, at 101.
16) 日本ライセンス協会グループ研究会・知的財産のライセンスに関するアンケート (平成 10 年 3 月)、29、32 頁。
17) Jack A. Nickerson, Strategic Objectives Supported by Licensing, Russell L. Parr & Patrick H. Sullivan ed. Technology Licensing ― Corporate Strategies for Maximizing Value (John Wiley & Sons, 1996), at 76, 78.
18) Robert C. Megantz, Technology Management ― Developing and Implementing Effective Licensing Programs (John Wiley & Sons, 2002), at 79-82.

第2章
ライセンスと知的財産関連法

1 国際ライセンスの形態

(1) ライセンスの対象による形態
(a) 特許ライセンス

　特許ライセンスは、ライセンサーが所有する特許権の実施を許諾するもっとも単純なライセンスであり、ライセンシーは許諾特許権を実施するに必要な技術ないしノウハウをもっているのが通常である。この場合のライセンスの実質は、ライセンサーによる特許侵害訴訟からの免責（immunity）に他ならず、ライセンス契約の内容もきわめて簡単なものとなる。

(b) ノウハウ・ライセンス

　ノウハウ・ライセンスは、ライセンサーが所有する特許化されていない技術ないしノウハウの実施を許諾するライセンスであり、その特性は、特許ライセンスと対比して一般的に以下のように考えられる。

　第1に、許諾技術の範囲について、特許ライセンスの場合には特許クレームの記載により明確であるが、ノウハウ・ライセンスでは客観的には明確でないので、ライセンス契約においてノウハウの範囲を明確に定める必要がある。第2に、特許権は特許法に基づき独占性・排他性を有するが、ノウハウにはそのような性質は認められていない。したがって、特許権の場合、特許侵害者に対し損害賠償権と差止請求権による法的保護が与えられるが、ノウハウにおいてはライセンス契約により定められた条件に基づき契約当事者間で保護されるにすぎない。もっとも、トレード・シークレットに該当するノウハウの場合には、法に基づき

侵害者に対する損害賠償権と差止請求権が認められている。また、トレード・シークレットに該当しないノウハウであっても、それを不正に使用する第三者に対しては損害賠償を請求することは可能である。

(c)「特許・ノウハウ」ライセンス

「特許・ノウハウ」ライセンスは、ライセンサーが許諾する技術にかかわる特許権およびノウハウを供与する標準的なライセンスである。ライセンシーは、当該特許権を実施するに必要なノウハウをライセンサーから習得するとともに、許諾特許権に基づく独占的ライセンスまたは非独占的ライセンスを享受する。

(d) 技術援助型の技術ライセンス

ライセンサーは、対象技術を移転するとともに、移転後も技術者の派遣などさまざまな技術援助ないし技術協力を約束する場合がある。このようなライセンスは、ライセンシーに対する技術援助的な色彩が濃くなり、技術援助を目指したライセンスともいえる。したがって、この場合のライセンシーは一般的に技術力の弱い企業であり、当該ライセンス契約は、標準的なライセンス契約をベースにライセンサーによる技術援助契約が加えられたものとなる。

(e) 共同開発型の技術ライセンス

ライセンサーがライセンシーに移転した技術を核として、両者による共同開発が目標とされ、ライセンシーの技術力が頼りにされる場合である。技術移転後の役割分担など共同開発のための合意が形成される。標準的なライセンス契約をベースとして加えられた両者による共同開発契約の態様は、純粋な共同開発契約に近いものから、改良技術のグラントバック、クロスライセンスやライセンスネットワークを利用したライセンス契約関係まで多様なものが考えられる。

(f) ソフトウェアライセンス

ソフトウェアライセンスは、ソフトウェアの所有者であるライセンサーが当該ソフトウェアの複製・使用を許諾する。複製ライセンスは、最終ユーザーにソフトウェアを供給する目的でライセンシーに複製権を許諾するものであり、その発展として複製のみならず改変した上で販売まで許諾するものもある。使用ライセンスは、ライセンサーがソフトウェアを取得した最終ユーザーに使用権を許諾するものである。

(g) 商標ライセンス

 商標権の所有者であるライセンサーが、商標権に基づき特定の製品について当該商標の使用を許諾する。技術ライセンスにおけるライセンシーの販売力が弱く、あるいは対象製品のプラントの稼働率を一気に上げたいときには、ライセンサーの商標のブランド力に頼らざるをえない。この場合ライセンス契約とともに、あるいはその一環として商標ライセンス契約が結ばれ、ライセンサーは対象製品の品質についてもライセンシーをコントロールし、ライセンシーは品質保持の責任を負うことになる。

(2) ライセンスの組み合わせによる形態

 特許権、商標権、ノウハウ（トレード・シークレットを含む）およびソフトウェアのような多くの知的財産権を一つの包括的な契約でライセンスする形態が一般的になっている。このような複合型のライセンスは、技術やシステムへのアクセスがライセンサーとライセンシー間の幅広い相互作用に関わるような、長期のライセンス関係のために用いられる。特許、商標、ノウハウおよびソフトウェアが一つの契約により許諾されるのであり、一つのロイヤルティをすべての許諾される知的財産に対して課すことができる。もっとも、許諾特許に対するロイヤルティと他の知的財産に対するロイヤルティに分けて規定することが望ましい。一つのロイヤルティがすべての許諾される知的財産に課された場合、将来許諾特許が無効にされたときには、ライセンス契約全体が無効となる可能性が生じるからである。許諾特許のロイヤルティが分離して規定されている場合には、特許ライセンスのみが無効の対象となる。複合型ライセンスは、許諾特許の最後の特許権の有効期間が満了するときに終了する、あるいは商標、ノウハウおよびソフトウェアをカバーする契約の部分は、特許期間満了後も継続する旨規定することができる。

 このような複合型ライセンスの利点は、ライセンサーおよびライセンシーにとってどのようなものであろうか[1]。

 第1に、ライセンシーにとっては、複合型ライセンスは、1つの包括的な文書により許諾技術に関する全体の技術やシステムへのアクセスを提供することが可能である。

第2に、ライセンサーにとっては、たとえば、最恵待遇条項により、同一の標準的なロイヤルティ料率が一定の許諾技術のライセンス契約のすべてに対して適用されるならば、複数のライセンシーは一つのグループとしての親近感と安心感を共有し、ライセンシーグループとライセンサー間の長期の関係が確立されるに至る。

　第3に、ライセンサーの観点からは、ライセンシーが特許の有効期間の終了後も許諾された商標、ソフトウェアやノウハウを使用し続ける限りは、当該ライセンスの寿命は許諾特許権の寿命を超えることができる。

　第4に、ライセンサーは、たとえライセンシーが望まなくても、商標ライセンスを織り込むことができる。商標ライセンスがライセンス期間にわたり価値を有する限り、ライセンサーは、ライセンシーによる商標の使用に基づいてロイヤルティを徴収することが可能となる。

　一方、複合型ライセンスの不利な点として、ライセンシーによる実施がライセンス契約に含まれたすべての知的財産を必要としないときには、ロイヤルティ満額の支払いを正当化することができない。たとえば、特許とノウハウを含む複合型ライセンスにおいて、ライセンシーが、特許ライセンスのみを望み、必要なノウハウは自社で開発すること企図する場合がその典型である。また、ライセンシーが、複合型ライセンスの一部としてのソフトウェアをカバーする制限条項に縛られることを嫌い、自身のソフトウェアを開発することを望む場合もありうる。

　このような複合型ライセンスに伴う問題を避けるために、許諾される技術が特許、ノウハウ、商標およびソフトウェアより構成される場合、ライセンス契約を知的財産のそれぞれに対応して、特許ライセンス、ノウハウライセンス、商標ライセンス、ソフトウェアライセンスに分離することは可能である。許諾される権利、ロイヤルティや当事者の権利義務などを含む、それぞれの契約の条項は、各知的財産に適応したものとすることができる。

　ライセンシーは、特許ライセンスを受けることを要求されるが、その他のノウハウライセンス、商標ライセンス、ソフトウェアライセンスについては必要とするものを選ぶことができる。たとえば、ライセンシーが許諾技術の実施に必要なソフトウェアを自社で開発する場合、あるいは許諾される商標が許諾製品の販売において市場価値を有しない場合には、ソフトウェアライセンスや商標ライセン

スは必要とされない。

　ライセンサーは、許諾される知的財産のそれぞれのライセンス契約を最適化することが可能であり、各ライセンスの価値を時間の経過とともに調整することもできる。たとえば、ライセンシーの利益となるようなあたらしいソフトウェアがライセンサーにより開発されたときには、ソフトウェアライセンス契約を再交渉する必要性がしばしば生じる。また、許諾された商標の市場価値が時間の経過とともに急激に増大する可能性がある。それぞれのライセンス契約が分離し、一定の限定された有効期間を定めるという形態をとることにより、契約条項の再交渉を定期的に行うことも可能である。

　一方で、分離型ライセンス契約の不利な点は、ライセンサーおよびライセンシー両者にとって、ライセンス契約全体を運営・管理する努力と手間が増大することである。また、ライセンサーにとっては、たとえば、ロイヤルティがそれぞれのライセンスに分離して算定されることにより、複合型ライセンスにおける特許ライセンスと商標ライセンスの相乗効果に基づくようなロイヤルティ全体の増加の可能性を期待することは難しくなる。

　ライセンサーは、ライセンス活動を始めた初期の段階においては複合型ライセンス、当該技術が発展し、商標が確立された段階では分離型ライセンスを好むのが一般的である。大規模で成熟したライセンシーは分離型ライセンス、そして事業に乗り出した小規模のライセンシー、あるいはより大きいが、経験のないライセンシーは複合型ライセンスを好むともいわれる。

　ライセンサー、ライセンシーは、それぞれの戦略に応じて、複合型ライセンス、分離型ライセンスの特性を吟味して、いずれかの形態またはその中間的な組み合わせを選択することが必要と考えられる。

（3）ライセンシーの類型による形態

　技術移転の対象は、製造技術本体から付帯設備に関わる技術、応用技術、製品の用途および開発についての技術、さらに技術援助、共同開発に関わる技術などにまで及びうるが、その範囲はライセンス当事者の合意によって定まる。ライセンサーが技術移転の相手先を探す場合、どのようなライセンス戦略に基づいているかを明らかにすることによって対象となるライセンシーの性格が自ずと決定さ

れる。さまざまなライセンシーがありうるが、その類型によって以下のようなライセンスの形態が想定される。

(a) 発展途上国・後進企業へのライセンス

発展途上国の企業あるいは技術面で後進の企業は、技術導入に当ってはできるだけ多くの技術を受け入れることを望むのが通常である。したがって、ライセンスの範囲は広くなり、この意味において包括的ライセンスとなる。また、技術援助型のライセンスとなることが多い。

(b) 先進企業へのライセンス

技術面で先進の企業はすでに基本的な技術力を有しているので、技術導入においては核となる技術を受け入れることで十分であるのが通常である。ライセンスの範囲は、製造技術を中心として限定的なもの、すなわち限定的ライセンスとなる。ライセンシーが当該技術のノウハウを確立していれば特許ライセンスのみで十分な場合がありうる。また、ライセンサーがライセンシーの技術開発力に期待するときには、共同開発型のライセンスとなる。

(c) 共同企業体へのライセンス

ライセンサーがライセンシーに直接その技術を移転するのではなく、共同事業体として設立したジョイントベンチャー（合弁会社）に技術を移転する場合、ライセンサーの観点からライセンスの範囲はどのようになるであろうか。

ライセンサーの合弁会社に対する出資比率が高く、子会社として位置づける場合（単独支配型）、包括的ライセンスとなる。出資比率が50％（共同経営型）のときも、包括的ライセンスとなるのが通常であるが、共同事業者の技術開発力を見込んで共同事業を展開しようとするときには、共同開発型のライセンスとなることが多い。一方、ライセンサーの出資比率が低く、少数株主としての参加にとどまる場合は、ライセンサーの立場からは限定的ライセンスとなるのが通常である。

(d) 海外子会社へのライセンス

海外の子会社は、ライセンサーにとって生産拠点として設けたものであり、ライセンサーは全面的にバックアップする必要があることから、海外子会社へのライセンスは包括的ライセンスとなる。もっとも、ライセンスの対象とする技術をどのようなものとするかは親会社であるライセンサーの経営政策にかかってお

り、たとえば、汎用技術は当面海外子会社に移転し、海外子会社の技術レベルが上がるに従い高度な技術を移転するという、段階的移転あるいは親子会社における技術分野の棲み分けという役割分担が考えられる。

(e) 競争事業者へのライセンス

ライセンサーにとって、現在そして将来競争事業者となるライセンシーに対するライセンスは、できるだけ限定的なものとしたいところである。ライセンスの範囲が製造技術本体に限定されるというばかりでなく、許諾される権利の内容も限定される場合が多い。ライセンサーが競争事業者には当該技術のノウハウは供与せず、特許ライセンスのみに応じるということもしばしばである。

2 トレード・シークレット法

ライセンス契約におけるライセンスの対象となるノウハウの取り扱いに関連して、アメリカおよびわが国におけるトレード・シークレット法による規制を取り上げる。

(1) アメリカのトレード・シークレット法
(a) トレード・シークレットとは

NCCUSLにより1979年に採択され、1985年に改定された、統一トレード・シークレット法（Uniform Trade Secrets Act）によれば、トレード・シークレットとは、その開示または使用から経済的価値を取得することのできる他人には一般的に知られておらず、そして正当な手段では容易には確かめることができないことから、実際のもしくは潜在的な、独自の経済的価値を生み、かつその秘密性を維持するためにその置かれた状況において合理的である努力の対象となるような、方式（formula）、配列（pattern）、編集（compilation）、プログラム、考案（device）、方法、技術またはプロセスを含む情報（information）を意味する（1条4項）。

トレード・シークレットの定義は、ビジネスにおける継続的な使用を要件とする、Restatement of Torts（First）からは離れているが、このような幅広い定義は、トレード・シークレットを使用する機会や手段をいまだもたなかった原告

にも保護を拡大している。また、この定義には、否定的な観点から商業的な価値を有する情報も含まれる。

「方法、技術」という単語は、ノウハウの概念を含むことを意図している。「一般的に他人に知られておらず、かつ他人が適切な手段により容易には確認することのできないもの」という文言は、トレード・シークレットの権利が失われるのに情報が一般的に公知になることを要求しているのではない。情報から経済的な便益を得ることができる主な者がそれに気づいているときは、トレード・シークレットは存在していない。

情報は、それが業界誌や参考図書など刊行物に記載されているときは、容易に確認できるものである。一方、リバース・エンジニアリングが時間を要し、かつ費用がかかるときは、そのリバース・エンジニアリングによりトレード・シークレットを発見する者は、リバース・エンジニアリングから得た情報の中にトレード・シークレットを有することができる。

秘密を保持するための合理的な努力には、トレード・シークレットの存在について従業員に知らせること、トレード・シークレットへのアクセスを知る必要がある場合に制限することやプラントへのアクセスをコントロールすることが含まれる。一方、陳列、業界誌刊行、宣伝による情報の公の開示やその他の不注意な行為は、トレード・シークレットの保護を排除することになる[2]。

トレード・シークレットとなるために、情報が絶対的な秘密として保持される必要はない。裁判所は、極端かつ不当に高くつく手段が産業スパイに対してトレード・シークレットを保護するためにとられることを要求してはいない。

しかしながら、合理的な程度の秘密性は存在しなければならず、その保有者は、当該情報の秘密を保持するために合理的な用心をしなければならない。裁判所が合理的なものであるとした、秘密を保持する努力とは、知る必要がある場合にのみ情報を知らせること、不開示契約の使用、秘密である旨の文言やアクセスの制限などである。

Technical, Inc. v. Allpax Products, Inc., 1990 U.S. Dist. LEXIS 3712（E.D. La. 1990）において、ルイジアナ東部地区連邦地方裁判所は、プログラムをオブジェクト・コード（object code）でのみ販売したこと、コンピュータ・プログラムのソース・コード（source code）へのアクセスが当該プログラムを改良す

るために雇用された数人の従業員のみに厳しく制限されたこと、そしてそのような従業員が秘密保持契約に署名することを要求されたことは、秘密保持のための合理的な努力に達していると判断した。

Rockwell Graphic Systems, Inc. v. DEV Industries Inc., 925 F.2d 174（7th Cir. 1991）においても、第7巡回区連邦控訴裁判所は、設計図面における秘密の旨のスタンプ、設計図面の金庫室における保管、金庫室へのアクセス制限およびアクセスする技術者による秘密保持契約の署名によって、秘密保持の合理的な努力が達成された、との判断を下している。

トレード・シークレットは、不正な手段（improper means）により獲得することが禁じられる。不正な手段とは、窃盗、贈賄、不実表示、秘密保持義務の違反もしくはその違反の誘導または電子的その他の手段によるスパイを含む（統一トレード・シークレット法1条1項）とされるが、判例によれば、不法な行為、詐欺や秘密を保持する合理的な用心を打ち負かすような異常な手段の使用が含まれる。

E. I. duPont de Nemours & Co., Inc. v. Christopher, 431 F.2d 1012（5th Cir. 1970）において、写真家の被告は、原告 duPont のプラントにおける新しい建設の空中写真を撮るために第三者に雇われた。原告は、被告が原告のトレード・シークレットを明らかにする写真を不法に撮って、それを第三者に売ったとして訴えを提起した。

第5巡回区連邦控訴裁判所は、被告が原告のトレード・シークレットを不法に見つけることを禁止するための有効な請求原因を有しており、空中写真は、どのような高度からのものであれ、原告のプラントの建設中に暴かれるトレード・シークレットを見つけるための不正な手段であると判断した。

不正使用とは、トレード・シークレットの保有者に対して明示・黙示の秘密保持の信認義務もしくは信託の関係にある者または不正な手段により情報を得た者による、他人のトレード・シークレットの不当な使用もしくは開示である[3]。従業員およびライセンシーは、トレード・シークレット保有者に対して秘密保持の信認義務（fiduciary duty）を負っている。保有者は、従業員やライセンシーが保有者のトレード・シークレット情報を保持することを要求し、当該関係が終了した後も、許可なくしてその情報を使用または頒布することを禁止する[4]。

PepsiCo, Inc. v. Redmond 1264（7th Cir. 1995）において、原告 PepsiCo は、約10年間働いて退職した、カリフォルニア州全域をカバーするビジネスユニットの元ゼネラルマネージャー William Redmond に対して、原告のトレード・シークレットおよび秘密情報を彼のあたらしい仕事において漏らすこと、および飲料の価格、販売、流通に関してそのあたらしい仕事に就くことを禁止するために訴えを提起した。被告は、スポーツ飲料や新時代の飲料分野における原告の競争相手である Quaker に転職していた。

第7巡回区連邦控訴裁判所は、イリノイ州トレード・シークレット法の下において、元従業員によるトレード・シークレットの実際の不正使用の証明は、元従業員が競争相手に雇用されるのを禁止する差止めのためには要求されないとし、被告のあたらしい雇用は、不可避的に被告が原告のトレード・シークレットに依拠させることになることを証明することにより、トレード・シークレットの不正使用の請求を立証することができると判断した。原告は、被告が重要な秘密情報を有しており、そのあたらしい仕事において、この情報を不可避的に使用することを立証したのである。

しかし、このような不可避的開示の法理は、多くの州において採用されたが、公共政策の理由からいくつかの州においては拒絶された。

Marietta Corp. v. Fairhurst, 754 N.Y.S.2d 62（2003）においては、原告 Marietta は、1994年以来2002年まで働いた元営業担当上級副社長 Thomas Fairhurst に対して、同じホテル用化粧品類供給業者である Pacific Direct のために働くこと、および原告のトレード・シークレットを間接または直接に開示することを禁止する訴えを提起した。

ニューヨーク州控訴裁判所は、トレード・シークレットの実際の窃取がない場合には、裁判所が、このような不可避的な開示の法理の適用においては、競業しないという黙示の事実上の制限条項に従業員を拘束するよう頼まれていることになるとし、本件では制限条項は存在せず、ニューヨーク州の公共政策はそのような契約を支持しないので、従業員による実際の不正使用の証拠を欠いている場合には、不可避的な開示の法理もまた支持されない、と判断している。

(b) 救済方法

実際のまたはおそれのある不正使用は、差し止めることができる。トレード・

シークレットが存在しなくなったときは、差止めは終了することができる。しかし、差止めは、不正使用から引き出される商業的な利益を排除するために、合理的な追加期間は継続することができる（2条（a））。

本条の一般的原則は、差止めが、善意の競争者に関して、不正使用により獲得した商業的利益またはリードタイムを排除するのに必要な、しかし必要以上に長くはない間は存続すべきだということである。リードタイムを打ち消すのに必要な抑制の追加期間に従いつつ、差止めは、トレード・シークレットを明らかにするためにリバース・エンジニアリングをすることができる製品を合法的に入手できることから、以前のトレード・シークレットが善意の競争者に一般的に知られるか、または一般的に知ることができるようになったときは、終了すべきである[5]。

不正使用者にとって、不正使用を知る前に生じた実質的な状況変化が金銭的な回復を不衡平にしないときには、被害者は、不正使用に対して損害を請求する権利を有する。損害は、不正使用により生じた実際の損失、および実際の損失を算定するときに考慮に入れなかった不正使用により生じた不当利得を含む。他の方法による損害に代えて、不正使用により生じた損害は、不正使用者（misappropriator）によるトレード・シークレットの不当な開示または使用に対して合理的なロイヤルティによる責任を課すことにより算定することができる（3条（a））。

損害賠償は、差止請求権とともに請求することができる、しかし両請求権とも認められたときは、差止救済は、通常、その差止めが効力を有する間は金銭的救済を排除することになる。

不正使用者の過去の行為により生じた損害を算定する方法すべてに代替するものとして、被害者は、損害が不正使用者によるトレード・シークレットの不正な開示・使用に対する合理的なロイヤルティに基づくことを要請することができる。このような損害賠償の代替手段を正当化するためには、合理的なロイヤルティ額についての確かな証拠がなければならない[6]。

(c) 刑事罰

経済スパイ法（The Economic Espionage Act of 1996）は、トレード・シークレット保有者の許可なくして、トレード・シークレットを自身の利益また

は他人の利益に転換することを連邦犯罪とする。窃取に加えて、当該情報が保有者の許可なくして獲得されたということを知りつつ、他人のトレード・シークレット情報を受領し、購入または所有することは犯罪とされている。本法は、統一トレード・シークレット法と同じくトレード・シークレットを定義するが、とりわけさまざまな電子的手段により蓄積される無体トレード・シークレットを含むように拡大している[7]。

本法の違反に対して、個人は500,000ドル以下の罰金もしくは15年以下の懲役が科され、または併科される。

多くの州は、トレード・シークレットの窃取をとくに犯罪とする法を制定するか、または一般的な窃盗法の範囲内にトレード・シークレットを含めている。

(d) トレード・シークレットの保護策

トレード・シークレットの保護は、その保有者が情報の秘密を保持する合理的な手段をとらないときには失われるから、トレード・シークレット保有者は、トレード・シークレットの保護策を講じて、実行しなければならない。その保護策は、たとえば、次のように考えられる[8]。

① 秘密情報の保管

　秘密のビジネス情報を含むすべての書面、コンピュータ・プログラム、テープ、ビデオやその他のものは、すべて秘密の旨を付されて、物理的に安全な場所に保管されねばならない。

② 秘密情報へのアクセス制限

　秘密情報へのアクセスは、従業員、ライセンシーまたはその従業員のいずれであれ、業務を遂行するために情報を必要とする者に限定されるべきである。

③ 競業避止契約

　競業避止条項は、雇用終了後の従業員の転職を制限するおそれがある。裁判所は一般的に競業避止契約を好まないが、多くの裁判所は、競業避止契約が合理的かつ必要であることを示すことができるときには、それを強制している。

　競業避止条項は、一定の分野における雇用を追求する個人の権利を制限することにより取引の制限として機能するので、原則として、期間および地理的範囲に関して制限されるべきである。かかる条項は、時間、空間もしくは

範囲において不合理である、または過酷なもしくは抑圧的な仕方で機能するときは、強制されないのが一般的である。

④ 秘密保持・不開示契約

秘密保持・不開示契約においては、トレード・シークレットとしての情報を特定し、情報の受領者は、情報が開示される目的に関連する以外に情報を使用する権限はない旨を規定しなければならない。

退職する従業員に関しては、従業員は、雇用期間中およびその期間後も、雇主のトレード・シークレットを保護するために法的な義務を負っていることを、雇主は退職従業員に知らせるべきである。

秘密保持・不開示契約は、秘密情報をトレード・シークレットとして保持するために十分な注意が払われたことを証明するための必要条件として広くみなされているのではないが、かかる契約はすくなくとも、法が意味している義務を確認するのに役立つものである。

競業避止契約とは異なり、秘密保持・不開示契約は、単に不法な行為を禁止し、個人の自由を制限するものではないので、取引の制限として働くものではなく、期間や地理的範囲において制限されるべきものではない。

(e) 2016年連邦トレード・シークレット保護法

2016年5月11日、2016年連邦トレード・シークレット保護法（Defend Trade Secret Act of 2016, DTSA）が成立、即日施行された。トレード・シークレットの所有者は、他人による不正使用に対し、DTSAと各州のトレード・シークレット法保護法の相違ならびにそれぞれのメリットおよびデメリットを調査・認識した上で、事案の個別事情に応じ、DTSAまたは各州法いずれに基づく主張を行うべきかについて、さらには他の訴訟と同様、連邦裁判所または州裁判所いずれに提訴すべきかについて検討が必要である[9]。

(i) 不正使用（misappropriation）の定義（§1839（5））

不正使用とは、以下のいずれかの行為を意味する。

① トレード・シークレットが不正手段により取得されたということを知っている、または知る理由がある人による、他の人のトレード・シークレットの取得。

② トレード・シークレットの知識を取得するために不正手段を使用した人に

よる、明示または黙示の合意のない、他の人のトレード・シークレットの開示または使用。

③　開示または使用の時に、トレード・シークレットの知識が、トレード・シークレットを取得するために不正手段を使用した人から、またはその人を通じて引き出されたことを知っていた、または知る理由があった人による、明示または黙示の合意のない、他の人のトレード・シークレットの開示または使用。

④　開示または使用の時に、トレード・シークレットの知識が、トレード・シークレットの秘密を保持する、またはトレード・シークレットの使用を制限する義務を生ずる環境下で取得されたことを知っていた、または知る理由があった人による、明示または黙示の合意のない、他の人のトレード・シークレットの開示または使用。

⑤　開示または使用の時に、トレード・シークレットの知識が、トレード・シークレットの秘密を保持する、またはトレード・シークレットの使用を制限する救済を求める人に義務を負っていた人から、またはその人を通じて引き出されたことを知っていた、または知る理由があった人による、明示または黙示の合意のない、他の人のトレード・シークレットの開示または使用。

⑥　人のポジションの重大な変化の前に、当該トレード・シークレットがトレード・シークレットであったこと、およびトレード・シークレットの知識が事故または誤りにより取得されたことを知っていた、または知る理由があった人による、明示または黙示の合意のない、他の人のトレード・シークレットの開示または使用。

(ii) 民事的救済の内容

① 差押（§1836（b）(2)）

　DTSAでは、トレード・シークレットが不正使用されまたはそのおそれがある場合、一定の要件の下で、裁判所は、被告（被申立人）に事前通告することなく、トレード・シークレットのさらなる開示・使用その他拡散を防止するために必要なものの差押を命ずることができる。この手続は、DTSA制定過程でもっとも議論を呼んだもので、UTSAには同様の制度はない。ただし、この差押が認められる要件は厳格であるから、頻繁に利用されることはない

であろうと予想されている[10]。

② 差止（§1836（b）（3）（A））

裁判所は、現実の不正使用またはそのおそれを防ぐために、裁判所が合理的と考える条件で差止を命ずることができる。だだし、命令は、人が雇用関係に入ることを妨げないこと、およびそのような雇用における条件が不正使用のおそれの証拠に基づいており、単にその人が知っている情報に基づいてないことが必要であり、さらに適法な職業、取引もしくはビジネスの遂行に対する制限を禁止する州法に反してはならない。

③ 損害賠償の請求（§1836（b）（3）（B））

裁判所は、トレード・シークレットの不正使用により生じた現実の損失および現実の損失に対する損害額の算定上考慮されなかったトレード・シークレットの不正使用により生じた不当利得（unjust enrichment）に対する損害額、またはその他の方法により算定された損害額に代えて、不正使用者によるトレード・シークレットの無断開示もしくは使用に対する合理的なロイヤルティの責任負担により算定される損害額を与えることができる。

④ 懲罰的損害賠償（§1836（b）（3）（C））

裁判所は、トレード・シークレットが故意および悪意に不正使用されているときには、③に基づき与えられる損害賠償額の2倍以下の懲罰的損害賠償（exemplary damages）を与えることができる。

⑤ 弁護士費用（§1836（b）（3）（D））

裁判所は、不正使用の主張が状況証拠により証明される悪意でなされる、差押を終了する申請が悪意でなされる、もしくは反対される、またはトレード・シークレットが故意および悪意で不正使用されたときには、原告に対し合理的な弁護士費用を与えることができる。

（2）わが国における営業秘密保護

不正競争防止法は、「営業秘密」とは、秘密として管理されている生産方法、販売方法その他の事業活動に有用な技術上または営業上の情報であって、公然と知られていないものをいう、と定義しており（2条6項）、この3要件をすべて満たすことが不正競争防止法に基づく保護を受けるために必要である。

経済産業省は、不正競争防止法によって差止め等の保護を受けるために必要となる最低限の水準の対策を示すため、「営業秘密管理指針」（平成31年1月23日改訂）を公表している。

(a) 秘密管理性
(i) 秘密管理性要件の趣旨

営業秘密は、そもそも情報自体が無形で、その保有・管理形態もさまざまであること、また、特許権等のように公示を前提とすることができないことから、営業秘密たる情報の取得、使用または開示を行おうとする従業員や取引相手先（以下「従業員等」という）にとって、当該情報が不正競争防止法により保護される営業秘密であることを容易に知りえない状況が想定される。

秘密管理性要件の趣旨は、このような営業秘密の性質を踏まえ、企業が秘密として管理しようとする対象が明確化されることによって、当該営業秘密に接した者が事後に不測の嫌疑を受けることを防止し、従業員等の予見可能性、ひいては経済活動の安定性を確保することにある。

(ii) 必要な秘密管理措置の程度

秘密管理性要件が満たされるためには、営業秘密保有企業の秘密管理意思が秘密管理措置によって従業員等に対して明確に示され、当該秘密管理意思に対する従業員等の認識可能性が確保される必要がある。

具体的に必要な秘密管理措置の内容・程度は、企業の規模、業態、従業員の職務、情報の性質その他の事情如何によって異なるものであり、企業における営業秘密の管理単位における従業員がそれを一般的に、かつ容易に認識できる程度のものである必要がある。

秘密管理要件が満たされるためには、営業秘密保有企業が当該情報を秘密であると単に主観的に認識しているだけでは不十分である。

すなわち、営業秘密保有企業の秘密管理意思（特定の情報を秘密として管理しようとする意思）が、具体的状況に応じた経済合理的な秘密管理措置によって、従業員に明確に示され、結果として、従業員が当該秘密管理意思を容易に認識できる（換言すれば、認識可能性が確保される）必要がある。

取引相手先に対する秘密管理意思についても、基本的には、対従業員と同様に考えることができる。

秘密管理措置の対象者は、当該情報に合法的に、かつ、現実に接することができる従業員等である。

　職務上、営業秘密たる情報に接することができる者が基本となるが、職務の範囲内か否かが明確でなくとも当該情報に合法的に接することができる者（たとえば、部署間で情報の配達を行う従業員、いわゆる大部屋勤務において無施錠の書庫を閲覧できる場合における他部署の従業員など）も含まれる。

　秘密管理措置は、対象情報（営業秘密）の一般情報（営業秘密ではない情報）からの合理的区分と当該対象情報について営業秘密であることを明らかにする措置で構成される。

　合理的区分とは、企業の秘密管理意思の対象（従業員にとっての認識の対象）を従業員に対して相当程度明確にする観点から、営業秘密が、情報の性質、選択される媒体、機密性の高低、情報量等に応じて、一般情報と合理的に区分されることをいう。この合理的区分とは、情報が化体した媒体について、たとえば、紙の1枚1枚、電子ファイルの1ファイルごとに営業秘密であるか一般情報であるかの表示等を求めるのではなく、企業における、その規模、業態等に即した媒体の通常の管理方法に即して、営業秘密を含む（一般情報と混在することもありうる）のか、一般情報のみで構成されるものであるか否かを従業員が判別できればよい。

　合理的区分に加えて必要となる秘密管理措置としては、主として、媒体の選択や当該媒体への表示、当該媒体に接触する者の限定、ないし、営業秘密たる情報の種類・類型のリスト化、秘密保持契約（あるいは誓約書）などにおいて守秘義務を明らかにする等が想定される。要するに、秘密管理措置の対象者たる従業員において当該情報が秘密であって一般情報とは取扱いが異なるべきであるという規範意識が生じる程度の取組みであることがポイントとなる。

　秘密管理措置の具体的な内容・程度は、当該秘密情報に接する従業員の多寡、業態、従業員の職務、情報の性質、執務室の状況その他の事情によって当然に異なるものであり、営業秘密に合法的かつ現実的に接しうる従業員が少数である場合において、状況によっては従業員間で口頭により「秘密情報であること」の確認をしている等の措置で足りる場合もありうる。

(iii) 秘密管理措置の具体例
(ア) 紙媒体の場合
　ファイルの利用等により一般情報からの合理的区分を行った上で、基本的には、当該文書に「マル秘」など秘密であることを表示することにより、秘密管理意思に対する従業員の認識可能性は確保されると考えられる。
　個別の文書やファイルに秘密表示する代わりに、施錠可能なキャビネットや金庫等に保管する方法も、認識可能性を確保する手段として考えられる。
(イ) 電子媒体の場合
　データなどの電子媒体で保管している場合も基本的には紙媒体と同様であるが、電子情報の場合は、通常、次のような方法のいずれかによって、秘密管理性の観点から充分な秘密管理措置となりうるものと考えられる。
—記録媒体へのマル秘表示の貼付
—電子ファイル名・フォルダー名へのマル秘の付記
—営業秘密たる電子ファイルを開いた場合に端末画面上にマル秘である旨が表示されるように、当該電子ファイルの電子データ上にマル秘を付記（ドキュメントファイルへのヘッダーにマル秘を付記等）
—記録媒体そのものに表示を付すことができない場合には、記録媒体を保管するケース（CDケース等）や箱（部品等の収納段ボール箱）に、マル秘表示の貼付
　また、外部のクラウドを利用して営業秘密を保管・管理する場合も、秘密として管理されていれば、秘密管理性が失われるわけではない。たとえば、階層制限に基づくアクセス制御などの措置が考えられる。
(ウ) 物件に営業秘密が化体している場合
　製造機械や金型、高機能微生物、新製品の試作品など、物件に営業秘密が化体しており、物理的にマル秘表示の貼付や金庫等への保管に適さないものについては、たとえば、次のような方法のいずれかを講じることによって、秘密管理性の観点から秘密管理措置となりうるものと考えられる。
—扉に「関係者以外立入禁止」の張り紙を貼る。
—警備員を置いたり、入館IDカードが必要なゲートを設置したりして、工場内への部外者の立ち入りを制限する。

―写真撮影禁止の貼り紙をする。
―営業秘密に該当する物件を営業秘密リストとして列挙し、当該リストを営業秘密物件に接触しうる従業員内で閲覧・共有化する。

(エ) 媒体が利用されない場合

　たとえば、技能・設計に関するものなど従業員が体得した無形のノウハウや従業員が職務として記憶した顧客情報等については、従業員の予見可能性を確保し、職業選択の自由にも配慮する観点から、原則として、下記のような形で、その内容を紙その他の媒体に可視化することが必要となる。

―営業秘密のカテゴリーをリストにすること
―営業秘密を具体的に文書等に記載すること

　一方で、たとえば、未出願の発明や特定の反応温度、反応時間、微量成分、複数の物質の混合比率が営業秘密になっている場合（化学産業などで多く見られる）などで、その情報量、情報の性質、当該営業秘密を知りうる従業員の多寡等を勘案して、その営業秘密の範囲が従業員にとって明らかな場合には、かならずしも内容そのものが可視化されていなくとも、当該情報の範囲・カテゴリーを口頭ないし書面で伝達することによって、従業員の認識可能性を確保することができると考えられる。

　なお、従業員が体得した情報が営業秘密に属する場合には、転職後の使用・開示によって、直ちに、民事上および刑事上の措置の対象となるわけではない。従業員が営業秘密保有企業との関係で信義則上の義務に著しく反するような形で当該営業秘密の取得・使用・開示した場合に限り、民事上または刑事上の措置の対象となるのであり、その判断に当たっては、企業と従業員との間の信頼関係の程度、当該企業の利益、従業員の利益、営業秘密の内容等を踏まえた総合的な考慮によるものであることに留意が必要である。

(オ) 複数の媒体で同一の営業秘密を管理する場合

　同一の情報を紙および電子媒体で管理することが企業実務で多く見られるが、複数の媒体で同一の営業秘密を管理する場合には、それぞれについて秘密管理措置が講じられていることが原則である。

　ただし、従業員が同一の情報につき複数の媒体に接する可能性がある場合において、いずれかの媒体への秘密管理措置（マル秘表示等）によって当該

情報についての秘密管理意思の認識可能性が認められる場合には、仮にそれ以外の媒体のみでは秘密管理意思を認識しがたいと考えられる場合であっても、秘密管理性は維持されることが通常であると考えられる。

(ⅳ) 営業秘密を企業内外で共有する場合の秘密管理性の考え方

企業内（支店、営業所等）、企業外（子会社、関連会社、取引先、業務委託先、フランチャイジー等）と営業秘密を共有する場合においては、次のように整理される。

(ア) 社内の複数箇所で同じ情報を共有しているケース

秘密管理性の有無は、法人全体で判断されるわけではなく、営業秘密たる情報を管理している独立単位（以下「関知単位」という）ごとに判断される。当該管理単位内の従業員にとって、当該関知単位における秘密管理措置に対する認識可能性があればよい。

支店など社内の複数箇所で同一の営業秘密を保有している場合、それぞれの箇所で状況に応じた秘密管理措置が講じられる必要がある。しかしながら、いずれかの箇所で秘密管理措置がなされていなければ、（当該箇所では秘密管理性が否定されることは当然であるが）、その他の箇所でも当該情報の秘密管理性が否定されるわけではない。

すなわち、管理単位（規模、物理的環境、業務内容も勘案しつつ、秘密管理措置の要否や内容の決定およびその遵守状況の監督（違反者の処分等）に関する自律的決定権限の有無その他の事情の有無から判断して、営業秘密の管理について一定の独立性を有すると考えられる単位。典型的には、「支店」「事業本部」など）ごとに、当該企業の秘密管理意思に対する認識可能性があればよい。

(イ) 複数の法人間で同一の情報を保有しているケース

秘密管理性の有無は、法人（具体的には管理単位）ごとに判断され、別法人内部での情報の具体的な管理状況は、自社における秘密管理性には影響しないことが原則である。

子会社をはじめとして、企業外の別法人については、会社法等の法令上、営業秘密保有企業自体が当該別法人の内部における秘密管理措置の実施を直接に実施・確保することはできないこと、不正競争防止法も「保有者」の概

念を用いており、事業者単位での管理を想定していると考えられることを踏まえ、別法人内部での情報の具体的な管理状況は、自社における秘密管理性には影響しないのが原則である。

　自社の営業秘密について、子会社等の別法人が不正な利用を行っている場合に、自社が別法人に対して差止請求権等を行うためには、当該別法人（具体的には自社から当該営業秘密情報を共有した担当者）に対して、自社の従業員に対するのと同様に、自社の秘密管理意思が明確に示されている必要がある（不正競争防止法2条1項7号等の「営業秘密を保有者から示された」ことが必要）。

　具体的には、営業秘密を特定した秘密保持契約（Non-Disclosure Agreement, NDA）の締結により自社の秘密管理意思を明らかにする場合が典型的であるが、取引先との関係上それが困難な場合には、自社では営業秘密として管理しているという事実上の口頭による伝達や開示する文書へのマル秘表示によっても、自社の秘密管理意思を示すことは、理論上は可能である。ただし、立証を考慮すれば、口頭での秘密管理意思の伝達ではなく、なんらかの書面（送り状への記載等）が望ましい。

　また、複数企業で共同研究開発を実施する場合、複数の他の企業に自社の営業秘密たる情報を開示することが想定されるが、その場合、自社の秘密管理意思を示すためには、開示先である複数企業等を当事者としてNDAを締結することが有効であると考えられる。

　逆に、たとえば、別法人と営業秘密を特定したNDAを締結せずに営業秘密を共有した場合など、別法人に対して自社が秘密管理措置を講じていないことをもって、自社における従業員との関係での秘密管理性には影響しないことが原則である。

(b) 有用性

「有用性」が認められるためには、その情報が客観的にみて、事業活動にとって有用であることが必要である。一方、企業の反社会的な行為などの公序良俗に反する情報は、「有用性」が認められない。

「有用性」の要件は、公序良俗に反する内容の情報（脱税や有害物質の垂れ流し等の反社会的な情報）など、秘密として法律上保護されることに正当な利益が

乏しい情報を営業秘密の範囲から除外した上で、広い意味で商業的価値が認められる情報を保護することに主眼がある。

したがって、秘密管理性、非公知性要件を満たす情報は、有用性が認められることが通常であり、また、現に事業活動に使用・利用されていることを要するものではない。

同様に、直接ビジネスに活用されている情報に限らず、間接的な（潜在的な）価値がある場合も含む。たとえば、過去に失敗した研究データ（当該情報を利用して研究開発費用を節約できる）や、製品の欠陥情報（欠陥製品を検知するための精度の高いAI技術を利用したソフトウェアの開発には重要な情報）等のいわゆるネガティブ・インフォメーションにも有用性が認められる。

なお、当業者であれば、公知の情報を組み合わせることによって容易に当該秘密情報を作出することができる場合であっても、有用性が失われることはない。

(c) 非公知性

「非公知性」が認められるためには、一般的には知られておらず、または容易に知ることができないことが必要である。

「公然と知られていない」状態とは、当該営業秘密が一般的に知られた状態になっていない状態、または容易に知ることができない状態である。具体的には、当該情報が合理的な努力の範囲内で入手可能な刊行物に記載されていない、公開情報や一般に入手可能な商品等から容易に推測・分析されない等、保有者の管理下以外では一般的に入手できない情報である。

営業秘密における非公知性要件は、発明の新規性の判断における「公然知られた発明」（特許法29条）の解釈と一致するわけではない。特許法の解釈では、特定の者しか当該情報を知らない場合であっても当該者に守秘義務がない場合は特許法上の公知となりうるが、営業秘密における非公知性では、特定の者が事実上秘密を維持していれば、なお非公知と考えることができる場合がある。

また、保有者以外の第三者が同種の営業秘密を独立に開発した場合、当該第三者が秘密に管理していれば、なお非公知である。

また、当該情報が実は外国の刊行物に過去に記載されていたような状況であっても、当該情報の管理地においてその事実が知られておらず、その取得に時間的・資金的に相当のコストを要する場合には、非公知性はなお認められうる。も

ちろん、そのようなコストを投じて第三者が現に当該秘密情報を取得または開発した上で当該情報の管理地において公開等を行い、「公然と知られている」状態となれば、非公知性は喪失することになる。

なお、「営業秘密」とは、さまざまな知見を組み合わせて1つの情報を構成しているのが通常であるが、ある情報の断片がさまざまな刊行物に掲載されており、その断片を集めてきた場合、当該営業秘密に近い情報が再構成されうるからといって、そのことをもって直ちに非公知性が否定されるわけではない。なぜなら、その断片に反する情報等も複数ありうる中、どの情報をどう組み合わせるかといったこと自体に価値がある場合には、営業秘密たりうるからである。複数の情報の総体としての情報については、組み合わせの容易性、取得に要する時間や資金等のコスト等を考慮し、保有者の管理下以外で一般的に入手できるがどうかによって判断することになる。

(3) わが国の不正競争防止法

不正競争法の目的は、不正競争によって営業上の利益を侵害され、または侵害されるおそれのある者に対し不正競争の停止・予防請求権等を付与することにより不正競争の防止を図るとともに、その営業上の利益が侵害された者の損害賠償に係る措置等を整備することにより、事業者間の公正な競争を確保しようとするものである。

(a) 不正競争

不正競争法は、不正競争として22の類型を挙げている（2条1項）。

(i) 混同惹起行為（1号）

混同惹起行為とは、他人の商品等表示（人の業務に係る氏名、商号、商標、標章、商品の容器もしくは包装その他の商品または営業を表示するものをいう。以下同じ）として需要者の間に広く認識されているものと同一もしくは類似の商品等表示を使用し、またはその商品等表示を使用した商品を譲渡し、引き渡し、譲渡もしくは引渡しのために展示し、輸出し、輸入し、もしくは電気通信回線を通じて提供して、他人の商品または営業と混同を生じさせる行為である。

本号は、自己の商品・営業を他人の商品・営業と混同させる行為を不正競争の1類型として定めた規定である。具体的には、他人の氏名、商号、商標等、他人

の商品等表示として需要者間に広く知られているものと同一または類似の表示を使用して、その商品または営業の出所について混同を生じさせる行為を規制する[11]。

「需要者の間に広く認識されている」との周知性要件は、商品・役務の性質・種類、取引態様、需要者層、宣伝活動、表示の内容等の諸般の事情から総合的に判断される。認識されている程度が全国的であることを要するか、全国的に認識されていなくても一地方でよいかについては、一地方であっても保護すべき一定の事実状態が形成されていればその限りにおいて保護されるべきと解されている。混同は現に発生している必要はなく、混同が生じるおそれがあれば足りると解されている。「混同を生じさせる行為」には、被冒用者と冒用者との間に競業関係が存在することを前提に直接の営業主体の混同を生じさせる狭義の混同惹起行為のみならず、緊密な営業上の関係や同一の表示を利用した事業を営むグループに属する関係があると誤信させるような広義の混同惹起行為をも包含するものと解されている[12]。

(ii) 著名表示冒用行為（2号）

著名表示冒用行為とは、自己の商品等表示として他人の著名な商品等表示と同一もしくは類似のものを使用し、またはその商品等表示した商品を譲渡し、引き渡し、譲渡もしくは引渡しのために展示し、輸出し、輸入し、もしくは電気通信回線を通じて提供することである。

本号は、他人の著名な商品等表示の冒用行為を不正競争の1類型として定めた規定である。

現代の情報化社会において、さまざまなメデイアを通じ商品等表示や営業表示が広められ、そのブランド・イメージがきわめてよく知られるものとなると、それがもつ独自のブランド・イメージが顧客吸引力を有し、個別の商品や営業を超えた独自の財産的価値をもつに至る場合がある。このような著名表示を冒用する行為によって、たとえ混同が生じない場合であっても、冒用者自らが本来行うべき営業上の努力を払うことなく著名表示の有している顧客吸引力に「ただのり」することができる一方で、永年の営業上の努力により高い信用・名声・評判を有するに至った著名表示とそれを本来使用してきた者との結びつきが薄められる（希釈化）ことになる。具体的にどの程度知られていれば「著名」といえるかに

ついては、個別具体の事例に応じて判断される問題であるが、著名表示の保護が広義の混同さえ認められないまったく無関係な分野まで及ぶものであることから、通常の経済活動において、相当の注意を払うことによりその使用を避けることができる程度にその表示が知られていることが必要であり、具体的には全国的に知られているようなものを想定している[13]。

(iii) 商品の形態を模倣した商品を譲渡等する行為（3号）

商品の形態を模倣した商品を譲渡等する行為とは、他人の商品の形態（当該商品の機能を確保するために不可欠な形態を除く）を模倣した商品を譲渡し、貸し渡し、譲渡もしくは貸渡しのために展示し、輸出し、輸入する行為である。

本号は、他人の商品の形態を模倣した商品の譲渡等の行為を不正競争の1類型として定めた規定である。

商品ライフサイクルの短縮化、流通機構の発達、複写・複製技術の発展を背景として、他人が市場において商品化するために資金・労力を投下した成果の模倣がきわめて容易に行いうる事態が生じている。このような模倣品・海賊版を放置すると、模倣者は商品化のためのコストやリスクを大幅に軽減することができる一方で、先行者の市場先行のメリットは著しく減少し、模倣者と先行者との間には競争上著しい不公正が生じ、個性的な商品開発、市場開拓への意欲が阻害されることになり、公正な競争秩序を崩壊させることになりかねない。

こうした点を踏まえれば、個別の知的財産権の有無に関わらず、他人が商品化のために資金・労力を投下した成果を他に選択肢があるにも関わらずことさら完全に模倣して、なんらの改変を加えることなく自らの商品として市場に提供し、その他人と競争する行為は、競争上、不正な行為として位置づけられる必要がある[14]。

(iv) 営業秘密に係る不正行為

不正競争防止法2条1項4号〜9号は、営業秘密に係る不正行為を不正競争の1類型として定めた規定である。

① 窃取、詐欺、強迫その他の不正の手段により営業秘密を取得する行為（以下「不正取得行為」という）または不正取得行為により取得した営業秘密を使用し、もしくは開示する行為（秘密を保持しつつ特定の者に示すことを含む。以下同じ）（4号）。

本号は、窃取等の不正な手段により、保有者から営業秘密を取得しようとする行為および不正取得後に使用または開示する行為を「不正競争」と位置づけたものである。

② その営業秘密について不正取得行為が介在したことを知って、もしくは重大な過失により知らないで営業秘密を取得し、またはその取得した営業秘密を使用し、もしくは開示する行為（5号）。

本号は、4号の不正取得行為の介在について悪意・重過失の転得者の取得行為、その後の使用行為または開示行為を「不正行為」と位置づけたものである。

③ その取得した後にその営業秘密について不正取得行為が介在したことを知って、または重大な過失により知らないでその取得した営業秘密を使用し、または開示する行為（6号）。

本号は、第三者が不正取得行為の介在について善意・無重過失で営業秘密を取得しても、その後悪意・重過失に転じた場合、その営業秘密を使用し、または開示する行為を「不正競争」と位置づけたものである。

たとえば、営業秘密を取得した後に、産業スパイ事件が大々的に報道されて不正取得行為が介在していた事実を知りながら、営業秘密を使用または開示する行為がこれに当たる（ただし、適用除外規定（19条1項6号）の適用により、契約等に基づき取得した権原の範囲内であれば、営業秘密を使用または開示することができる）[15]。

④ 営業秘密を保有する事業者（以下「保有者」という）からその営業秘密を示された場合において、不正の競業その他の不正の利益を図る目的で、またはその保有者に損害を加える目的で、その営業秘密を使用し、または開示する行為（7号）。

本号は、営業秘密の保有者が従業員、下請企業、ライセンシー等に対して営業秘密を開示した場合に、その従業員等が不正な競業その他の不正な利益を得る目的または保有者に損害を加える目的で、その営業秘密を使用または開示する行為を「不正競争」と位置づけたものである。契約により使用または開示の制限が課されていなくとも、このような目的で使用または開示が行われる場合には、信義則違反が認められるので、差止の対象としたものであ

る[16]。

⑤ その営業秘密について不正開示行為（前号に規定する場合において同号の規定する目的でその営業秘密を開示する行為または秘密を守る法律上の義務に違反してその営業秘密を開示する行為をいう。以下同じ）であること、もしくはその営業秘密について不正開示行為があることを知って、もしくは重大な過失により知らないで営業秘密を取得し、またはその取得した営業秘密を使用し、もしくは開示する行為（8号）。

　本号は、営業秘密を取得する際に、開示する側の行為が7号に規定する不正開示行為もしくは守秘義務違反による開示であること、もしくはそのような不正開示行為が介在したことについて悪意・重過失で営業秘密を取得する行為、その取得した営業秘密を使用または開示する行為を「不正競争」と位置づけたものである[17]。

⑥ その取得した後にその営業秘密について不正開示行為があったこと、もしくはその営業秘密について不正開示行為が介在したことを知って、または重大な過失により知らないでその取得した営業秘密を使用し、または開示する行為（9号）。

　本号は、第三者が、営業秘密を取得した後に、その取得が不正開示行為によるものであったこともしくは不正開示行為が介在したことについて悪意・重過失で、その営業秘密を使用または開示する行為を「不正競争」と位置づけたものである。

　たとえば、営業秘密を取得した後に、保有者から警告を受けて不正開示行為が介在していた事実を知りながら、営業秘密を使用または開示する行為がこれに当たる（ただし、適用除外規定の適用がありうる）[18]。

⑦ 4号から前号までに掲げる行為（技術上の秘密〈営業秘密のうち、技術上の情報であるものをいう。以下同じ〉を使用する行為に限る。以下この号において「不正使用行為」という）により生じた物を譲渡し、引き渡し、譲渡もしくは引渡しのために展示し、輸出し、輸入し、または電気通信回線を通じて提供する行為（当該物を譲り受けた者〈その譲り受けた時に当該物が不正使用行為により生じた物であることを知らず、かつ知らないことにつき重大な過失がない者に限る〉が当該物を譲渡し、引き渡し、譲渡もしくは引渡

しのために展示し、輸出し、輸入し、または電気通信回線を通じて提供する行為を除く）（10号）。

　本号は、4号から9号までに掲げる不正使用行為により生じた物を譲渡し、引き渡し、譲渡もしくは引渡しのために展示し、輸出し、輸入し、または電気通信回線を通じて提供する行為を「不正競争」と位置づけたものである。

(v) 限定提供データに対する不正行為

平成30年改正不正競争防止法により、あたらしく「限定提供データ」の不正取得・使用等に対する民事措置が創設された。「限定提供データ」とは、業として特定の者に提供する情報として電磁的方法（電子的方法、磁気的方法その他人の知覚によっては認識することができない方法をいう）により相当量蓄積され、および管理されている技術上または営業上の情報（秘密として管理されているものを除く）をいう（2条7項）。

① 窃取、詐欺、強迫その他の不正の手段により限定提供データを取得する行為（以下「限定提供データ不正取得行為」という）または限定提供データ不正取得行為により取得した限定提供データを使用し、もしくは開示する行為（11号）。

② その限定提供データについて限定提供データ不正取得行為が介在したことを知って限定提供データを取得し、またはその取得した限定提供データを使用し、もしくは開示する行為（12号）。

③ その取得した後にその限定提供データについて限定提供データ不正取得行為が介在したことを知ってその取得した限定提供データを開示する行為（13号）。

④ 限定提供データを保有する事業者（以下「限定提供データ保有者」という）からその限定提供データを示された場合において、不正の利益を得る目的で、またはその限定提供データ保有者に損害を加える目的で、その限定提供データを使用する行為（その限定提供データの管理に係る任務に違反して行うものに限る）または開示する行為（14号）。

⑤ その限定提供データについて限定提供データ不正開示行為（前号に規定する場合において同号に規定する目的でその限定提供データを開示する行為をいう。以下同じ）であること、もしくはその限定提供データについて限定提

供データ不正開示行為が介在したことを知って限定提供データを取得し、またはその取得した限定提供データを使用し、もしくは開示する行為（15号）。
⑦　その取得した後にその限定提供データについて限定提供データ不正開示行為があったこと、またはその限定提供データについて限定提供不正開示行為が介在したことを知ってその取得した限定提供データを開示する行為（16号）。

(vi) 技術的制限手段に対する不正行為

平成30年改正不正競争防止法により、「技術的制限手段」の効果を妨げる行為に対する規律が強化された。いわゆる「プロテクト破り」（技術的制限手段の効果を妨げる行為）を助長する不正競争行為の範囲を、プロテクトを破る機器の提供だけでなく、代行サービスの提供等に拡大したものである。

①　営業上用いられている技術的制限手段（他人が特定の者以外の者に影像もしくは音の視聴、プログラムの実行もしくは情報（電磁的記録〈電子的方式、磁気的方式その他人の知覚によっては認識できない方式で作られる記録であって、電子計算機による情報処理の用に供されるものをいう〉に記録されたものに限る。以下この号、次号および8項において同じ）により制限されている影像もしくは音の視聴、プログラムの実行もしくは情報の処理または映像、音、プログラムその他の情報の記録（以下この号において「映像の視聴等」という）を当該技術的制限手段の効果を妨げることにより可能とする機能を有する装置（当該装置を組み込んだ機器および当該装置の部品一式であって容易に組み立てることができるものを含む）、当該機能を有するプログラム（当該プログラムが他のプログラムと組み合わされたものを含む）、もしくは指令符号（電子計算機に対する指令であって、当該指令のみによって一の結果を得ることができるものをいう。次号において同じ）を記録した記録媒体もしくは記憶した機器を譲渡し、引き渡し、譲渡もしくは引渡しのために展示し、輸出し、もしくは輸入し、もしくは当該機能を有するプログラムもしくは指令符号を電気通信回線を通じて提供する行為（当該装置または当該プログラムが当該機能以外の機能を併せて有する場合にあっては、映像の視聴等を当該技術的制限手段の効果を妨げることにより可能とする用途に供するために行うものに限る）または映像の視聴等を当該技術的制

限手段の効果を妨げることにより可能とする役務を提供する行為（17号）。

② 他人が特定の者以外の者に影像もしくは音の視聴、プログラムの実行もしくは情報の処理または影像、音、プログラムその他の情報の記録をさせないために営業上用いている技術的制限手段により制限されている影像もしくは音の視聴、プログラムの実行もしくは情報の処理または影像、音、プログラムその他の情報の記録（以下この号において「映像の視聴等」という）を当該技術的制限手段の効果を妨げることにより可能とする機能を有する装置（当該装置を組み込んだ機器および当該装置の部品一式であって容易に組み立てることができるものを含む）、当該機能を有するプログラム（当該プログラムが他のプログラムと組み合わされたものを含む）もしくは指令符号を記録した記録媒体もしくは記憶した機器を当該特定の者以外の者に譲渡し、引き渡し、譲渡もしくは引渡しのために展示し、輸出し、もしくは輸入し、または当該機能を有するプログラムもしくは指令符号を電気通信回線を通じて提供する行為（当該装置または当該プログラムが当該機能以外の機能を併せて有する場合にあっては、映像の視聴等を当該技術的制限手段の効果を妨げることにより可能とする用途に供するために行うものに限る）または映像の視聴等を当該技術的制限手段の効果を妨げることにより可能とする役務を提供する行為（18号）。

（vii）ドメイン名に係る不正行為

　不正の利益を得る目的で、または他人に損害を加える目的で、他人の特定商品等表示（人の業務に係る氏名、商号、商標、標章その他の商品または役務を表示するものをいう）と同一もしくは類似のドメイン名を使用する権利を取得し、もしくは保有し、またはそのドメイン名を使用する行為（19号）。

　本号は、主観的要件として、「不正の利益を得る目的」または「他人に損害を加える目的」（いわゆる図利目的または加害目的）という２つの類型を規定している。前者は、公序良俗、信義則に反する形で自己または他人の利益を不当に図る目的を、後者は、他者に対して財産上の損害、信用の失墜といった有形無形の損害を与える目的をそれぞれ指すものと考えられる。

　いかなる場合に図利加害目的が認められるかについては、個別・具体の事案に応じた裁判所の判断に委ねられることとなるが、図利加害目的が認められる行為

の例としては、①特定商品等表示の使用者がその特定商品等表示をドメイン名として使用できないことを奇貨として、当該商品等表示の使用者に不当な高額で買い取らせるために、当該商品等表示と同一または類似のドメイン名を先に取得・保有する行為、②他人の特定商品等表示を希釈化・汚染する目的で当該特定商品等表示と同一または類似のドメイン名のもと、アダルトサイトを開設する行為等が考えられる[19]。

（viii）誤認惹起行為

商品もしくは役務もしくはその広告もしくは取引に用いる書類もしくは通信にその商品の原産地、品質、内容、製造方法、用途もしくは数量もしくはその役務の質、内容、用途もしくは数量について誤認させるような表示をし、またはその表示をした商品を譲渡し、引き渡し、譲渡もしくは引渡しのために展示し、輸出し、輸入し、もしくは電気通信回線を通じて提供し、もしくはその表示をして役務を提供する行為（20号）。

本号は、商品の原産地等について誤認を生じさせるような表示を行う行為等を「不正競争」の1類型として定めた規定である。「誤認させるような表示」に該当するかどうかは、個別・具体の事案に応じて、当該表示の内容や取引界の実情等諸般の事情が考慮された上で、取引者・需要者に誤認を生じさせるおそれがあるかどうかという観点から判断される[20]。

（iv）信用毀損行為

競争関係にある他人の営業上の信用を害する虚偽の事実を告知し、または流布する行為（21号）。

本号は、競争関係にある他人の営業上の信用を害する虚偽の事実を告知し、または流布する行為を「不正競争」の1類型として定めた規定である。

本号にいう「虚偽の事実」とは、客観的真実に反することである。したがって、行為者自らが虚構したものであると、他人が虚構したものであるとを問わず、また、表現を緩和したものであっても、表現の実質的内容が事実に反している場合には、これに含まれることになる[21]。

（v）代理人等の商標冒用行為

パリ条約（商標法（昭和34年法律127号）4条1項2号に規定するパリ条約をいう）の同盟国、世界貿易機関の加盟国または商標法条約の締約国において商

標に関する権利(商標権に相当する権利に限る。以下この号において単に「権利」という)を有する者の代表者であった者が、正当な理由がないのに、その権利を有する者の承諾を得ないでその権利に係る商標と同一もしくは類似の商標をその他の権利に係る商品もしくは役務と同一もしくは類似の商品もしくは役務に使用し、または当該商標を使用したその権利に係る商品と同一または類似の商品を譲渡し、引き渡し、譲渡もしくは引渡しのために展示し、輸出し、輸入し、もしくは電気通信回線を通じて提供し、もしくは当該商標を使用してその権利に係る役務と同一もしくは類似の役務を提供する行為(22号)。

　本号は、外国(パリ条約の同盟国・世界貿易機関の加盟国・商標法条約加盟国)において商標に関する権利を有する者の代理人または代表者(その行為の1年以内に代理人または代表者であった者を含む)による商標冒用行為を「不正競争」の1類型として定めた規定である。本来、商標権は属地性の原則により、当該登録国においてのみ効力を有するのが原則であるが、本号は、国際的な「不正競争」の禁止という観点からこの原則を拡張したものである[22]。

(b) 差止請求権

　不正競争によって営業上の利益を侵害され、または侵害されるおそれがある者は、その営業上の利益を侵害する者または侵害するおそれがある者に対し、その侵害の停止または予防を請求することができる(3条1項)。

　不正競争によって営業上の利益を侵害され、または侵害されるおそれがある者は、前項の規定による請求をするに際し、侵害の行為を組成した物(侵害の行為により生じた物を含む。5条1項において同じ。)の破棄、侵害の行為に供した設備の除却その他の侵害の停止または予防に必要な行為を請求することができる(3条2項)。

　本条は、不正競争によって営業上の利益を侵害され、または侵害されるおそれがある者は、その営業上の利益を侵害する者または侵害するおそれがある者に対し、その侵害の停止または予防を請求することおよび侵害の行為を組成した物の破棄等を請求することを認めるものである[23]。

(c) 損害賠償請求権

　故意または過失により不正競争を行って他人の営業上の利益を侵害した者は、これによって生じた損害を賠償する責めに任ずる。ただし、15条の規定により

同条に規定する権利が消滅した後にその営業秘密を使用する行為によって生じた損害については、この限りでない（4条）。

　2条1項4号から9号までに掲げる不正競争のうち、営業秘密を使用する行為に対する3条1項の規定による侵害の停止または予防を請求する権利は、その行為を行う者がその行為を継続する場合において、その行為により営業上の利益を侵害され、または侵害されるおそれがある保有者がその事実およびその行為を行う者を知った時から3年間行わないときは、時効によって消滅する。その行為の開始の時から20年を経過したときも、時効によって消滅する（15条）。

(d) 損害の額の推定等

　2条1項1号から10号までまたは22号に掲げる不正競争（同項4号から9号にまで掲げるものにあっては、技術上の秘密に関するものに限る）によって営業上の利益を侵害された者（以下この項において「被侵害者」という）が故意または過失により自己の営業上の利益を侵害した者に対しその侵害により自己が受けた損害の賠償を請求する場合において、その者がその侵害の行為を組成した物を譲渡したときは、その譲渡した数量（以下この項において「譲渡数量」という）に、被侵害者がその侵害の行為がなければ販売することができた物の単位数量当たりの利益の額を乗じて得た額を、被侵害者の当該物に係る販売その他の行為を行う能力に応じた額を超えない限度において、被侵害者が受けた損害の額とすることができる。ただし、譲渡数量の全部または一部に相当する数量を被侵害者が販売することができないとする事情があるときは、当該事情に相当する数量に応じた額を控除するものとする（5条1項）。

　不正競争によって営業上の利益を侵害された者が故意または過失により自己の営業上の利益を侵害した者に対しその侵害により自己が受けた損害の賠償を請求する場合において、その者が侵害の行為により利益を受けているときは、その利益の額は、その営業上の利益を侵害された者が受けた損害の額と推定する（5条2項）。

　2条1項1号から9号まで、11号から16号まで、19号または22号に掲げる不正競争によって営業上の利益を侵害された者は、故意または過失により自己の営業上の利益を侵害した者に対し、次の各号に掲げる不正競争の区分に応じて当該各号に定める行為に対し受けるべき金銭の額に相当する額の金銭を、自己が受

けた損害の額としてその賠償を請求することができる（5条3項）。
　一　2条1項1号または2号に掲げる不正競争当該侵害に係る商品等表示の使用
　二　2条1項3号に掲げる不正競争当該侵害に係る商品の形態の使用
　三　2条1項4号から9号までに掲げる不正競争当該侵害に係る営業秘密の使用
　四　2条1項11号から16号までに掲げる不正競争当該侵害に係る限定責任データの使用
　五　2条1項12号に掲げる不正競争当該侵害に係るドメイン名の使用
　六　2号1項15号に掲げる不正競争当該侵害に係る商標の使用
　前項の規定は、同項に規定する金額を超える損害の賠償の請求を妨げない。この場合において、その営業上の利益を侵害した者に故意または過失がなかったときは、裁判所は、損害の賠償の額を定めるについて、これを参酌することができる（5条4項）。
　損害額の立証責任はその請求を行う被害者の側にあるのが原則である。この点、「不正競争」による営業上の利益の侵害による損害は、経済活動を通じて発生するため、損害額を立証することが困難であることに鑑み、本条は、被害者の立証の負担を軽減するため、一定の「不正競争」の類型については侵害者が譲渡した物の数量に、被侵害者がその侵害の行為がなければ販売することができた物の単位数量当たりの利益の額を乗じた額を被侵害者の損害の額とすることができる（1項）とする算定方式を導入するとともに、侵害者が侵害の行為により受けた利益の額を損害の額と推定する（2項）ほか、一定の「不正競争」行為類型については使用許諾料相当額を損害の額として請求できる（3項）こととした。

(e) 信用回復の措置

　故意または過失により不正競争を行って他人の営業上の信用を害した者に対しては、裁判所は、その営業上の信用を害された者の請求により、損害の賠償に代え、または損害の賠償とともに、その者の営業上の信用を回復するのに必要な措置を命ずることができる（14条）。
　本条は、「不正競争」により、営業上の信用を害された者が、金銭賠償に代え、または金銭賠償とともに営業上の信用を回復するのに必要な措置を請求する

ことができる。裁判所は、営業上の信用回復の措置として、新聞等への謝罪広告を認めている[24]。

3 知的財産権の貿易関連側面に関する協定

1994年のウルグアイラウンドにおいて世界貿易機関（World Trade Organization, WTO）協定の一環として締結された「知的財産の貿易的側面に関する協定（Agreement on Trade-related Aspects of Intellectual Property Rights、以下 TRIPS という）」を取り上げる。

TRIPS は、法的拘束力をもった知的財産権保護の最低の基準を提供する最初の国際法であり、とりわけ透明な手続、執行のメカニズムおよび WTO の紛争処理手続への連結は、すでに世界知的所有権機関（World Intellectual Property Organization, WIPO）の下で存在する制度に多くのものを加えたと評価される。かねて特定の発展途上国における不十分な知的財産権保護と特定の先進国における知的財産権の過剰保護の問題があったが、TRIPS はこの問題にある程度応える内容を盛り込んだということができる。

加盟国は、TRIPS 協定によって規定された基準に合わせて知的財産権の保護基準を設定し、かつ権利行使の手続を定めることを義務づけられている。加盟国の知的財産権の保護がこの基準に適合しない場合には、当該違反国に対して他の加盟国は、WTO 協定に定める紛争解決手続に従って提訴することができる（64条）。最終的には違反国に対して提訴国による報復措置もありうる。

（1）基本原則
① 内国民待遇（national treatment）
TRIPS 協定は、加盟国に対して、他の加盟国の国民・企業に自国民・企業に与える待遇よりも不利でない待遇を付与することを義務づけている（3条）。すなわち、WTO 加盟国は、パリ条約、ベルヌ条約、ローマ条約およびワシントン条約に規定された例外に従いつつ、知的財産の保護に関して内国人に与える待遇よりも不利でない待遇を他の加盟国の国民に与えることが要求される。内国民待遇の原則はすでにパリ条約等で確立されているが、3条1項は、

これを再び強調するとともに、実演家、レコード製作者および放送会社に関連してこの原則を拡大している。

内国民待遇原則の例外が、送達のための宛先の指定や代理人の指名を含む、司法的・行政的手続に関連して認められている（3条2項）。

② 最恵国待遇（most-favored nation treatment）

TRIPS協定は、他の加盟国相互間で差別をしてはならない（4条）ことを義務づけている。すなわち、知的財産の保護に関して加盟国により他の国の国民に与えられた有利さ、特別扱い、特典や免責は、直ちにかつ無条件ですべての他の加盟国の国民に与えられなければならない。

ただし、この義務は、一般的性質かつ知的財産の保護に限られていないような、司法的援助や法の執行に関する国際協定から生ずるもの、与えられる待遇が内国民待遇ではなく他の国において与えられた待遇いかんによることを認めているベルヌ条約やローマ条約の規定に従って与えられたもの、TRIPS協定に規定されていない実演家、レコード製作者や放送会社の権利に関するもの、あるいはWTO協定発効前に締結された知的財産保護に関する国際協定から生ずるものについては例外とされる。

③ 権利消尽

特許製品の最初の販売が特許権者の権利を消尽するかどうかの国際的権利消尽（international exhaustion）の問題については、長年論争の的であったが、先進国と発展途上国との意見対立から、TRIPS協定のいかなる規定も同協定に関する紛争においてこれを用いてはならない（6条）と規定するにとどまり、将来の課題として積み残された。

本条項は、不合意の合意（agreement to disagree）である。加盟国は、ウルグアイラウンドの最終段階において、複雑な消尽権の問題に実質的に取り組むことができなかった。本条項の範囲と内容は明らかではないが、実質的な意味がないわけではない。まず、消尽のルールは、無差別、内国民待遇および最恵国待遇の条項に従う。加盟国は、国内的、地域的、国際的であれ、消尽の法理をその欲するままに採用する自由があるが、一貫したベースで適用しなければならない。さらに、本条項は、TRIPS協定の範囲に限定されており、WTO法の他の部分、特に1994年GATTおよびGATSに含まれた条項の関

連性を扱っていない。並行輸入の問題は、かならずしも知的財産権の問題に限定されていないのである[25]。

④ 目的

知的財産権の保護と強制は、技術革新の促進および技術の移転と普及に、技術的知識の生産者と使用者の相互の利益かつ社会的・経済的厚生のために、ならびに権利と義務のバランスに貢献すべきである、という宣言的表明が規定されている（7条）。このような表明の実際的な効果は大きくはないが、本条は、いかなる協定も技術へのアクセスを損なうべきではなく、そして発展途上国の発展を阻害すべきではないという、TRIPS協定交渉過程の発展途上国の懸念を非常に明確に反映するものである[26]。

⑤ 原則

加盟国は、法令の制定・改正において、公共の健康と栄養を保護するためおよび社会経済的・技術的発展にとってきわめて重要な分野における公共の利益を促進するために必要な措置を講ずることができる（8条1項）。適切な措置が、権利保有者による知的財産権の濫用を阻止するために、あるいは不合理に貿易を制限する、または国際技術移転に悪影響を及ぼすような慣行を阻止するために必要とされる（8条2項）。本条もまた、発展途上国の懸念を動機として規定されたものであった。

（2）権利保護基準

TRIPS協定は、知的財産権全般にわたってその保護基準を定めており、加盟国はこの協定に定める権利保護の基準を維持しなければならない。

（a）著作権と著作隣接権

本、音楽、フィルム、データベースやコンピュータソフトウェアに関してライセンス関係を通じて著作権の潜在的な価値が認識されるに従い、ビジネスの観点から、TRIPS協定に含まれる著作権保護の高い基準から潜在的な利益を引き出すことができると期待されるようになった[27]。

TRIPS協定はベルヌ条約上の言語著作物としてコンピュータ・プログラム、実演家、レコード製作者等の権利の保護やレンタル権を規定するが、著作人格権の保護は除外している。すなわち、加盟国は、ベルヌ条約の1条から21条に従

うことを要求されるが、著作者人格権に関するベルヌ条約6条の2に従うことは要求されていない（9条1項）。加盟国は著作者人格権のシステムを TRIPS の範囲外で国内的に自由に構築することができる。

技術革新の進展とともに著作権保護を最新のものとするために、ベルヌ条約の権利保護の範囲を超えるに至った。コンピュータ・プログラムは、ソースコードであれオブジェクトコードであれ、ベルヌ条約上の言語著作物として保護される。データ等の編集物は、機械で読み取り可能または他の形態であれ、内容の選択または配置により知的創作物を構成する限り、保護される（9条2項）。

コンピュータ・プログラムおよび映画の著作物に関して、著作者およびその承継人にレンタル権が与えられる（11条）。

写真著作物または美術著作物以外の著作物の保護期間は、自然人の寿命以外のベースで計算される場合には、発行年の末または製作年の末からすくなくとも50年間である。

実演家は、未固定の実演の固定およびそのような固定物の無許諾の増製を許諾または禁止する権利を有し、そして生の実演の放送および公衆への伝達を防止する権利を有する（14条1項）。

レコード製作者は、レコードの直接または間接の複製を許諾または禁止する権利を有し（14条2項）、放送事業者は、放送の固定、固定物の複製および再放送を許諾または禁止する権利を付与されている（14条3項）。

このような実演家およびレコード製作者に付与される保護期間は50年間、放送会社に付与される保護期間はすくなくとも20年間である（14条5項）。

(b) 商標

① 商標の対象

商標の有効な保護の必要性は、国際市場における模造品の増大に直面する先進国にとって重要な課題であった。TRIPS 協定は商標により付与されるべき最低の基準を規定している。

ある事業に関わる商品もしくはサービスを他の事業にかかわる商品もしくはサービスから識別できる標識またはその組み合わせを商標とすることができる。そしてその標識、特に単語（人名を含む）、文字、数字、図形および色の組み合わせならびにこれらの標識の組み合わせは商標として登録すること

ができる。使用によって獲得された識別性や視覚認識を登録要件とすることができる（15条1項）。

使用は商標の登録要件とすることができるが、実際の使用を登録出願の条件とすることはできない（15条3項）。

登録前または登録後に商標を公告すること、登録の取消のための請求や異議申立の機会を与えることが要求される（15条5項）。

② 排他的権利

登録商標の所有者は、その承諾を得ていないすべての第三者が、当該登録商標にかかわる商品またはサービスと同一または類似の商品またはサービスについて同一または類似の標識を商業上使用することの結果として混同を生じさせるおそれのある場合には、その使用を防止する排他的権利を有する。同一の商品またはサービスに同一の標識を使用する場合には、混同のおそれが推定される（16条1項）。

もっとも、記述上の用語のような商標の排他的権利について限定的な例外を定めることはできるが、商標の所有者および第三者の正当な利益を考慮することが条件とされる（17条）。

16条1項は、並行輸入、すなわち同一の標識をもった同一の商品である真正商品の輸入に関連している。この場合、輸入者は、混同の推定に対して反論することができ、商品が真正であり、消費者の混同に至らないことを証明することができる。したがって、この場合商標権者は、市場における当該商品の販売およびその輸入を防止することができない[28]。

周知商標の保護（パリ条約6条の2）はサービスについても適用される（16条2項）。

商標の保護期間はすくなくとも7年間であり、何回でも更新することができる（18条）。登録維持のために使用が要件とされる場合には、3年間継続して不使用のときにのみ取消しが可能である（19条）。

加盟国は商標のライセンスおよび譲渡の条件を定めることができるが、商標の強制実施権は認められていない（21条）。

(c) 特許

① 特許の対象

物質特許の導入が基本的に義務づけられ、発明地による差別が禁止される。すなわち、特許は、新規性、進歩性および産業上の利用の可能性のあるすべての技術分野の発明について、物であるか方法であるかを問わず付与され、そして発明地および技術分野ならびに物が輸入されたものであるかまたは国内で生産されたものであるかどうかについて差別することなく、特許は付与され、特許権を享受することができる（27条1項）。

ただし、加盟国は、人、動物もしくは植物の生命もしくは健康を保護しまたは環境に対する重大な損害を回避することを含む、公の秩序または道徳を保護するために、商業的な実施を自国領域内において防止する必要がある発明を特許の対象から除外することができる。もっとも、単に当該加盟国の法により禁止されていることを理由とするものではないことを条件とする（27条3項）。さらに、特許対象の除外として、人または動物の治療のための診断方法、治療方法および外科的方法、そして微生物以外の動植物ならびに非生物学的方法および微生物学的方法以外の動植物の生産のための本質的に生物学的な方法が挙げられている（27条4項）。

先出願主義は、先発明主義を主張するアメリカの反対により、TRIPS協定においては規定されず、将来の課題として残されたが、それでもなおTRIPS協定が要求しているものは、加盟国は発明地により特許保護を差別してはならないということである[29]。

② 排他的権利

特許はその所有者に次のような排他的権利を付与するとし、特許の対象が物である場合には、所有者の承諾を得ていない第三者による当該物の生産、使用、販売の申出もしくは販売またはこれらを目的とする輸入を防止する権利、そして特許の対象が方法である場合には、所有者の承諾を得ていない第三者による当該方法の使用を防止し、および当該方法により少なくとも直接的に得られた物の使用、販売の申出もしくは販売またはこれらを目的とする輸入を防止する権利が挙げられる（28条1項）。

特許侵害品の輸入を防止する権利は、6条の規定に従うとされる[30]。28条

1項は、絶対的な輸入禁止を定めておらず、むしろ、国内的消尽を含む、異なる消尽の法理の下で活動することを認める6条に関連させている。地域的または国際的消尽の法理の下で活動する加盟国にとっては、輸出を禁止する権利は、消尽が、国内的にのみならず、地域的および世界中において認められた流通の権利によって達成されるところから、より制限されることになる[31]。

　加盟国は、排他的権利の限定的な例外を規定することができるが、第三者の正当な権利を考慮して、特許の通常の実施を不当に妨げず、かつ特許所有者の正当な利益を不当に害さないことが条件とされている（30条）。

　さらに特許所有者は、特許を譲渡または承継により移転する権利およびライセンス契約を締結する権利を有する（28条2項）。

③ 特許出願

　特許出願の条件に関して、加盟国は、特許出願人が、その発明をその技術分野の専門家が実施することができる程度に明確かつ完全に開示することを要求し、出願日または優先権が主張される場合には出願の優先日において、発明者が知っている当該発明を実施するための最良の形態を示すことを要求することができる。さらに、加盟国は、特許出願人が、外国における出願および特許付与に関する情報を要求することができる（29条）。

　特許の有効期間は出願日から20年間と規定される（33条）。

④ 強制実施権（compulsory license）

　強制実施権については、発展途上国の主張を受け入れて、強制実施権を付与する場合の条件が明記された（31条）。すなわち、加盟国の法により特許権者の承諾を得ていない他の使用（政府による使用または政府により許諾された第三者による使用を含む）を許諾する場合に尊重すべき事項が以下のように挙げられている。

　許諾は個々の当否に基づいて検討されるべきこと、事前に特許権者から許諾を得る努力にかかわらず成功しなかったこと、その範囲および期間を許諾目的に限定すること、非独占的であること、企業またはのれんの一部とともに譲渡する以外に譲渡できないこと、許諾する加盟国の国内市場への供給が目的であること、状況の変化により許諾は取り消されること、特許権者が適切な報酬を受けること、実施権の設定および報酬の決定は司法審査に服する

ことである。

さらに、反競争的行為の救済方法として許諾される場合における特例が規定されている。また、他の特許（第一特許）を侵害することなしには実施できない特許（第二特許）の実施を可能にするために当該使用を許諾する場合（利用発明）における追加的条件として、第二特許に関わる発明は第一特許にかかわる発明との関係において相当の経済的重要性を有する重要な技術的進歩を含むこと、第一特許権者は合理的な条件で第二特許に関わる発明を使用するクロスライセンスを得る権利を有すること、および第一特許について許諾された使用は第二特許とともに譲渡する場合を除くほか譲渡することができないことが挙げられている。

(d) 未公開情報（undisclosed information）

TRIPS協定39条において、かねて先進国が主張していたトレード・シークレットやノウハウの商業的価値が初めて国際法により認知された。

パリ条約10条の2に規定する不正競争に対する有効な保護を確保する過程において、加盟国は未公開情報を保護しなければならない（39条1項）。保護されるべき情報の範囲は、一体としてまたは構成部分の正確な形状と組み立てにおいて、問題の情報を通常取り扱うサークル内の人々の間で一般的に知られていない、またはそのような人々が容易にアクセスすることができないという意味において秘密である情報、秘密であるがゆえに商業的価値を有する情報、そして情報を法的にコントロールする者により、秘密に保つために当該状況下において合理的な手段がとられた情報であると規定されている（39条2項）。

(e) その他の知的財産

① 地理的表示（geographical indications）

地理的表示とは、ある商品に関し、その確立した品質、評判その他の特性が当該商品の原産地に主として帰せられる場合に、当該商品が加盟国の領域またはその領域内の地域もしくは地方を原産地とするものであることを示す表示である（22条1項）。

地理的表示に関し、加盟国は、商品の特定または提示において、当該商品の地理的原産地について公衆を誤認させるような方法で、当該商品が真正の原産地以外の地理的区域を原産地とするものであることを表示または示唆す

る手段の使用、およびパリ条約10条の2の意味における不公正な競争行為を構成する使用を防止する手段を利害関係人のために規定することが要求されている（22条2項）。

② 意匠（industrial designs）

独自に創作された意匠は、それらが新規で独創的である場合には、保護されるべきことを義務づけている（25条1項）。保護される意匠の所有者は、許可を得ていない第三者がそのデザインのコピーまたは実質的にコピーであるデザインを具有または具体化する物品を作り、販売または輸入することを妨げる権利を有する。保護の期間はすくなくとも10年間である（26条1項、3項）。

③ 集積回路の回路配置（layout-designs of integrated circuits）

TRIPS協定は、加盟国が集積回路についての知的財産に関するワシントン条約（Washington Treaty on Intellectual Property in Respect of Integrated Circuits of 26 May 1989）の主要規定に従って集積回路の回路配置の保護を規定することを要求している（35条）。

保護された回路配置やそれを組み込んだ集積回路の商業目的の輸入、販売または流通は、権利者の許諾なくしてなされたときには、不法な行為とされる（36条）。

回路配置の保護期間は、登録の出願日または最初の商業的使用日からすくなくとも10年間である（38条）。

(f) 競争制限条項

ライセンス契約における競争制限条項については、発展途上国が強く懸念するところであったが、その規制に対する先進国の消極的態度から、妥協として最小限の規定を設けるにとどまり（8条2項、40条）、将来に課題を残している。

TRIPSの交渉過程において発展途上国は、知的財産保護の増大が権利保有者による濫用に至るのではないかという懸念を主張し、ライセンス契約における反競争的条項を阻止することに関心があった。前述の8条2項は、実際、ライセンス契約における濫用を対象とするものではあるが、原則の表明にとどまり、40条が、ライセンス契約上の反競争的条項に対処するために設けられている。

40条1項は、知的財産権に関して、競争を制限する慣行や条件が貿易に悪影響を及ぼし、技術の移転と普及を阻害しうることを認識している。40条2項に

よれば、加盟国は、特定の状況においては関連市場における競争に悪影響を及ぼすような知的財産権の濫用に至るライセンスの慣行や条件を阻止するためにその制定法において規定する権利を留保している。そして加盟国は、たとえば、独占的グラントバック条件、有効性に対する挑戦を阻止する条件および強制的パッケージ・ライセンス（package license）のような慣行を阻止またはコントロールするための適切な措置を講ずることができる。

このように40条1項および2項も一般的な規定にとどまっており、反競争的条項として3つの例示を挙げているにすぎない。反競争的条項の具体的な内容およびその規制はすべて、加盟国の国内競争法に委ねられている。

もっとも、TRIPS協定は、反競争的条項を規制する加盟国の競争法に違反する当事者に関係する加盟国間で協議（consultations）を行うメカニズムを設けることにより、適切な協議の機会を義務づけており、さらに情報の提供を通じて協力しなければならないことを定めている（40条3項、4項）。

(3) 権利行使手続

権利行使に関するTRIPS協定の規定は、次のような2つの目的をもっている。第1に、権利保有者に権利行使の効果的な手段を提供するよう確保すること。第2に、権利行使手続が適法な貿易に対して障害を形成しないように回避し、その濫用に対して保護策を提供すること。もっとも、これらの規定は、ウルグアイラウンド交渉期間中に達した困難な妥協の特徴を明白に示しているといわれる。パリ条約およびベルヌ条約の欠陥がWIPOの運営する条約を強制する有効なメカニズムを欠いていることに大いに帰せられることから、先進国は、TRIPS協定がGATTの枠組みの中で権利行使規定を有すべきである旨を当初から主張することによりビジネス上の懸念を表明していた[32]。

41条によれば、加盟国は、侵害を防止するための迅速な救済措置およびさらなる侵害を抑止するための救済措置を含む、知的財産権の侵害行為に対し効果的な措置をとることを可能にするために、権利行使手続を国内法において確保することが要求される（1項）。知的財産権の行使に関する手続は、公正かつ衡平なものとし、不必要に複雑なまたは費用を要するものであってはならず、そして不合理な期限を付されまたは不当な遅延をともなうものであってはならない（2

項)。
① 民事上および行政上の手続ならびに救済措置
　加盟国は、知的財産権の権利行使について、公正かつ衡平な民事上の司法手続を権利者に提供することが要求される（42条）。
　司法当局は、侵害を停止すること、とりわけ侵害物品の輸入を阻止することを命ずる権限を有し（44条1項）、侵害者に対して、権利者が侵害者によるその知的財産権の侵害によって被った損害を補償するに適切な損害賠償を侵害者に命ずる権限を有する（45条1項）。さらに、司法当局は、侵害に対する効果的な抑止のために、侵害物品を流通経路から排除する、または破棄することを命ずる権限を有する（46条）。
　加盟国は、司法当局が、侵害物品やサービスの生産と流通に関わった第三者とその流通経路の特定に関する情報を権利者に提供することを侵害者に命ずる権限を有する旨規定することができる（47条）。
② 国境措置
　TRIPS協定は、模造品や海賊版に対抗するために望ましい方法は侵害行為をその源で阻止することであるという見解を反映している。
　加盟国は、商標の模造品または著作権の海賊版に関し、税関当局による当該侵害品の自由な流通への解放を阻止するために、権利者が行政または司法当局に書面で申し立てることができる手続を採用することが義務づけられている。加盟国は、その他の知的財産権の侵害品についても、同様の申立を当局にすることを可能にすることができる（51条）。
③ 刑事上の手続
　加盟国は、故意の商標の冒用や著作権の海賊行為の場合において適用される刑事手続および刑罰を規定することが要求されている。救済方法としては、懲役や抑止するに十分な罰金、そして適切な場合には侵害品の差押え、没収および破棄が認められる。加盟国は、その他の知的財産権の侵害の場合においても適用されるべき刑事手続および刑罰を規定することができる（61条）。

[注]
1) Robert C. Megantz, Technology Management-Developing and Implementing

Effective Licensing Programs（John Wiley $ Sons, 2002), at 144-148.
2) Uniform Trade Secrets Act, Section 1, Comment.
3) 不正使用の定義については、Uniform Trade Secrets Act, Section 1 (2) 参照。
4) Richard Raysman et al., Intellectual Property Licensing: Forms and Analysis（Law Journal Press, 2005), at 5-13.
5) Uniform Trade Secrets Act, Section 1, Comment.
6) 不正使用の定義については、Uniform Trade Secrets Act, Section 1 (2) 参照。
7) Richard Raysman et al., Intellectual Property Licensing: Forms and Analysis（Law Journal Press, 2005), at 5-13.
8) Uniform Trade Secrets Act, Section 2, Comment.
9) Id. Section 3, Comment.
10) Raysman, supra note 12, at 5-21.
11) Id. at 5-17 〜 5-20.
12) 経済産業省知的財産政策室・逐条解説不正競争防止法（有斐閣、2005) 34 頁。アコマ医科工業事件（東京地判平 12.9.28)
13) 公共土木工事単価情報事件（東京地判平 14.2.14)。
14) 龍村織事件（東京地判昭 51.9.29)。
15) 経済産業省・前傾注 (17)、94-95 頁。
16) 同上、96 頁。
17) 同上、163、165 頁。
18) Thomas Cottier, Implications of WTO Law Issues, les Nouvelles, December 1998, at 152.
19) Duncan Matthews, Globalising Intellectual Property Rights（Routledge, 2002), at 49.
20) Id. at 50.
21) Cottier, supra note 23, at 153.
22) Id. at 58.
23) TRIPS 協定、脚注 6。
24) Cottier, supra note 23, at 153-154.
25) Id. at 66.[1] Megantz, supra note 1, at 144-148.
26) Raymond T. Nimmer, UCITA and the Continuing Evolution of Digital Licensing Law, The Licensing Journal June/July 2004, at 7, 12.
27) Id. at 8-9.
28) John F. Hornick, Developments in Software Licensing, J. Battersby & Charles W. Grimes ed., 2003 Licensing Update（ASPEN, 2003), at 76.
29) UCITA, Section 404, Comment 3.
30) Hornick, supra note 3, at 79.
31) Id. at 82.
32) UCITA, Section 816, Comment 2.

索 引

●法令等索引

アメリカ統一商事法典 (Uniform Commercial Code)　63
アメリカ反トラスト法　71、72、129
イギリス海上保険法　45
UNCITRAL 1985 年国際商事仲裁モデル法　162
1924 年 8 月 25 日にブリュッセルで署名された船荷証券に関するある規則の統一のために国際条約を改正するための議定書（1977 年発効）　39
1935 年全国労働関係法 (National Labor Relations Act of 1935)　74
1938 年公正労働基準法 (Fair Labor Standards Act of 1938)　74
1963 年同一賃金法 (Equal Pay Act of 1963)　74
1964 年公民権法第 7 編 (Title VII of the Civil Rights Act of 1964)　73
1968 年 2 月 23 日の議定書によって改正された 1924 年 8 月 25 日にブリュッセルで署名された船荷証券に関するある規則の統一のために国際条約を改正するための議定書（1984 年発効）（ハーグ・ウィスビー・ルール）　39、40
1970 年職業安全衛生法 (Occupational Safety and Health Act of 1970)　74
1976 年年齢差別禁止法 (Age Discrimination in Employment Act of 1976)　74
1982 年外国取引反トラスト改善法 (Foreign Trade Antitrust Improvement Act of 1982)　132
1990 年障害をもつアメリカ人法 (Americans With Disabilities Act of 1990)　74
2004 年反トラスト刑罰強化および改革法 (Antitrust Criminal Penalty Enforcement and Reform Act of 2004)　79
2006 年リニエンシー告示 (Commission Notice on Immunity from fines and reduction of fines in cartel cases (2006/C298/11)　137
2010 年イギリス賄賂法　145
2011 年水平的協調契約に対する 101 条の適用に関するガイドライン（2011/C11/01）　134
2012 年 FCPA ガイドライン (A Resource Guide to the U.S. Foreign Corrupt Practices Act)　145
2016 年連邦トレード・シークレット保護法 (Defend Trade Secret Act of 2016, DTSA)　221
EU 機能条約　133
EU 競争法　133
OECD コーポレートガバナンス原則　76
FCPA (U.S. Foreign Corrupt Practices Act or 1997)　144
会社法　154
外国仲裁判断の承認と執行に関する 1958 年ニューヨーク協定 (1958 New York Convention on the Recognition and Enforcement of Foreign Arbitral Awards)　163
改正公益通報者保護法　128
改正独占禁止法　139

海上物品運送に関する国際連合条約（ハンブルグ・ルール）　40
改正商法（2003年施行）　87
改正不正競争防止法　236、237
改正民事訴訟法　173
改定コーポレートガバナンス・コード　87、88
管轄合意に関する条約　175
金融商品取引法　154
クレイトン法　71、131
経済スパイ法（The Economic Espionage Act of 1996）　219
公益開示法（Public Interest Disclosure Act）　128
公益通報者保護法　128
国際航空運送についてのある規則の統一に関する条約（モントリオール条約、2003年発効）　43
国際航空運送についてのある規則の統一に関する条約（ワルソー条約、1933年発効）　43
国際物品売買契約に関する国連条約（United Nations Convention on Contracts for the International Sale of Goods）　3、179
国際賄賂禁止・公正競争法（International Anti-Bribery and Fair Competition Act of 1988）　144
サーベンス・オクスレー法（Sarbanes-Oxley Act of 2002）　82、94、95、96
シャーマン法（Sherman Act）　71、130、131
垂直的契約および協調行為に対する101条3項の適用に関する委員会規則（EU）No330/2010　135

送達条約（1965年民事または商事に関する裁判上および裁判外の文書の外国における送達および告知に関する条約）　176
仲裁法　162、164
統一商事法典（UCC）　63、179
独占禁止法　138
知的財産の貿易的側面に関する協定（Agreement on Trade related Aspects of Intellectual Property Rights, TRIPS）　243
統合コード（Combined Code）　85
取引条件の解釈のための国際規則（International Rules for the Interpretation of Trade Terms、略称インコタームズ、INCOTERMS: International Commercial Terms）　33
統一トレード・シークレット法（Uniform Trade Secrets Act）　215
内部告発者保護法（Whistleblower Protection Act）　128
荷為替信用状に関する統一規則および慣例（Uniform Customs and Practice for Documentary Credits, UCP）　47
パリ条約　239
不正競争防止法　146、223、231
船荷証券に関するある規則の統一のかめの国際条約（ハーグ・ルール）　39
法の適用に関する通則法　164、170
リステイトメント　179
リニエンシー告示（Commission Notice on Immunity from fines and reduction of fines in cartel cases（2006/C 298/11）　137
連邦取引委員会法（Federal Trade

Commission Act) 72、131
連邦量刑ガイドライン 120
UK コーポレートガバナンス・コード（The UK Corporate Governance Code） 86
UNCITRAL 国際商事仲裁モデル法 164、165
ユニドロワ国際商事契約原則 13、179

● 判例索引

Ahlstrom Osakeyhito and Others v. Commission, [1993] ECR 1-1307 137
Broadcast Music Inc. v. Columbia Broadcasting System, Inc., 441 U.S. 1 (1979) 129
E.I. duPont de Nemours & Co., Inc. v. Christopher, 431 F.2d 1012 (5th Cir. 1970) 217
Hadley v. Baxendale 156 Eng. Rep. 145 (1854) 29
Hall v. E.I.Du Pont Nemours & Co., 345 F. Supp. 353 (E.D.N.Y. 1972) 67
Hartford Fire Insurance Co. v. California, 509 U.S. 764 (1993) 132
Marietta Corp. v. Fairhurst, 754 N.Y.S.2d 62 (2003) 218
National Collegiate Athletic Ass'n v/ University of Oklahoma, 468 U.S. 85 (1984) 129
PepsiCo, Inc. v. Redmond 1264 (7th Cir. 1995) 218
Rockwell Graphic Systems, Inc. v. DEV Industries Inc., 925 F.2d 7 4 (7th Cir. 1991) 217
Sindell v. Abbot Laboratories, 163 Cal.

Rpr. 132 (1980) 68
Technical, Inc. v. Allpax Products, Inc., 1990 U.S. Dist. LEXSIS 3712 (E.D.La. 1990) 216
United States v. Aluminum Co. of America, 148 F.2d 416 (2nd Cir. 1945) 132
United States v. Nippon Paper Industries Co., Ltd. 109 F.3d 1 (1st Cir. 1997), cert, denied, 552 U.S. 1044 (1998) 132
United States v. Trenton Potteries Co., 273 U.S. 392 (1927) 129
United States v. Socony-Vacuum Oil Co., 310 U.S 150 (1940) 129.
最高裁昭和 50 年 7 月 15 日判決 160
チサダネ号事件（最高裁昭和 50 年 11 月 28 日判決） 174
知的財産高等裁判所平成 18 年 2 月 28 日判決 160
ファミリー事件（最高裁平成 9 年 11 月 11 日判決） 173
マレーシア航空事件（最高裁昭和 56 年 10 月 16 日判決） 173
リング・リング・サーカス事件最高裁平成 9 年 9 月 4 日判決 164

● 事項索引

あ行

アメリカ海外腐敗行為防止法 144
アメリカのトレード・シークレット法 215
域外適用 132、137、142
イギリス賄賂法 145
EU 競争法の基本原則 133
インコタームズの類型 34
FOB 取引 36

か行

海外事業拠点の管理運営に伴う法律問題　74
海外生産活動に伴う法律問題　72
海外への事業活動展開に伴う進出形態　51
海外における事業拠点構築に伴う進出形態　59
海外マーケティング活動に伴う法律問題　63
外国判決の承認と執行　175
開示されるべき企業情報　100
解除の一般的効果と原状回復　26
価格　16
各国競争法による規制の連動性と摘発の効率化　143
課徴金制度等の見直し　139
課徴金納付命令　139
貨物海上保険関係　44
カルテルに対する規制　129、135
カルテル・入札談合　138
技術戦略における知的財産戦略　196
技術戦略の策定　194
基本原則　243
グループ子会社のコンプライアンス・システム　155
グループ子会社の内部統制システム　154
グローバル技術戦略　196
経営戦略としての技術戦略　193
経営ポリシーとコンプライアンス　122
契約の解釈　7
契約の不履行一般　18
契約の申込　7
契約を解除する権利　24
権利行使手続　252
権利保護基準　245
国際海上物品運送契約　39
国際カルテルの厳罰化と進展する国際司法協力　143
国際航空物品運送契約　43
国際裁判管轄　172
国際取引関係構築のリーガルプランニング　185
国際取引関係におけるリスクとリーガルプランニング　188
国際ライセンスの機能　203
コンプライアンスの実効性　122
コンプライアンス・プログラムの内容　115
コンプライアンス・プログラムの目的　114

さ行

CIF取引　37
CISGとインコタームズ　32
社外取締役の活用　92
準拠法の選択　169
情報開示のインセンティブと抑制要因　96
情報開示の機能　98
垂直的流通取引に対する規制　130、135
訴訟対策　177
その他の当事者の義務　17
損害賠償請求権　28
損害賠償請求の要件と証明　29

た行

対象範囲　4
仲裁による紛争解決　158
知的財産戦略におけるライセンス戦略　199
当事者間の基本的契約関係　5
取締役会会長とCEOの分離　93

な行

内部監査・検査部門の機能　93

内部双方向監視システム　123
荷為替信用状による決済　47
荷為替手形　46

　　は行
排除措置命令　139
被害当事者の損害軽減義務　30
ビジネス・ローの基本原則　179
ビジネス・ローの研究　182
ビジネス・ローの対象領域　181
ビジネス・ローの方法論としてのリーガルプランニング　184
不公正な取引方法　140
不正競争防止法による規制　140
プログラムの実施　117
法務・コンプライアンス部門の機能　124
保険条件（担保危険と填補範囲）　45
保険約款　45

　　ま行
ミニトライアルによる代替的紛争解決　165
申込の承諾　9

　　ら行
ライセンシーの類型による形態　213
ライセンス戦略　206
ライセンスの組み合わせによる形態　211
ライセンスの対象による形態　209
履行期と履行地　18
履行請求権　22
履行の質など　14
リニエンシー（課徴金減免）制度　140
リにエンシー制度　132、137

　　わ行
わが国における営業秘密保護　223
わが国の不正競争防止法　231
わが国不正競争防止法による規制　146

■著者紹介

井原　宏（いはら　ひろし）

京都大学法学部卒業、ケンブリッジ大学大学院比較法研究課程修了、住友化学法務部長、経営法友会代表幹事、筑波大学大学院教授（社会科学系）、筑波大学大学院ビジネス科学研究科長、明治学院大学法学部教授、明治学院大学学長補佐、弁護士（東京弁護士会）、一般社団法人 GBL 研究所代表理事会長、筑波大学監事、国際取引法学会代表理事会長を歴任。現在、国際取引法学会名誉会長（創設者）、筑波大学名誉教授、京都大学博士（法学）。

[主要著作]

『企業の国際化と国際ジョイントベンチャー』（商事法務研究会、1994）、『現代国際取引法』（商事法務研究会、1999）、『国際事業提携　アライアンスのリーガルリスクと戦略』（商事法務研究会、2001）、『グローバル企業法　グローバル企業の法的責任』（青林書院、2003）、『国際契約法』（大学教育出版、2006）、『国際知的財産法』（有信堂高文社、2007）、『国際取引法』（有信堂高文社、2008）、『判例　ウィーン売買条約』、『グローバル企業法』（東信堂、2011）、『国際ジョイントベンチャー契約　国際ジョイントベンチャーのリスクとリーガルプランニング』（東信堂、2013）、『企業経営のための経営法学』（大学教育出版、2021）、『国際技術ライセンス契約　そのリスクとリーガルプランニング』（東信堂、2021）、『国際取引法上巻』（東信堂、2022）、『国際取引法下巻』（東信堂、2023）、『国際取引法講義』（大学教育出版、2023）、『企業経営のための経営法学第2版』（大学教育出版、2024）、『国際事業戦略Ⅰ　国際買収そのリスクとリーガルプランニング』（大学教育出版、2024）、『国際事業戦略Ⅱ　国際事業提携・国際ジョイントベンチャーそのリスクとリーガルプランニング』（大学教育出版、2024）、『国際事業戦略Ⅲ　国際知的財産そのリスクとリーガルプランニング』（大学教育出版、2024）など。

詳解国際取引法Ⅰ

2025 年 1 月 20 日　初版第 1 刷発行

■著　者——井原　宏
■発行者——佐藤　守
■発行所——株式会社　大学教育出版
　　　　　〒700-0953　岡山市南区西市 855-4
　　　　　電話（086）244-1268　FAX（086）246-0294
■印刷製本—モリモト印刷㈱

© Hiroshi Ihara 2025, Printed in Japan

検印省略　　落丁・乱丁本はお取り替えいたします。

本書のコピー・スキャン・デジタル化等の無断複製は、著作権法上での例外を除き禁じられています。本書を代行業者等の第三者に依頼してスキャンやデジタル化することは、たとえ個人や家庭内での利用でも著作権法違反です。本書に関するご意見・ご感想を右記サイトまでお寄せください。

ISBN978-4-86692-333-8

詳解 国際取引法 全3巻

井原 宏 著

対象とする関係分野が幅広い国際取引法では数少ない体系書として「詳解 国際取引法 全3巻」を同時刊行。研究者・国際取引に関わるひとの必携書!

◆ 詳解 国際取引法 Ⅰ

Ⅰ巻は、国際取引法の基本原則である国際物品売買契約、国際取引の海外戦略、コーポレートガバナンスシステムの構築、取締法規による規則、知的財産関連法等について考察する。
ISBN978-4-86692-333-8　定価：本体2,800円＋税　A5判　276頁

◆ 詳解 国際取引法 Ⅱ

本書では、国際技術ライセンスと国際事業提携を対象とする。国際技術ライセンス契約の内容・義務のリスク・競争法による規制、国際技術ライセンス戦略、国際事業提携の目的・形態・契約内容・解消のリスクなどを解説する。
ISBN978-4-86692-334-5　定価：本体2,600円＋税　A5判　262頁

◆ 詳解 国際取引法 Ⅲ

本書では、国際ジョイントベンチャーと国際買収を取り上げる。国際ジョイントベンチャーのフレームワーク・契約の内容・忠実義務・競争法による規制、国際買収のフレームワーク・契約内容・失敗のリスク・競争法による規制などを考察する。
ISBN978-4-86692-335-2　定価：本体3,400円＋税　A5判　332頁